中国软科学研究丛书

丛书主编：张来武

"十一五"国家重点图书出版规划项目

国家软科学研究计划项目

沿海开放城市信息化带动工业化战略

主　　编：余钟夫
执行主编：陆根尧
副 主 编：谢阳群　孙睦优
周昌林　叶文涛
全继业

科学出版社
北京

内 容 简 介

信息化是我国加快实现工业化和现代化的必然选择。本书在对国内外经济发展环境分析研究的基础上，对我国沿海开放城市工业化和信息化发展的现状进行了深入分析，提出了运用信息化带动工业化的战略思路、发展目标和发展模式，以及运用信息化带动工业化的路径选择、重大工程实施、企业推进和环境营造等一系列战略对策。

本书对于贯彻落实国家信息化发展战略具有重要意义，可供政府及有关部门的管理人员参阅，对科技管理人员和相关专业的研究者、研究生具有重要的参考价值。

图书在版编目（CIP）数据

沿海开放城市信息化带动工业化战略/余钟夫主编. —北京：科学出版社，2009

ISBN 978-7-03-023683-8

Ⅰ.沿…　Ⅱ.余…　Ⅲ.信息技术—作用—工业化—研究—中国　Ⅳ.F424

中国版本图书馆 CIP 数据核字（2008）第 197630 号

策划编辑：林　鹏　胡升华　侯俊琳

责任编辑：牛　玲 / 责任校对：陈玉凤

责任印制：赵德静 / 封面设计：黄华斌

编辑部电话：010-64035853

E-mail：houjunlin@mail.sciencep.com

科学出版社 出版

北京东黄城根北街16号

邮政编码:100717

http://www.sciencep.com

中国科学院印刷厂 印刷

科学出版社发行　各地新华书店经销

*

2009 年 2 月第　一　版　　开本：B5（720×1000）

2009 年 2 月第一次印刷　　印张：18

印数：1—2 500　　字数：340 000

定价：58.00 元

（如有印装质量问题，我社负责调换〈科印〉）

“中国软科学研究丛书”编委会

总 序 PREFACE

软科学是综合运用现代各学科理论、方法，研究政治、经济、科技及社会发展中的各种复杂问题，为决策科学化、民主化服务的科学。软科学研究是以实现决策科学化和管理现代化为宗旨，以推动经济、科技、社会的持续协调发展为目标，针对决策和管理实践中提出的复杂性、系统性课题，综合运用自然科学、社会科学和工程技术的多门类多学科知识，运用定性和定量相结合的系统分析和论证手段，进行的一种跨学科、多层次的科研活动。

1986 年 7 月，全国软科学研究工作座谈会首次在北京召开，开启了我国软科学勃兴的动力阀门。从此，中国软科学积极参与到改革开放和现代化建设的大潮之中。为加强对软科学研究的指导，国家于 1988 年和 1994 年分别成立国家软科学指导委员会和中国软科学研究会。随后，国家软科学研究计划正式启动，对软科学事业的稳定发展发挥了重要的作用。

20 多年来，我国软科学事业发展紧紧围绕重大决策问题，开展了多学科、多领域、多层次的研究工作，取得了一大批优秀成果。京九铁路、三峡工程、南水北调、青藏铁路乃至国家中长期科学和技术发展规划战略研究，软科学都功不可没。从总体上看，我国软科学研究已经进入各级政府的决策中，成为决策和政策制定的重要依据，发挥了战略性、前瞻性的作用，为解决经济社会发展的重大决策问题作出了重要贡献，为科学把握宏观形势、明确发展战略方向发挥了重要作用。

20多年来，我国软科学事业凝聚优秀人才，形成了一支具有一定实力、知识结构较为合理、学科体系比较完整的优秀研究队伍。据不完全统计，目前我国已有软科学研究机构2000多家，研究人员近4万人，每年开展软科学研究项目1万多项。

为了进一步发挥国家软科学研究计划在我国软科学事业发展中的导向作用，促进软科学研究成果的推广应用，科学技术部决定从2007年起，在国家软科学研究计划框架下启动软科学优秀研究成果出版资助工作，形成“中国软科学研究丛书”。

“中国软科学研究丛书”第一批著作即将面世。这套丛书因其良好的学术价值和社会价值，已被列入国家新闻出版总署“‘十一五’国家重点图书出版规划项目”。我希望并相信，丛书出版对于软科学研究优秀成果的推广应用将起到很大的推动作用，对于提升软科学研究的社会影响力、促进软科学事业的蓬勃发展意义重大。

科技部副部长

张来武

2008年12月

前言 FOREWORD

信息化是当今世界发展的大趋势，是推动经济社会变革的重要力量。不论是发达国家还是发展中国家，不论是东方还是西方，每个国家都不得不置身于经济全球化与信息化之中，参与全球经济与信息化的竞争。许多国家都在积极探索、制定信息化战略，用信息化促进经济增长，促进本国经济与社会的发展。

我国改革开放30年来，尤其是20世纪90年代以来，工业经济的持续快速发展推动了整个经济的高速增长，并实现了由短缺经济向相对过剩经济的转变。加入世界贸易组织（WTO）后，我国工业呈现出更加迅猛的发展势头。但作为最大的发展中国家，我国工业化的道路还很漫长，在加速工业化过程中所反映出来的高投入、高消耗、高污染、低产出的状态必须引起我们的高度重视，必须采取切实有效的措施加以解决。在经济全球化和科学技术加速发展的新形势下，信息化已经成为新时代现代化的突出标志。信息化主导着新时代工业化的发展方向，使工业化朝着自动化、智能化的方向发展。只有通过信息化带动工业化，才能适应全球化市场竞争的需要。对于发达国家，信息化就是“后工业化”；对于像我国这样的发展中国家，信息化是工业化的加速器，是带动工业化、实现生产力跨越式发展的重要手段。因此，我国要加快经济发展步伐，尽早赶上和超过发达国家，就必须走超常规发展道路——在进行工业化建设的同时，加快信息化建设，并运用信息化带动工业化，实现“跨越式”发展。党的“十六”大报告提出：“信息化是我国加快实现工业化和现代化的必然选择。坚持以信息化带动工业化，以工业化促进信息化，走出一条科技含量高、经济效益好、资源消耗低、环境污染少、人力资本优势得到充分发挥的新型工业化路子。”党的十六届五中全会和我国“十一五”规划再一次强调，要推进国民经济发展和社会信息化，加快转变经济增长方式。要加快转变经济增长方式，就必须走以信息化带动工业化、以工业化促进信息化的新型工业化道路。

正是在新的国际经济发展形势与国家发展政策背景下，我国有越来越多的学者开始研究信息化与经济发展的内在联系，分析信息化与工业化的互动关系，深入思考如何运用信息化带动工业化发展的问题。沿海开放城市作为我国经济发展速度快、工业化发展水平高、对外开放程度大、处于与国际经济接轨的前沿地区，在新的国际经济形势下，如何抓住机遇，加快发展，对于促进我国经济发展、加速工业化进程具有非常重要的意义。并且，沿海开放城市加快实施信息化带动工业化战略已有现实基础，率先走出一条信息化带动工业化的成功之路，也必将能对我国其他地区实施信息化带动工业化战略起到示范和带动作用。但是，到目前为止，尚未有学者对沿海开放城市作为一个整体进行过系统研究。由此可见，研究沿海开放城市运用信息化带动工业化发展战略，既是我国现阶段经济发展迫切所需，又具有重要的理论和实践指导意义。

本专著是在科技部立项的“加入WTO后沿海开放城市运用信息化带动工业化战略研究”课题（项目编号：2002DGQ2D058）研究报告的基础上形成的，是集体劳动的结晶。第一篇（课题研究总报告部分）第一章、第二章、第三章第一节和第二节由陆根尧执笔（李辉参与撰写部分内容）；第三章第三节和第四节、第四章由叶文涛执笔，谢阳群、孙睦优撰写了部分文字材料，由陆根尧删改、组合完稿。第二篇（课题研究分报告部分）第五章由周昌林执笔，第六章由孙睦优执笔，第七章由全继业执笔，第八章由谢阳群执笔。全书由陆根尧统稿，余钟夫审定。

本专著的前期课题研究得到了科技部政策法规与体制改革司、科技部办公厅调研室、中国科技促进发展研究中心软科学组织处、宁波市科技局、宁波市政府信息化办公室、宁波市发展计划委员会和宁波市软科学研究会的大力支持，课题组曾于2003年下半年赴北京、上海、天津、深圳、珠海、大连、宁波、温州等城市调研，得到了上述城市科技厅（委、局）、信息化办公室和发展计划委员会（发改委）有关领导与同志的大力支持。在课题研究过程中参考并引用了许多学者的观点和资料，在此深表感谢！

由于水平和时间的限制，书中难免存在不妥乃至错误之处，敬请广大读者批评指正。

目　录

CONTENTS

第二篇　分报告

第一篇 总报告

第一章 沿海开放城市[①]经济发展环境分析

进入 21 世纪，在经济全球化和信息化背景下，世界经济增长方式、经济发展的主导因素较之以前都有了很大变化，这对我国沿海开放城市的经济发展会产生深刻的影响。因此，本研究首先分析沿海开放城市经济发展环境，包括阐述经济发展的一般规律。

第一节　经济发展的一般规律

人类社会经济发展具有一定的规律性。简要分析和论述经济发展的一般规律，可以为制定信息化带动工业化战略提供重要的历史依据。

一 人类社会经济发展的历史阶段[②]

人类社会的发展史就是生产力不断发展、社会分工不断扩大、文明程度不断提高的过程。我们可以把人类社会经济形态分为农业经济、工业经济和信息经济（也有称为“后工业化社会经济”或知识经济）三种形态。人类社会经历了万余年漫长的农业经济阶段，又经历了 200 多年的工业经济阶段，如今正在从农业经济、工业经济走向信息（知识）经济阶段。这三种社会经济形态既有本质区别，又有前后承接关系，后一类社会经济形态的产生以前一类社会经济形态的充分发展为基础。

自人类诞生到工业革命开始，世界经济处于农业经济阶段。农业经济阶段是人类历史上最漫长的一个发展阶段，它是农业在国民经济中占主要地位和起主导作用的经济阶段。

随着社会生产力的发展，人们对大自然的认识更为深入，劳动工具不断改进，信息传播更为广泛和迅速，社会产品的生产急剧扩大，人类社会经济也从农业经济阶段进入了工业经济阶段。工业经济阶段是指从工业革命开始到信息

---

① 中共中央和国务院于 1980 年和 1984 年确定的沿海开放城市共 18 个（包括 4 个经济特区城市），分别为：北海、珠海、深圳、湛江、广州、汕头、厦门、福州、温州、宁波、上海、南通、连云港、烟台、青岛、秦皇岛、天津和大连。本书从这些城市中抽取部分城市作为样本进行研究。

② 刘丽文等．1998．工业信息化．北京：京华出版社

革命发端这一段历史时期，是工业出现并逐步在国民经济中占主要地位和起主导作用的阶段。自从以1784年瓦特发明了双向蒸汽机为标志的工业革命以来，工业经济的发展经历了两个阶段，即第一次工业革命和第二次工业革命阶段。

随着生产力的进一步发展，知识在社会生产中的作用越来越大，由此出现了信息（知识）经济。信息经济阶段系指信息革命以来的经济发展历史时期，是信息产业出现并在国民经济中逐步占主要地位和起主导作用的经济发展时期。1946年，世界第一台计算机在美国问世，标志着信息革命的开始。从此，世界经济的发展进入了信息经济阶段。现在，一个发展信息经济的信息化浪潮正在全球兴起，并一浪高过一浪，把世界经济带进21世纪更加发达的信息经济时代。

从以上社会经济形态的演进过程可以看出，人类社会从农业经济到工业经济再到信息（知识）经济的发展背景和发展历程，表明信息（知识）经济是人类社会经济发展的一个必然趋势。

二 社会经济发展中产业演变规律

美国著名经济学家罗斯托认为，不论在什么时期，即便在一个成熟并继续成长的经济中，经济发展的冲击力之所以能够保持，是由于为数不多的主导产业迅速扩张的结果，而且这些主导产业的扩张又对其他产业产生了重大影响。

主导产业是指技术领先、产业关联度大、代表产业结构演变方向和对其他产业的发展具有较大带动作用的产业。从历史来看，主导产业部门具有随技术、市场、资源等因素发生重大变动而不断更替的特征，这种更替意味着产业结构的变革。主导产业具有以下四个特点①：①技术先进特性。主导产业是体现当代先进技术水平的新兴产业，经济效益高，拥有庞大的生产能力和较高的经济增长率。②关联特性。产业关联度高，具有较强的前向联系和后向联系效应，能够产生宏大的连锁效果，带动其他产业部门发展。③需求特性。该产业部门通常是需求弹性大的社会最终产品的生产部门。在一个较长的时期中，国内国际市场对它有着不断增长的需求，而又难以充分满足。④国际化特性。主导产业具有一定的出口创汇能力，其产品在出口额中占有一定或较大的比重。

经济发展史表明，主导产业的转换和发展经过了五个不同的历史发展阶段（见表1-1）。

---

① 史忠良．1998．产业经济学．北京：经济管理出版社

表 1-1　主导产业发展的五个历史阶段

阶　段	主导部门	主导产业群体或综合体
第一阶段	棉纺工业	纺织工业、冶炼工业、采煤工业、早期制造业和交通运输业
第二阶段	钢铁工业	钢铁工业、采煤工业、造船工业、纺织工业、机器制造、铁路修建业、铁路运输业、轮船运输业及其他工业
第三阶段	电力、汽车、化工	电力工业、电器工业、机械工业、化学工业、汽车工业和钢铁工业以及第二个主导产业群各产业
第四阶段	汽车、石油、钢铁和耐用消费品工业	宇航工业、计算机工业、原子能工业、合成耐用消费品工业、材料工业，以及第三个主导产业群各产业
第五阶段	信息产业	新材料工业、新能源工业、生物工程、宇航工业等新兴产业以及第四个主导产业群各产业

上述主导产业发展的五个历史阶段说明，在经济发展的历史长河中，产业结构的高度化是主导产业及其群体不断更替、转换的一个历史演进过程，是一个产业结构由低级到高级、由简单到复杂的渐进过程。在这个过程中，主体需要的满足和经济发展中不同阶段的不可逾越性，以及社会生产力发展中技术在不同阶段间的不可间断性，决定了发展中国家在选择和确定主导产业及其群体，进行主导产业及主导产业群的建设时，一方面必须循序渐进，另一方面可以兼收并蓄，综合几次主导产业及其群体的优势，在整个产业的某些领域实现“跳跃式”发展，在起点低、发展时点晚的情况下，用较短的时间走完产业结构高度化所走过的近 250 年的历程，实现经济社会的现代化①。

我国经济学家刘伟②等，选取了具有典型意义的五个发达国家和发展中国家的经济发展长过程作为分析样本，比较研究其不同经济发展阶段上主导产业的更替和作用的机理，揭示某些具有一般性意义的变化趋势和政策逻辑。根据实证分析，这五个国家的主导产业更替的过程与上文提及的主导产业发展的五个历史阶段基本吻合。

通过以上对主导产业的分析，我们可以清楚地看到：随着第三次科技革命的完成和信息产业的发展，信息产业部门在时间坐标上将成为继纺织业、钢铁工业、电力工业、汽车工业之后的第五个主导部门。信息产业的发展将推动整个国民经济结构的高度优化，信息产业创造的价值在国民生产总值中所占的比例将大大提高，国民经济发展将由以传统工业为主导转向以信息产业为主导。

---

① 苏东水．2000．产业经济学．北京：高等教育出版社

② 刘伟．1995．工业化进程中的产业结构研究．北京：中国人民大学出版社

三 促进经济发展的主导技术变化过程①

世界不同地区、不同国家对经济发展的探索和实践证明，技术进步是经济可持续发展的根本动力。人类为了满足生存和生活等需要而必须进行劳动，劳动离不开手和脑，但劳动又开发了手和脑，使人能够发明新的技术，技术的创新又对社会经济发展产生巨大的推动作用。不难看出，随着社会的不断发展和劳动工具的日益改进与创新，促进经济发展的主导技术也由低到高呈动态变化。

第一阶段，石器时代。以石斧、石镐等为代表的最简单、最原始的劳动工具，生产技术也非常简单，只具有简单辅助于人手的功能。

第二阶段，铁器时期。以弓箭、铁剑、铁犁等为代表的古代手工劳动工具，能够延伸人手的功能。

第三阶段，以手推磨、手摇织机、有轮的车子、帆船等为代表的古代简单机械，能够拓展人手的功能。

第四阶段，以蒸汽机、发电机、电动机等为代表的大机器，能够部分地代替人手的功能。

第五阶段，以电子计算机、光计算机及生物计算机等为代表的电子技术，能够延伸、拓展及部分地代替人脑的功能。

由第一阶段向第二阶段的转化，是农业化的过程。其生产工具由最原始的简单工具过渡到古代的手工工具，由简单地辅助人手发展到能够延伸人手。由第二阶段向第三、第四阶段的转化，是工业化的过程。其生产工具由古代的手工工具过渡到古代的简单机械、再过渡到近代的大机器，生产工具不仅能延伸人手，而且发展到能拓展和部分地代替人手。由第四阶段向第五阶段的转化，就是信息化的过程。其生产工具由近代的大机器过渡到当代的微电子技术，延伸、拓展和部分代替的不仅仅是人手，而且包括人脑。

从上述主导技术的演变过程可以看出，信息技术已经成为当代经济发展的主导技术。

四 各生产要素在经济发展中的地位变化

人们对生产要素的认识是发展变化的，具有时代特色。不同的时代，不同的地域往往赋予生产要素不同的内涵和外延，对生产要素的认识往往与当时的生产方式相适应。尽管古典学派的亚当·斯密几乎创立了分析生产要素的万能

① 李继文. 2001. 工业化与信息化在经济发展史中的内在逻辑. 经济学家，(1)

框架“斯密模式”，但是在不同的时期“斯密模式”会有不同的结构，即各种生产要素的权重和地位不同。

在人类长达几千年的农业经济时代中，财富的主要来源是农业，因此农业生产所必需的“土地”和“劳动”成为重要的生产要素，其中土地扩张是推动经济发展的“第一生产要素”。尽管在传统农业经济中也有耕作工具、建筑物和水利灌溉设施等物质资本，但它们基本上是由农民自己生产出来的，并且大多数物质资本和土地要素融合在一起。因此，在传统农业中，资本不是一个重要的生产要素。美国著名经济学家舒尔茨教授曾指出，传统农业是“完全以农民世代使用的各种生产要素为基础的农业”。传统农业缺乏科学技术知识，他们的农业生产技术和经验是通过世代相传而获得的。因此，在技术长期停滞的传统农业中，知识的作用极其有限。

在资本主义生产方式确立之后，机器大生产带来了工业繁荣，农业生产在财富创造中的地位大大下降，因此农业生产所需的“土地”要素地位开始下降，工业生产所需的“资本”、“劳动”和“企业管理”等要素的地位上升，此时生产要素的地位排序依次是资本、劳动、土地。显然，资本主义生产方式使“土地”地位下降，而使“资本”地位上升。这种格局几乎一直持续到第二次世界大战时期。

第二次世界大战以后，从美国开始，西方主要资本主义国家兴起了第三次产业革命。当代技术革命突出地表现在战后涌现了大批新技术，如信息技术、新材料技术、生物技术、空间技术、海洋开发技术等。人类对客观世界的认识也有了重大突破。与前两次产业革命均属于“工业革命”不同，第三次产业革命的本质是一场“信息革命”，“信息化”是其本质特征。特别是20世纪80年代兴起的高科技革命，作为第二次世界大战以后开始的“信息革命”的继续和深化，不但使人类的知识总量迅猛增加，而且使人类获取知识、应用知识的能力大大提高。目前，美国正在引领世界新潮流，率先步入信息经济时代。在美国的信息经济中，知识要素对生产力发展起着根本性的决定作用，这主要表现为：①科技进步对经济增长的贡献率已经超过资本、劳动等有形要素；②高科技信息产业日趋成熟，已经成为美国经济新的推动力。美国经济生活中发生的上述变化，表明在第三次产业革命的推动下，科技、信息、智力、能力等知识要素已成为决定社会经济发展的“第一生产要素”。此时，生产要素地位的次序依重要性排序分别是知识、资本、劳动、土地。

生产要素的历史演变告诉我们：人们对各种生产要素重要性的认识是随着社会生产方式的发展而不断发展变化，随着生产力发展和社会进步，知识在各种要素中已经成为了第一生产要素，这也决定了信息经济的发展是必然趋势。

第二节　信息化下的国际经济变化及其趋势

美国经济在20世纪90年代保持了近十年的持续走强，年平均增长率达到了2.7%，创造了第二次世界大战以来美国经济增长的奇迹。在这一时期，美国经济所表现出来的“低通货膨胀、低失业、低财政赤字、高经济增长”，即所谓“三低一高”现象，被称为美国的“新经济”。

从表面上看，美国这种经济繁荣主要表现为低通货膨胀、低失业、低财政赤字，但支撑美国经济长期持续增长的主要原因是其所掌握的先进信息技术，以及这些技术全球化的商业应用。自从一些发达国家步入信息化社会，以及一些发展中国家不断加强信息化建设以来，信息化对全球经济的重要性已经日益凸显，信息化带来了国际经济的新变化。

一　产业信息化程度日益加深

信息时代的一个重要特征是国民经济中产业的信息化。产业的信息化，从宏观上来看，是信息产业创造的价值在国民生产总值中所占比重不断增加的过程，也是从事信息产业活动的劳动力数量不断增加的过程，表明信息化对国民经济和社会发展推动作用的不断增强；从微观上来看，是产品中信息价值不断增加的过程。

产业的信息化主要体现在以下四个方面：①劳动过程的信息化。在当今信息经济时代，人类发明了智能化信息机器体系，从而使劳动过程逐步信息化。劳动过程的信息化，就是用智能化的信息机器体系代替劳动过程中的信息变换过程。②农业信息化。随着信息经济的发展，农业已经发生了很大的变化。今天，在发达国家里，农业的高信息化程度极大地提高了农业的生产水平。③工业信息化。信息化促进了工业的发展和变革，使工业走上了信息化道路。工业信息化彻底改变了工业生产的面貌，使工业从大量消耗资源转到以较少的资源和劳动生产出更多、更好、更加耐用的工业产品方向上来，大大提高了工业生产的效率和效益。④服务业信息化。信息化也彻底改变了服务业的面貌，大大提高了服务业的效率和效益，开创了服务业的新时代。服务业的信息化主要体现在商业、旅游业和金融业等方面的信息化。商业的信息化，不仅提高了商业活动的效率和效益，而且也导致商业结构的大变革；旅游业的信息化，标志着旅客可以足不出户便可以为自己的旅行做好一切安排的时代已经到来；金融业的信息化，开创了电子货币的新时代，不仅有效地提供了金融服务，促进了金融业务和国民经济的发展，而且也推动了金融业的全球化。

二 经济全球化进程日渐加速

经济全球化对经济与社会的影响巨大，它促进了生产要素、产品在全球范围内的分配和流动，使社会生产力得到了前所未有的发展。近十年来成为经济学界最为热门话题的新经济，就是信息化与经济全球化相结合的一种经济现象。信息化的发展会极大地影响经济全球化的进程。信息产业的快速发展，特别是全球信息网络和交通运输业的发展，不仅为资源在全球范围内进行配置奠定了基础，而且为全球经济的发展创造了重要的先决条件。现在，一个全球性生产、分配、流通和消费的经济浪潮正在蓬勃兴起，急剧地改变着世界经济发展的格局。

信息化对经济全球化的影响，主要体现在以下五个方面：①发展和完善了全球性的信息网络。全球性的信息网络，为世界各国经济、政治、文化、社会等交流带来了便捷，促进了“地球村”的形成。②加快了贸易全球化。信息产业的发展，促进了信息的交流和传递，缩短了交易时间，节省了交易成本，促进了全球范围贸易的蓬勃发展。③促进了生产全球化的形成。信息经济的发展使得生产经营走上了国际化的道路，为全球生产经营提供了信息交换的条件，使产品的转移变得及时、安全和可靠，促进了国际分工的深入和个性化、柔性化生产的出现。④有利于跨国公司的飞速发展。随着信息经济的发展，企业活动的范围越来越大，企业发展全球化的趋势和特性越来越明显。跨国公司的活动实际上就是在信息流引导下的资金流、技术流和商品流的大循环。⑤促进了不同社会、经济和文化的“趋同”。

三 经济增长速度加快，经济增长方式得到改变

信息产业是具有战略性的新兴带头产业，已经成为各国经济新的增长点。①信息产业的需求旺盛。从居民需求来看，对消费类信息商品的需求旺盛；从投资需求来看，随着国民经济信息化进程的加快，对投资类信息产品和服务的需求越来越大；从信息商品和服务的出口需求来看，全球信息化浪潮的高涨导致了全世界对信息商品与服务需求的进一步增长，由此促进了出口需求的进一步扩大。因此，信息产业已经成为国民经济新的增长点和推动力。②信息产业的发展具有倍增作用，是国民经济发展的助推器。信息产业发展的带动效应很大，不仅自身可以创造巨大的社会财富，而且信息技术可以渗透到其他产业中去，推动其他产业生产率的提高，从而产生二次经济效益。如此类推，一系列直接经济效益与间接经济效益的综合构成了信息产业对整个国民经济的扩散效

应，促进了其他产业和整个国民经济的发展和进步。③信息产业的发展有利于规模经济的形成。信息技术和信息产品、设备生产中存在的高投入、低成本、高回报等特性，决定了信息产业的规模经济特性。信息产业中的信息技术与信息产品和设备犹如一对“孪生兄弟”，两者缺一不可。④信息产业的发展有利于资源的有效利用。信息产业自身对能源和原材料的低消耗，对资源消耗型生产企业的替代，对落后技术的改造等，可以大大提高资源的利用效率。

四 信息市场得到快速发展

信息市场的发展是信息经济时代的一个重要特征。随着信息经济的发展，信息作为一种商品越来越引起人们的高度重视，由此促进了信息市场迅速崛起。信息商品包括信息和服务，所以信息市场也包括信息商品市场和信息服务市场。国际电信联盟提供的资料表明，早在1994年全球电子信息产品市场和信息服务市场的营业额已经达到14 250亿美元，相当于全世界国民生产总值的6%。通信市场的发展令人瞩目。据世界贸易组织秘书处的统计，仅全球基础电信的总营业额在1996年就高达6700亿美元，并以25%～30%的速度增长；电子服务业发展也十分惊人。随着信息技术的广泛普及，当前世界信息产业正处于大变革之中，其市场规模也将迅速扩大。麦肯锡咨询公司的研究指出，到2020年，全球信息技术市场年产值将增长到20万亿美元。

五 就业结构产生了极大改变

信息经济的发展，促进了就业结构的变革，使社会劳动就业发生了巨大的转移。信息经济时代是以信息活动为主的经济发展时期，社会劳动职业从工业经济时代的工业经济活动转向信息经济时代的信息经济活动，社会的绝大多数劳动者将从事信息变换工作。信息经济时代，劳动者的素质大大提高。随着智能化的机器体系的广泛应用，劳动者从体力劳动转向脑力劳动，即转向信息劳动，从事信息变换工作。以美国为例，在农业经济时代，美国绝大部分劳动力从事农业经济活动。随着工业革命开创了工业经济，农业劳动力逐渐转向工业经济领域。信息革命则开创了信息经济时代，这时候，农业经济和工业经济领域的劳动力转向信息经济领域。1908年，美国工业劳动力的数目超过了农业劳动力的数目；到1958年，美国信息产业劳动力的数目就已超过了工业劳动力的数目，信息产业成为就业人口最多的产业部门。与美国类似，其他发达国家就业结构的变化趋势也都遵循着同样的规律。

六 信息化给发展中国家既带来机遇也提出了严峻挑战

信息化发展给发展中国家带来的机遇是：①有利于走“后发优势”的道路。发展中国家由于诸多历史原因，经济发展落后于发达国家。信息产业作为高新技术产业的代表，起点高、经济回报大。信息技术的发展有利于对落后技术的改造，有利于缩短发展中国家与发达国家之间的技术差距和经济差距。因此，有利于发展中国家走“后发优势”的道路。②有利于发展中国家参与国际竞争。发展中国家的产业主要是传统产业，运用信息技术加快对传统产业的改造，有利于增强发展中国家产业的国际竞争力。③有利于工业化和信息化“两条腿”走路，在积极发展信息产业的同时，加快对传统产业的改造。

但是，我们也应该清醒地看到，信息化在给发展中国家带来发展机遇的同时，也带来一些问题：①发展中国家的资金短缺和技术落后，在信息化竞争中处于不利地位。据联合国秘书处最新资料显示，通过信息技术和知识来创造价值的“新经济”，依然是一种“富国现象”。发达国家在“知识权力”的集中过程中，通过创造优势进行大规模产业重组，夺取全球市场份额，以获取“先行者利益”；而大多数发展中国家则继续处在“信息贫困”之中和“数码鸿沟”(digital divide) 的另一边。②发展中国家与发达国家之间信息化水平的差距仍在不断拉大。发展中国家如果不抓住历史发展机遇，尽快闯出一条适合本国国情的信息化发展道路，其经济发展步伐就会更加落后于发达国家。

七 小结

信息化浪潮正在席卷全球，对国际经济的影响是全方位的和前所未有的。信息化已经给各国的经济发展带来了极大的益处，这种好处也必将会继续下去。在激烈的国际竞争中，信息资源已经成为人们争夺的重点，谁能更多更快地占有信息资源并能有效地开发和利用，谁就能取得国际竞争的优势，创造经济腾飞的奇迹。社会经济的发展将越来越依靠更多的信息投入。世界经济正在从农业经济、工业经济时代走向信息（知识）经济时代。

第三节　国际信息经济的规模、结构与竞争

全球经济的信息化气息已经日益浓厚，各国信息产业不断向纵深发展，体现在信息产业产值的快速增长、信息产业产值在国民经济总量中的比重不断提高、电子信息产品进出口总额的增长和信息产业劳动就业人口的增长也越来越

快。另外，在信息经济规模扩大的同时，信息经济结构也在不断调整。

一 国际信息经济规模

当今，世界各国都意识到了信息经济对本国国民经济和社会发展的重要性，因此，纷纷把发展信息产业作为本国经济的增长点，以信息经济带动整个国民经济发展，促进产业结构升级。在这样的背景下，国际信息经济规模发展迅速。下文先用数据从总体上分析国际信息经济的现状，然后再分析几个主要发达国家（地区）和中国的信息化现状。

从世界信息和通信市场规模上看，1982 年全球信息产业的销售额为 2370 亿美元，1985 年达到 4000 亿美元，1988 年为 4700 亿美元，1993 年则达到 8900 亿美元，1995 年为 6400 亿美元，而 2000 年则突破 1 万亿美元大关。2002 年达到 1.3 万亿美元，信息产业已成为全球第一大产业。1996 年世界信息产业总产值达到 8000 多亿美元，1997 年超过 1 万亿美元，2000 年世界信息产业总产值增长至约 3 万亿美元。目前，世界信息产业以每年 30％的增长率不断扩大。同时，信息产业在国民经济中所占的比例也在不断上升，目前一般发达国家的信息产业占 GNP（国民生产总值）的比重达 40％～65％，新兴工业化国家和地区为 25％～40％，发展中国家则在 25％以下。比如美国 1967 年时信息产业占 GNP 的比重为 46％，1972 年时为 50％，1985 年升至 60％，1987 年达到 67％，1990 年时该比重为 75％，目前已达到约 90％。因此，信息产业在发达国家已经成为国民经济的支柱产业和经济增长的主要动力。

下面将分析几个主要发达国家（地区）和中国信息产业的现状。

（一）美国信息产业的发展

根据美国商务部提供的情况，2000 年是美国信息产业发展的高峰，总产值达到 7966 亿美元。到 2002 年信息市场降到 3950 亿美元，其中信息服务业占 42％、硬件占 33％、软件占 25％。虽然美国信息产业绝对值有所下降，但仍占全球信息市场 43％的比例。在通信方面，目前美国有固定电话用户 1.9 亿，移动电话用户 1.27 亿，使用互联网人数 1.6 亿，其中 4800 万人使用宽带网，其余用拨号服务。美国认为过去 10 年内信息产业对美国经济高速增长做出了巨大贡献，在 1996 年以前，美国生产力平均每年增长只有 1.4％，1996 年后平均每年增长达 2.5％，美国联邦储备委员会和商务部估计其中增长率的 2/3 是由信息产业提供的。美国出口贸易额中很大一部分来自信息产品，如 2001 年出口总额中的 29％来自信息产业界。美国信息企业在所有企业中只占 7％，而在实际经济中发挥的作用则是 28％。

1993 年 2 月，美国克林顿政府提出了建设“国家信息基础结构”（national information infrastructure，NII）计划。同年 9 月，美国宣布了“国家信息基础结构行动纲领”。NII 被形象地比喻为“信息高速公路”计划，即以计算机技术、网络通信技术等先进的信息技术为基础，以光纤、数字卫星系统等作为主要信息传输载体，以最快速度传递和处理信息，最大限度地实现全社会信息资源共享和社会经济高度信息化，运用遍及各个地区的大容量、高速交互式信息网络，把政府机构、科研单位、公司企业、医疗部门、图书馆、学校、家庭等信息终端连接起来，从而奠定面向未来的社会基础设施。该计划提出后，在全球引起了强烈反响，世界各国在对美国高速信息网发展可能带来的社会经济前景“深感不安”的同时，深刻认识到先进的信息基础结构是一个国家综合国力的表征，建设适应全球竞争局面的国家信息基础结构，才能保证在未来处于领先地位。

纵观 20 世纪 90 年代以来美国经济的发展，其亮点在于信息产业高速增长，突飞猛进。比如，据美国商务部和美国电子协会早在 1998 年上半年发布的统计，在此前的几年里，信息技术产业就为美国创造 1500 万个新就业机会，高新技术产业已成为美国雇佣职工最多的行业，职工工资比全国私营企业平均工资高出 73%；高新技术产业在销售和出口方面也已成为美国最大的工业部门，其产值约占美国国内生产总值的 8%；此前的 6 年，私人医疗服务业和高科技产业是美国经济增长速度最快的行业，大大超过了传统上被认为是美国主题经济的汽车制造、建筑和化学工业的发展。也正是信息技术的飞跃发展，使美国 1997 年和 1998 年头几个月失业率降到 24 年来的最低点，通货膨胀回落到近 30 年来的最低水平。美国的信息产业已成为美国最大的产业，其重要性排在建筑业、汽车制造业之前。在信息技术和信息产业大发展的今天，对美国经济起主导作用的是高技术信息产业。微软、英特尔公司等已取代了三大汽车公司（通用、福特和克莱斯勒）当年的地位。

美国为进一步推动信息技术和信息产业的发展，正在实施多项计划：①“因特网Ⅱ”计划，通过该计划将通信速度提高 100～1000 倍，以解决因特网过分拥挤的问题。②1000 万亿次超级计算机计划，美国联邦政府实施的这项计划，将使目前最快的工作站一年的工作缩短到只需 30 秒钟，它比目前最快的计算机快 1000 多倍。美国争取在 10 年内实现 1000 万亿次超级计算机的目标。③发展 10 项高新电子技术。美国确定了在 2010 年前发展 10 项高新电子技术，它既可用于国防，也可以民用。

美国信息高速公路计划的直接目的是：①创造投资、就业机会，拓展市场，推动国内经济发展。②通过加强信息技术及相关技术的研究与开发，保持科技的领先地位。③使发展经济、技术成为提高国际竞争力，保持超级大国地位的有效手段。④增加高技能、高报酬的就业机会，缩小“蓝领”和“白领”阶层的收入差距。

（二）日本信息产业的发展

在20世纪80年代中期，日本政府实施“科技立国”战略时，就注意到信息技术产业在全球迅猛发展的态势和在未来社会中的特殊重要地位。经过近20年的探索和发展，目前日本信息产业已步入欣欣向荣的阶段，取得了丰硕的成果。日本成为仅次于美国的信息产业大国，同时也是全球第二大信息产业市场，信息产业也成为日本经济的新增长点。

为了在未来竞争中保持竞争优势，日本政府加强了对信息通信技术研究开发的指导和支持，于1995年底设立了“高度信息化社会促进本部”。1995年6月日本科技政策最高决策机关——科学技术会议又围绕建设信息高速公路等问题进行了专门研究。日本的信息高速公路建设通过三个阶段完成：第一阶段在2000年以前，将光缆铺设到都、道、府、县的首府，研究单位、大学、图书馆等（该阶段的建设已经完成）；第二阶段为2000～2005年，将光缆延伸到10万人口以上的城市（该阶段的建设也已经完成）；第三阶段为2005～2010年，将在全国建成通过光缆连接的信息网络，并与世界各大城市联网。并且，日本金融体制改革将与网络革命同时进行。一方面，“因特网革命”将所有顾客和世界上所有金融机构对等地联结在一起；另一方面，“电子商务革命”使得从订货、接受订货到结算的全部商贸活动都能通过社会基础设施网络进行。所以日本金融体制改革是伴随网络革命进行的。

1998年3月23日，日本开始实施“天网”计划，在2005年前向地球大气同温层发射多达200艘飞艇，以提供快而廉价的卫星通信。这些长260米的飞艇在日本上空2万米高处漂浮，飞艇上配备电信传输设备。这项技术提供了更快的通信传输服务，有了它，人们使用的移动电话可以变得更小，用便携式电脑上因特网也变得容易，所有这些服务的费用都只是传统卫星服务费用的几分之一。研制和发射飞艇的费用约为50亿日元（4000万美元），仅大约为一颗卫星价格的1/10，而它的使用寿命却比卫星长。

此外，日本还将在全国建立超高速光纤通信网以刺激经济发展，日本将利用国家经费在全国建立超高速光纤基干网，并对国民免费开放，以刺激多媒体时代人们的需求。这一计划还将为全国的学校和医院配备个人电脑，支持地面广播数字化等。日本政府打算建立能与堪称信息发达国家并驾齐驱的通信环境，而且希望依靠信息通信业创造出更高的经济效益。

信息通信的“重点”是建立光纤基干网和使之免费开放。政府拟将通过邮政省认可的通信和广播机构，委托日本电信电话公司等通信企业，建设纵贯全国（从北海道至冲绳）的、传输容量达1000兆比特的超高速光纤网。光纤网建成后，政府将征借5年，并向地方政府、公共机构及企业等免费开放。利用国家实行免费开放的目的在于刺激企业结算电子化、远距离医疗服务和地方政府信息化等需求。可以说，这是“多媒体社会化”的前奏，它所创造出的通信环境可与美国的“信息高速公路”计划所创造的相媲美。

（三）欧盟的信息产业

1993年12月欧共体主席德洛尔在《经济增长、竞争和就业》白皮书中提出了建设欧洲信息高速公路的建议，拟定了一个5年内投资330亿法郎的欧洲信息基础设施建设的具体计划。由此，信息高速公路建设在欧洲掀起了高潮。与之相适应，法国政府开始建设信息高速公路，计划于2015年完成。为此，法国制定了如下战略目标：从现在开始至2015年，使所有公民都能在家里和所有活动地点使用信息高速公路，使大家都能平等地使用信息高速公路，即把已经适用于电话的普遍服务扩大到信息高速公路提供的新的服务领域，这项工作被视为是“2000年的革命”。德国政府为了推动信息技术的发展，也早在1996年1月制定了进入信息社会的规划。德国的信息高速公路建设已经有了良好开端，德国电信局已建成世界上最现代化的通信基础设施。目前，德国正在实施连接某一地区家庭与企业间的“基地”计划，如使斯图加特地区的4000个家庭与小企业相连接，其耗资高达1亿马克。英国已具有良好的光纤通信网络基础和先进技术，但在未来10年中，政府仍将投入380亿英镑来建设信息高速公路。

（四）韩国的信息产业

韩国信息产业一直保持高速发展势头，从20世纪90年代以来，平均以GDP（国内生产总值）3倍的速度增长。2001年，韩国信息产业总产值达到1108亿美元，占GDP的12.9%；信息产品出口512亿美元，占全部出口额的30%。过去四年信息产品出口顺差占总贸易顺差的62%，总计520亿美元。2002年，韩国固定电话普及率达51%、移动电话达70%、互联网达65%，其中高速互联网用户达到1000万户。韩国在经历了亚洲金融危机后，加快了经济结构调整的步伐，使经济环境更有利于信息产业的发展，加大了对信息产业的投入，使信息产业在近几年内迅猛发展，并带动韩国经济的复苏。韩国较快摆脱金融危机的主要做法有三个方面：一是加大开放政策，大力吸引外资投入。韩国当初开放信息市场时也有许多顾虑，怕引起国内市场的崩溃，但结果国内、国际市场都获得了很大发展，也进一步提高了企业的国际竞争力。二是对企业进行调整，加快企业的整合，使企业优势更加突出。三是由于企业调整失业率升高，韩国政府就采取推进信息化来创造新的就业机会。韩国金融危机后的5年中，外国投资超过以前的总和，1998～2000年实现贸易顺差680亿美元，外汇储备由危机时的负数增加到超过1000亿美元，其中信息产业的贡献超过60%。

韩国目前的经济增长主要来自于信息产业，因此对信息产业下一步的发展更是雄心勃勃。金融危机后，韩国把国家发展的战略重点转向信息产业，以总统亲自主持的“信息化战略会议”、“信息化促进法”、“信息化促进计划框架”等重大系列战略措施和政策推动信息产业的发展。韩国政府实施了第三个信息化基础设施计划（2002～2006），即 e-Korea 计划，总目标是将韩国建成全球 IT（信息技术）领先者。政府通过此计划目的是为每一个韩国人创造一个终生学习的机会和上网的环境，促进政府利用在线办公提高办公效率和质量，增强政府的透明度和公众的参与能力，并加大应用信息技术改造传统产业的力度。《韩国 21 世纪信息化计划》的最初目标是确保韩国的产业竞争力，如支持在传统工业领域建设电子商务系统。当前，政府正在 20 个产业领域致力于推进 B2B（business to business，企业对企业交易），如电子工业、汽车工业、纺织工业、电力工业、造船工业、钢铁工业、农产品、石油产品、木材产品等领域。

韩国也十分重视宽带网技术的发展和应用，政府准备以普遍服务的方式推进宽带网的应用，试图通过宽带网的广泛应用来提高国民素质和国家信息化普及能力。20 世纪 90 年代以来，韩国政府投入很大精力推动信息化。政府和私营部门集中投资以建立一个更高效、更快捷的信息基础设施来满足将来的巨大需求。最终，一个为政府服务的高速宽带网络在韩国所有电话覆盖的 144 个地区建立。此外，为 10 482 个中小学提供了网络带宽 2 兆比特的接入方式，为公共服务部门包括政府、团体、研究机构、图书馆和博物馆提供了 36 689 条电话接入。根据加强使用骨干网络的信息高速公路计划，政府到 2005 年为本国 84%的家庭提供 20 兆比特的宽带网络通信服务。此外，私营部门已经参与建设以大城市和企业为中心的国家信息基础设施，为公众提供普遍服务，满足日益增长的网络流量。

（五）中国的信息产业

作为一个发展中大国，尽管中国总体经济发展水平还比较落后，但自改革开放以来，尤其是进入 20 世纪 90 年代以后，随着社会主义市场经济体制的逐步建立和完善，在国家的大力支持和推动下，中国的信息产业取得了飞速的发展，产业规模已居世界第三位，成为世界信息产业大国。信息产业的快速发展为我国的经济发展做出了巨大的贡献，已经成为中国的支柱产业。

自 1991 年始，中国电子信息产业工业总产值连续保持了 20%以上的增长速度，1999 年更是达到了 41.9%的增速，尽管受网络经济衰退的影响，后两年增速有所放缓，但仍然维持 20%以上的增长速度。2003 年电子信息产业完成产值 18 984亿元，与 2002 年同比增长 32.7%。2004 年完成产品销售收入 26 550 亿元，同比增长 41.7%。从增加值来看，包括电信业在内的信息产业增加值占 GDP 的比重和信息产业对GDP增长的贡献率逐步提升，到2002年信息产业对GDP增长的贡献率达到17%，在8%的经济增长率中拉动了1.3个百分点，远远高于其他行业对经济增长的贡献。2005年信息产业增加值占GDP的比重达到7.2%，对GDP增长的贡献率达到16.6%。从外贸出口来看，近年来中国电子信息产品出口平均增长率超过30%，在国民经济各部门中增长速度最快。2002年出口总额超过920亿美元，占外贸出口的比重为28.3%，是中国第一大出口行业。2003年，尽管受SARS（非典型肺炎）影响，中国电子信息产品出口仍然保持了较快的增长速度。2004年完成出口2075亿美元，同比增长46.0%。电子信息产品在扩大出口的同时，在进口替代方面也取得显著成绩。国产程控交换机、彩电等产品的国内市场占有率均超过90%，国产计算机、手机的国内市场占有率也分别突破70%和50%。

目前，世界信息经济发展出现了新特点：发达国家信息产业结构呈现高级化的趋势，各国都把促进产业结构的高级化作为推动信息产业发展的重要手段。信息产业向合理化、高级化演进是产业结构运动的内在要求，对此，有学者认为对信息产业起主要作用的是需求拉动和技术推动，因为技术的进步与创新总是围绕着市场的需求进行的，尖端技术总是在发现、创造适合它应用的需求，不断产生的新需求总能在不久后找出技术支撑，技术和需求在信息产业演进过程中也总是居于活跃的领导地位，这是信息产业的一大特色。

二 国际信息经济的结构

当前，世界信息化的总体格局是：美国、日本、欧盟等发达国家是信息经济的主宰，中等发达国家和新兴工业化国家加紧向信息经济过渡，发展中国家信息化程度最低，面临工业化和信息化的双重任务。以各国在世界信息和通信市场上的份额为例，在1993年高达8990亿美元的市场总额中，美国以3326.3亿美元占37%的比例位居榜首，欧盟和日本分别以29%和16%的份额位居其后，而其他国家（包括“亚洲四小龙”和南美洲自由贸易联盟）只占18%的份额；从信息产业产值占GNP的比重来看，20世纪80年代中期发达国家已达45%～60%以上，美国作为信息化的发源地，90年代初已高达75%，中等发达国家和新兴工业国达到30%～45%，发展中国家则只有15%～30%。从信息产业的年均增长速度看，发达国家也保持了优势，20世纪80年代美、日、欧的年增长率超过15%，90年代则高达30%左右。在发达国家内部，信息化亦不平衡，虽然日、欧信息化有了较大的增长，但无论是规模还是速度都落后于美国。为了说明这种分布状况，发达国家以美国、日本和西欧为例，新兴发展中国家或地区以新加坡和韩国为例，发展中国家以中国为例，各国的信息经济状况见表1-2。

表 1-2　美国、日本、西欧、新加坡、韩国和中国的信息经济状况

国　家	年　份	增加值/亿美元	增长率/%	市场份额/亿美元	进出口贸易额/亿美元		
					年份	进口	出口
美　国	2000	3821.1	12.9	4506.1	1998	1649.2	1083.8
	2001	3985.5	4.3	4700.8	1999	1859.1	1158.4
日　本	2000	2503.9	10.4	1871.5	1998	434.8	959.3
	2001	2675.7	6.9	1986.8	1999	512.2	1043
西　欧	2000	2397	5.7	2913.7	1998	2506.7	2229.6
	2001	2507.3	4.6	3004.7	1999	2808.9	2444.4
新加坡	2000	508.8	24.1	223.6	1998	371.4	587.2
	2001	587.3	15.4	248.5	1999	403.4	620.2
韩　国	2000	673.4	16	345	1998	110.8	331
	2001	740	9	383.3	1999	168.2	440.8
中　国	2000	1299.0	25.4	251.3	1998	236	270
	2001	1649.7	27	328.2	1999	256	280

资料来源：2001～2002 年中国电子信息产业发展报告

从表 1-2 可以看出，目前世界信息经济还是美国一枝独秀，无论是信息产值、市场份额还是信息产品的进出口贸易情况，都远远地超过了其他国家；日本位居其后，但和美国相比还是有很大的差距；中国的信息经济已成为世界信息经济中的一个重要部分，而且其增长速度非常快，超过了表 1-2 中的任何一个国家。

三 国际信息经济的竞争

信息产业在社会政治经济中的战略地位，决定了包括广大发展中国家在内的世界各国都期望能够自主地建立起本国强大的信息产业，并拥有先进的信息技术。因而当今世界信息产业领域里出现了前所未有的激烈竞争，导致了过去由美、日、欧等发达国家一统天下的发展格局，逐步向发达国家、经济欠发达国家、新兴工业国家（地区）、发展中国家相互竞争的多极化方向发展。另外，世界经济发展进入了区域化、集团化和国际化的时代，世界各国、企业集团和信息机构都在不断完善其遍布全球的信息网络，信息迅速地超越各个有着固有文化、社会、政治体制的国家的边界，并在全球范围内进行输入和输出，因而信息产业已走上立体多维的世界资源共享、经济称雄、人才争夺、科技进步和文化发展的国际大舞台。

（一）发达国家之间信息经济的竞争

目前，整个国际信息经济的竞争基本上还是表现为发达国家之间的竞争。

发达国家信息经济总量占世界总量的绝大部分，而且新技术突破、新理念产生、新潮流形成绝大多数也首先发生在发达国家。发达国家在国际上进行信息经济的竞争，往往以大型的跨国公司为先锋，利用跨国公司雄厚的资金、先进的技术和完善的管理手段抢占全球市场。

（二）发达国家与发展中国家之间信息经济竞争

在信息技术极大推动世界经济发展的同时，我们也要清醒地看到，由于国力的不同，这场以信息技术为基础的产业革命在不同国家的发展程度表现出了极大的不同。以美国为首的西方国家利用经济和科技上的强大实力，享尽了信息技术所带来的巨大利益，而广大欠发达国家因为自身实力等原因却在这场革命中处于下游，而且，随着信息技术的跳跃式发展，两者之间的差距越来越大，形成了我们经常提到的“数字鸿沟”。而且发达国家利用其资金和技术的优势，生产出“价廉物美”的信息产品，冲击一切信息经济不发达的国家，迫使这些国家生产低附加值的低端产品。

（三）在竞争中合作

随着经济全球化趋势的发展，一国不可能只凭自己的力量来搞发展，特别是信息产业分工较细，对人才和技术的要求较高，这就更加决定了信息产业国际合作的必然性。因此，各国在加强竞争的同时，也采取了一些合作的对策和措施。

第四节　沿海开放城市经济发展的宏观环境

一　沿海开放城市进一步融入全球化的经济竞争中

加入WTO表明中国已经拿到了参与经济全球化的“入场券”，获得了平等、无歧视地参与全球竞争的机会，标志着中国经济与世界经济、中国市场与世界市场的正式接轨，中国已昂首迈向经济全球化。经济全球化是指世界经济发展的一种趋势，即商品、服务、生产要素与信息跨国流动的规模与形式不断地增加，通过国际分工，在世界范围内优化资源配置，从而使各国经济相互依赖程度不断加深的趋势。经济全球化意味着生产的全球化、消费的全球化、竞争的全球化，意味着商品、服务和生产要素更加自由地跨越国界流动。经济全球化又表现为贸易的自由化、投资的自由化和金融的自由化。不论愿意与否，经济全球化正在成为一种客观事实和历史潮流，任何国家要想发展都不能将自己排斥在全球化的经济范围之外。

我国加入 WTO 后，国际资本的流入速度大大加快，全球生产要素的流动将促进国内资源的重新配置，推动闲置或低效配置的存量资源向生产效益高的优势企业流动，促进了经济增长的质量和效益。同时，我国也可以充分利用国际市场和国际资源，调节丰缺资源，降低使用资源的成本。加入 WTO 后，国际投资和国际贸易规模的不断扩大和拓展，将为我国带来大量的资金、技术和先进管理经验，这为改造我国的传统产业和发展高新技术产业注入了生机和活力。

加入 WTO 后，我国对更多的成员国开放市场，142 个贸易成员国要进来，我国的企业要走出去，国内国际两个市场将逐步归于统一，产品竞争的激烈程度将前所未有，市场竞争方式将由低层次竞争方式——价格竞争和广告竞争，向高层次竞争方式——技术竞争、品牌竞争、高附加值竞争转变。这必将促使国内企业提高竞争意识，走技术创新、体制创新和管理创新的道路，生产高新技术产品，增强企业的国际竞争力。

二 世界制造业中心向中国转移，中国有可能成为世界工厂

如上所述，加入 WTO 后中国经济国际化、全球化趋势加速。经济国际化、全球化的主要内容是生产国际化、全球化，而跨国公司海外生产的发展和扩大则是其重要表现。众所周知，发达国家经济国际化、全球化是以资本输出为中心的对外经济扩张开始的，这就是所谓的外向性国际化、全球化。因此，加入 WTO 使中国将很快成为跨国公司的世界性生产基地。所谓世界性生产基地，就是越来越多的跨国公司，特别是世界知名跨国公司，根据其全球化经营战略的需要，在全球范围内重新配置经营资源和开展企业内、产业内国际分工时，根据其经营企划、研究开发、生产和销售等环节的客观需要，普遍把中国作为了最有利的生产场所，其原先在欧美和东南亚等地的生产工厂也出现了向中国转移的趋势。目前，全球 500 强企业中已有 400 多家来华投资。虽然一些跨国公司把其国内淘汰的产品和行将淘汰的产品部分或全部转移到了中国，但是也有的带来了最新的技术设备和生产工艺，在中国生产最新开发的产品。与此同时，外商投资还高度集中在投资环境优越的沿海地区，利用部分经济中心城市的区位优势，形成了一些迅速崛起的世界性生产基地，其中最有名的是以深圳、广州为中心的珠江三角洲生产基地和以上海为中心，包括浙江、江苏的长江三角洲生产基地；另外还有以北京、天津为中心的京津生产基地和大连、青岛等生产基地。珠江三角洲、长江三角洲等世界性生产基地的形成，不仅大大提高了中国工业的生产能力和生产规模，而且由于产业集聚的规模效应，大大改善了中国的投资环境，极大提高了中国工业的世界影响。

世界制造业向中国转移的重心首先在中国的沿海地区形成，因为沿海地区

经济发达，市场化体制较为完善，市场需求量巨大，因此容易吸引资金和技术。

三 沿海开放城市实现跨越式发展具有良好的宏观环境

综上分析可知，加入 WTO 给中国，特别是沿海地区工业跨越式发展提供了良好的宏观环境，这主要体现在以下几个方面：①国外先进技术、先进管理经验和先进理念的引入，将为中国经济发展注入新的活力。②中国信息技术与发达国家相比较还很落后，加入 WTO 将为引进高新技术，积极发展高新技术产业，并用高新技术改造传统产业创造了良好的条件。③大量外商直接投资（foreign direct investment，FDI）的流入将在促进信息产业发展的同时，为传统产业的升级注入了资金，为解决我国资金紧缺的问题提供了资本支持。④加入 WTO 促进了制造业向中国的进一步转移，使世界工厂得以逐渐形成，一方面这将为更高形式的发展积累资金，另一方面也将有利于对传统产业的改造，为跨越式发展创造了更好的条件。

第二章 沿海开放城市工业化、信息化现状分析

第一节 沿海开放城市工业化现状分析

目前，我国学者对工业化发展水平与结构变动的研究和分析，都是以整个国家或者某一行政区域作为研究对象，把沿海开放城市作为一个整体，还没有学者做过研究和分析。沿海开放城市作为中国经济发达地区，其工业化发展水平相对较高，工业化所处发展阶段自然有别于其他地区，并且以沿海开放城市在我国国民经济中的地位来看，对其工业化发展水平及结构做一番深入的研究是很有现实意义的。

一 沿海开放城市工业化水平分析

沿海开放城市工业化建设同全国一样，也是从建国以后开始的，但直至改革开放以前，该地区的工业化水平同建国初期相比尽管有了较大程度的提高，但仍处于较低的层次。近 20 多年以来，沿海开放城市地处改革开放前沿阵地，国民经济有了长足发展，与此同时，该地区的工业化也实现了“跳跃式”超常规发展，工业化水平有了显著的提高。21 世纪之初，沿海开放城市工业化究竟已经演进到了哪个阶段？对于这个问题，只有对沿海开放城市工业化所处阶段进行科学、实事求是的分析，才能得出正确的结论，并由此制定出切合实际的对策和措施，推动沿海开放城市工业化向更高层次转换。

工业化的本质是一种历史现象，是一个随着生产力发展而动态变化的过程。工业化水平是一个国家或地区经济发展及其所处阶段的重要指标。关于工业化的含义及其发展阶段的划分，学术界形成众多理论，作者在这里运用这些理论从各个不同角度，对沿海开放城市的工业化水平进行比较全面的分析。分析的基本思路是：首先简要介绍各种标准模式或指标，然后计算出沿海开放城市相应的指标值加以判断，得出其处于工业化哪一阶段的结论。提出标准模式并非主张工业化发展道路的唯一性，而是提供一个国际背景下的参照系统，为研究沿海开放城市工业化进程，分析其与标准模式的偏离程度提供有关依据。

判断工业化发展阶段的理论，主要有西方代表人物钱纳里、霍夫曼、库兹涅茨、配第-克拉克等提出的理论。

（一）钱纳里理论模式与沿海开放城市工业化水平衡量

1. 理论模式

著名经济学家钱纳里等人把经济增长理解为经济结构的全面转变，并借助多国模型提出了标准模式，即根据人均 GDP 水平，将从不发达经济到成熟工业经济的整个变化过程划分为 3 个阶段 6 个等级（见表 2-1）。

表 2-1　经济发展水平与阶段

阶　段		等　级	人均 GDP/1970 年美元	人均 GDP/1982 年美元
初级产品生产阶段	农业阶段	1	140～280	364～728
工业化阶段	前　期	2	280～560	728～1 456
	中　期	3	560～1 120	1 456～2 912
	后　期	4	1 120～2 100	2 912～5 460
发达经济阶段（或后工业化阶段）	初级阶段	5	2 100～3 360	5 460～8 736
	高级阶段	6	3 360～5 040	8 736～13 104

注：本表引自：H. 钱纳里等 . 1995. 工业化和经济增长的比较研究 . 上海：上海三联书店

2. 沿海开放城市工业化水平衡量

18 个沿海开放城市 2001 年的人均 GDP 见表 2-2。

表 2-2　2001 年 18 个沿海开放城市人均 GDP　　单位：美元

城　市	深　圳	珠　海	汕　头	广　州	湛　江	厦　门	福　州	温　州	宁　波
人均 GDP	5238	5912	1218	4592	1720	5079	2231	1527	2925
城　市	上　海	南　通	连云港	青　岛	烟　台	秦皇岛	天　津	大　连	北　海
人均 GDP	4516	1248	834	2244	1832	1389	2435	2699	1037

资料来源：国家统计局城市社会经济调查总队 . 2003. 2002 年中国城市统计年鉴 . 北京：中国统计出版社

根据表 2-2 显示的 18 个沿海开放城市人均 GDP 的情况，我们可以把这 18 个城市分为以下层次：人均 GDP 超过 5460 美元，进入后工业化初级阶段的城市有珠海；人均 GDP 超过 2912～5460 美元的中点 4186 美元，正由工业化后期向后工业化初级阶段迈进的城市有深圳、厦门、广州、上海；超过 2912 美元，刚进入工业化后期阶段的城市有宁波；人均 GDP 在 1456～2912 美元之间，处于工业化中期阶段的城市有大连、天津、青岛、福州、烟台、湛江和温州；人均 GDP 在 728～1456美元之间，处于工业化初期向中期阶段迈进的城市有秦皇岛、南通、汕头和北海。

各城市都已进入小康社会发展阶段，基本处在以发展资本密集型的能源、原材料工业到以发展技术密集型的汽车、家电、电子、精密机械等高加工度工业为主的转型时期。按照这一标准测算，沿海开放城市总体上处于工业化中后期阶段。

（二）霍夫曼定理与沿海开放城市工业化水平判断

1. 理论模式

德国著名经济学家霍夫曼曾对近20个国家的资本资料和消费资料净产值比例进行时间序列分析，发现此比例随时间的变动而不断下降。该比例即被称为“霍夫曼比例”，定义为消费资料工业部门净产值与资本资料工业部门净产值之比。霍夫曼认为，产业可以分为三类，即消费资料产业、资本资料产业和其他产业。产业分类的原则是：某产品的用途75%以上用于消费的归入消费资料产业，75%以上用于资本投入的归入资本资料产业，介于两者之间的归入其他产业。在霍夫曼比例的研究中，消费资料和资本资料部门通常可以近似地当作轻工业和重工业部门。根据霍夫曼的研究，工业化可以大致分为四个阶段（见表2-3）。

表2-3 霍夫曼比例和工业化的四个阶段

工业化阶段	第一阶段	第二阶段	第三阶段	第四阶段
霍夫曼比例	5（+/－1）	2.5（+/－1）	1（+/－0.5）	1以下

第一阶段说明工业化水平较低，或尚处于农业为主导产业时期；第二、三阶段工业化程度有所加强，或者说正处于工业振兴时期，初步迈入工业化国家行列；第四阶段，工业化高度发达。可见，霍夫曼比例旨在表明工业化程度的高低。

2. 沿海开放城市工业化水平衡量

2001年18个沿海开放城市轻重工业产值的比例见表2-4。

根据表2-4可以看出，大连、天津、深圳、上海等城市的霍夫曼比例已经很低，工业化高度发达；北海、南通、汕头等城市的霍夫曼比例相对高一些，工业化程度相对低一些。沿海开放城市的霍夫曼比例基本上处在0.33～2.1的范围内，因此，从总体而言，可以判断沿海开放城市的工业化水平大致处于第三阶段。这一阶段从以轻工业为中心发展到以重工业为中心，电力、钢铁、机械制造、石化等资本密集型产业开始起主导地位，工业基础设施日臻完善。

表2-4 2001年沿海开放城市轻重工业产值比重及近似霍夫曼比例

城　市	深　圳	珠　海	汕　头	广　州	湛　江	厦　门	福　州	温　州	宁　波
轻重工业比例	0.55	1.69	1.89	1.19	0.78	1.42	0.79	1.64	0.89
城　市	上　海	南　通	连云港	青　岛	烟　台	秦皇岛	天　津	大　连	北　海
轻重工业比例	0.62	1.98	1.25		0.82	0.59	0.52	0.33	2.1

资料来源：各城市所在省的2001年统计年鉴

（三）用“工业化率”指标来判断沿海开放城市的工业化水平

1. 理论模式

工业化程度一般由国内生产总值中制造业份额的增加来度量，而“工业化率”则是衡量这一程度的一个重要指标。工业化率越大，工业化推进的速度就越快。通常可用工业增加值占 GDP 的比重变化来估算工业化率。根据钱纳里等人的研究，制造业份额由 15%增加到 36%，初级产品生产份额由 38%下降至 9%，而服务业的份额以不变价格计算几乎不变，这同以 1970 年美元表示的人均收入从 280～2100 美元（以 1982 年美元表示的 730～5460 美元）这一增长阶段相联系。这一过程需要 50 年，GDP 以每年 6.2%的速度增长。工业化率，即制造业在 GDP 中的份额，每 10 年的变化率为平均增长 3.2 个百分点（即钱纳里计算的标准数）。

2. 沿海开放城市工业化水平衡量

2001 年 18 个沿海开放城市工业产值占 GDP 的比重见表 2-5。

表 2-5　2001 年沿海开放城市工业产值占 GDP 的比重　　单位：%

城　市	深　圳	珠　海	汕　头	广　州	湛　江	厦　门	福　州	温　州	宁　波
工业比重	36.13	47.16	43.1	46.31	31.38	47.17	39.4	49.81	49.66
城　市	上　海	南　通	连云港	青　岛	烟　台	秦皇岛	天　津	大　连	北　海
工业比重	42.85	42.75	35.79	43.94	47.33	19.78	44.63	42.15	23.7

资料来源：2001 年中国城市统计年鉴

从表 2-5 数据可以看出，我国沿海开放城市工业化推进速度比标准模式快。沿海开放城市的工业化进程并没有完全按照世界工业化进程的一般规律演进，而是利用较早的开放条件，直接引进国外先进技术，利用国外直接投资，加快重化工业和家电工业的发展步伐，采取超常规的发展模式。

（四）库兹涅茨模式与沿海开放城市工业化水平的判断

1. 理论模式

库兹涅茨等人根据农业、工业、服务业三大产业划分，把劳动力的产业间分配同 GDP 的产业间分配有机结合起来，分析产业结构演进的规律见表 2-6。

表 2-6　国内生产总值的产业分布

序　列	1	2	3	4	5	6	7	8
人均 GDP（1982 年美元）	264	421	703	1126	1835	2752	4407	7043
第一产业/%	53.6	44.6	37.9	32.3	22.5	17.4	11.8	9.2
第二产业/%	18.5	22.4	24.6	29.4	35.2	39.5	52.9	50.2
第三产业/%	27.9	33.0	37.5	38.3	42.3	43.1	35.3	40.6

注：本表引自：西蒙·库兹涅茨．1999．各国的经济增长．常勋等译．北京：商务印书馆

2. 沿海开放城市工业化水平衡量

2001 年 18 个沿海开放城市的第一、二、三产业产值占 GDP 的比重见表 2-7。

表 2-7　2001 年沿海开放城市第一、二、三产业产值占 GDP 的比重　　单位：%

城　市	深　圳	珠　海	汕　头	广　州	湛　江	厦　门	福　州	温　州	宁　波
第一产业	0.93	4.13	9.69	3.62	26.4	3.95	12.4	6.18	7.64
第二产业	54.1	55.3	46.9	41.9	37.1	53.1	47.1	56.6	54.8
第三产业	45.0	40.6	43.4	54.5	36.5	42.9	40.6	37.2	37.6
城　市	上　海	南　通	连云港	青　岛	烟　台	秦皇岛	天　津	大　连	北　海
第一产业	1.73	16.8	24.7	10.9	13.5	13.1	4.27	9.01	30.3
第二产业	47.6	48.5	43.4	49.3	51.4	35.6	49.2	46.5	27.4
第三产业	50.7	34.7	31.9	39.8	35.1	51.3	46.6	44.5	42.3

资料来源：国家统计局城市社会经济调查总队．2002. 2001 年中国城市统计年鉴．北京：中国统计出版社

把表 2-7 的数据和库兹涅茨的数据相比较，沿海开放城市大体处于第 7 到第 8 之间，即处于工业化的中后期发展阶段。

（五）配第-克拉克趋势与沿海开放城市工业化水平的判断

1. 理论模式

克拉克根据配第的观点，依据若干国家一定时期劳动力在三次产业之间转移的统计资料，得出以下结论：随着人均收入水平的提高，劳动力首先由第一产业向第二产业转移；当人均收入水平进一步提高时，劳动力便由第二产业向第三产业转移。这就是配第-克拉克定理，又称为配第-克拉克趋势（见表 2-8）。

表 2-8　劳动力的产业分布

序　列	1	2	3	4	5
人均 GDP（1982 年美元）	357	746	1529	2548	5096
第一产业/%	80.5	63.3	46.1	31.4	17.0
第二产业/%	9.6	17.0	26.8	36.0	45.6
第三产业/%	9.9	19.7	27.1	32.6	37.4

注：本表引自西蒙·库兹涅茨．1999. 各国的经济增长．常勋等译．北京：商务印书馆

2. 沿海开放城市工业化水平衡量

2000 年 18 个沿海开放城市的第一、二、三产业劳动力所占的比重见表 2-9。

表 2-9 2000 年 18 个沿海开放城市第一、二、三产业劳动力所占的比重 单位：%

城 市	深 圳	珠 海	汕 头	广 州	湛 江	厦 门	福 州	温 州	宁 波
第一产业	1.5	14.9	36.7	21.8	64.3	—	—	34.8	31.4
第二产业	61.8	42.6	35.3	41.0	16.6	—	—	26.7	43.3
第三产业	36.7	42.5	28.0	37.2	19.1	—	—	38.5	25.3
城 市	上 海	南 通	连云港	青 岛	烟 台	秦皇岛	天 津	大 连	北 海
第一产业	11.4	46.0	58.5	37.9	42.7	50.6	10.4	28.3	58.7
第二产业	46.5	31.0	20.2	35.8	26.5	21.6	51.2	32.6	18.2
第三产业	42.1	23.0	21.3	26.3	30.8	27.8	38.4	39.1	23.1

资料来源：中国区域统计年鉴

根据配第-克拉克趋势判断沿海开放城市工业化大致处于第 3～5 阶段，即工业化中后期阶段。

(六) 沿海开放城市工业化水平总评

从以上的分析中可以看出，从不同的角度，运用不同的指标对沿海开放城市工业化水平进行分析，得出的结论是：沿海开放城市的工业化水平大体上处于工业化中后期发展阶段。但是，与各种“标准模式”相比，又存在着明显偏差，部分指标超越了该时期的平均水平，部分指标滞后于该水平，正处于混合交叉时期。而且同是沿海开放城市，各个城市工业化水平也参差不齐的，上海、深圳、广州、天津等城市的工业化程度明显高于北海、湛江、秦皇岛等城市。

二 沿海开放城市工业化水平的横向比较

上述分析沿海开放城市工业化水平是从国际背景角度，运用国外较为成熟的理论从纵向所做的分析，下文将从横向比较各沿海开放城市工业化水平高低，并找出影响工业化水平的一些主要因素，为沿海开放城市加快工业化进程提供决策依据。

我国学者武义青、高钟庭在《中国区域工业化研究》一书中对中国各省、自治区、直辖市的工业化水平做了一个横向比较，得出中国区域工业化呈明显的“东高西低”阶梯状分布特征。周叔莲、郭克莎在《中国工业增长与结构变动研究》中也对中国各地区的工业增长形式做了一个横向比较。

由于传统的工业化水平比较方法均存在不少问题，要么是采用指标过少，判断过于简单；要么是分析方法欠科学，得出的结论很难令人信服。为此，本项研究将选用一系列指标，使用一种新的主成分分析方法，对中国沿海开放城市（其中有几个城市的数据收集有困难而未能列入）的工业化水平做一个实证分析。

（一）指标选取

对工业化水平做横向比较，目的在于通过选取有代表性的指标，定量地测定工业化水平的高低及所包括的各个方面，从而对不同地区工业化水平的变化情况及其影响因素进行分析和比较。为此，在对指标进行选取时力争坚持以下原则：①指标的科学性，即指标应当科学、全面地反映工业化水平的内涵；②目的性，指标必须与建立工业化水平指标体系的目的相一致；③可操作性，指标的数据必须能够收集到并便于计算；④可比性，指标可以在不同规模、不同性质的地区之间进行比较评价。

根据现有工业化水平研究成果，借用前人的判断指标，我们选取人均 GDP、非农产值比重、非农就业比重、贸易依存度、信息化水平、城市化水平、教育经费支出占 GDP 的比重 7 个指标。

（二）分析方法确定

选取主成分分析法来分析沿海开放城市的工业化发展水平。主成分分析法又称为主分量分析，是考察多个变量之间相关性的一种多元统计方法。它是研究如何通过少数几个主成分即原始变量的线形组合来解释多变量的方差一协方差结构。具体地说，就是导出较少的几个主分量，使其尽可能多地反映原来资料的信息，且彼此间又不相关。

设有 p 个原始变量 X_1，X_2，…，X_p，经过主成分分析，将它们综合成 p 个综合变量，即

$$
\begin{aligned}
Y_1 &= C_{11}X_1 + C_{12}X_2 + \cdots + C_{1p}X_p \\
Y_2 &= C_{21}X_1 + C_{22}X_2 + \cdots + C_{2p}X_p \\
&\cdots\cdots \\
Y_p &= C_{p1}X_1 + C_{p2}X_2 + \cdots + C_{pp}X_p
\end{aligned} \tag{1}
$$

它们应满足：

$$C_{k1}^2 + C_{k2}^2 + \cdots + C_{kp}^2 = 1,\ (k = 1,2,\cdots,p) \tag{2}$$

C_{ij} 由下列原则决定：

（1）Y_i 与 Y_j 相互独立（$i \neq j$，i，$j=1$，2，…，p）。

（2）Y_1，Y_2，…，Y_p 分别是 X_1，X_2，…，X_p 的满足于上述联立方程式的一切线性组合中方差最大、次大……及最小者。

Y_1，Y_2，…，Y_p 分别称为原变量的第一、第二……第 p 个主分量，并且它们的方差依次递减。

主成分分析的大致过程如下：若有历史数据矩阵为

$$X=\begin{bmatrix} X_{11} & X_{12}\cdots X_{1p} \\ X_{21} & X_{22}\cdots X_{2p} \\ \cdots\cdots & \\ X_{n1} & X_{n2}\cdots X_{np} \end{bmatrix} \tag{3}$$

其中，n 为样本数，p 为变量数。

首先对原始数据进行标准化处理。

$$X'_{ik}=\frac{X_{ik}-\overline{X}_k}{S_k} \quad (i=1,2,\cdots n;\ k=1,2,\cdots,p) \tag{4}$$

其中

$$\overline{X}_k=\frac{1}{n}\sum_{i=1}^{n}X_{ik} \quad S_k^2=\frac{1}{n-1}\sum_{i=1}^{n}(X_{ik}-\overline{X}_k)^2 \quad (k=1,2,\cdots,p) \tag{5}$$

然后计算相关系数矩阵：

$$R=\begin{bmatrix} r_{11} & r_{12}\cdots & r_{1p} \\ r_{21} & r_{22}\cdots & r_{2p} \\ \cdots\cdots & & \\ r_{p1} & r_{p2}\cdots & r_{pp} \end{bmatrix} \tag{6}$$

经标准化处理后的数据相关系数为

$$r_{ij}=\frac{\sum_{k=1}^{n}X'_{ki}X'_{kj}}{n-1} \quad (i,j=1,2,\cdots,p) \tag{7}$$

对应于相关系数矩阵，用雅可比法求特征方程 $|R-\lambda I|=0$ 的 p 个非负的特征值 $\lambda_1>\lambda_2>\cdots\lambda_p\geqslant 0$。对应于特征值 λ_i 的相应的特征向量为

$$C^{(i)}=[C_1^{(i)},C_2^{(i)},\cdots C_{(p)}^{i}] \quad (i=1,2,\cdots,p) \tag{8}$$

且满足：

$$C^{(i)}\cdot C^{(j)}=\sum_{k=1}^{p}C_k^{(i)}\cdot C_{(k)}^{j}=\begin{cases}1 & (i=j)\\ 0 & (i\neq j)\end{cases} \tag{9}$$

由特征向量组成新的 p 个因子：

$$\begin{aligned} Z_1 &= C_{11}X'_1+C_{12}X'_2+\cdots+C_{1p}X'_p \\ Z_2 &= C_{21}X'_1+C_{22}X'_2+\cdots+C_{2p}X'_p \\ &\cdots\cdots \\ Z_p &= C_{p1}X'_1+C_{p2}X'_2+\cdots+C_{pp}X'_p \end{aligned} \tag{10}$$

新因子之间相互正交，方差递减。

最后选择 m（$m<p$）个主分量。若前面 m 个主分量 Z_1，$Z_2\cdots$，Z_m（$m<p$）的方差和占全部方差的比例为

$$\alpha=\frac{\sum_{i=1}^{m}\lambda_i}{\sum_{i=1}^{p}\lambda_i} \tag{11}$$

接近 1 时（如 $\alpha\geqslant 0.85$），则选取前 m 个因子 Z_1，Z_2，…，Z_m 为第一主分量、第二主分量……第 m 主分量。这样，因子数将由原来的 p 个减少为 m 个。

从上述分析可知，主成分分析可以使我们从错综复杂的经济关系中找出一些主成分，从而能有效地利用大量的统计数据进行统计分析，使得在研究经济问题时能得到经济发展过程中深层次的一些启发，把经济问题引向深入。主成分分析可以用来减少变量个数，第一主成分是原来各变量的线性组合且具有最大的方差，第二主成分是原来各变量的线性组合且具有第二大的方差，如此等等。将主成分分析用于反映地区工业化水平，则第一主成分最能反映地区工业化水平状况。而第一主成分在各变量上的系数就是求地区工业化水平的标准化了的加权系数。所以，我们可以用第一主成分的数值作为评价地区工业化水平的标准。至于第二主成分，它将反映工业化水平的另一些特点。

（三）实证分析

根据上述指标体系及主成分分析对数据的要求，对深圳、珠海、广州、福州、厦门、大连、天津、烟台、青岛、上海和宁波 11 个沿海开放城市 2001 年的数据，以及深圳、广州、海口、福州、厦门、大连、天津、威海、东营、上海和宁波 11 个沿海开放城市 2002 年的数据进行分析。由于样本点远大于指标数目，因此对这两年数据的分析研究满足主成分分析对数据的要求。在实际的数据处理过程中，我们利用统计软件包 SPSS 系统的 FACTOR 过程进行数据的处理和分析。具体结果如下：

1. 11 个主要的沿海开放城市 2001 年的主成分分析及排序

2001 年各指标的数值见表 2-10。

表 2-10　2001 年 11 个主要沿海开放城市工业化水平评价指标数值

城市	人均 GDP /元	非农产值比重/%	非农就业比重/%	贸易依存度/%	信息化水平	城市化水平/%	教育经费支出占 GDP 比重/%
深圳	152 099.16	99.01	99.2	290.44	125.1	100	1.02
珠海	48 931.42	95.87	95.48	221.33	129.7	100	0.89
广州	38 007.44	96.38	99.24	55.35	109.7	80.95	1.43
福州	18467.38	87.65	98.44	41.44	91.4	25.88	0.5
厦门	42 039.52	96.05	99.28	164.24	108.1	100	1.7
大连	22 342.69	90.99	97.85	75.29	113.4	48.81	0.52

续表

城市	人均GDP/元	非农产值比重/%	非农就业比重/%	贸易依存度/%	信息化水平	城市化水平/%	教育经费支出占GDP比重/%
天津	20 154.66	95.73	99.43	77.17	113.6	81.84	1.79
烟台	15 165.12	86.5	97.89	28.87	114.9	25.26	0.33
青岛	18 573.81	89.12	99.29	77.72	115.6	33.44	0.77
上海	37 382.04	98.27	88.41	101.81	133.2	95.12	2.01
宁波	24 213.03	92.36	99.11	56.06	109.9	23.21	0.5

资料来源：各城市信息化水平的资料来源于《2001中国城市信息化水平测评总报告》，其余各指标的数据来源于《中国城市统计年鉴》(2002)

对表2-10中2001年的资料进行主成分分析，首先计算出相关系数矩阵(略)，然后从相关系数矩阵计算出特征值和特征向量，结果见表2-11和表2-12。

表2-11　2001年相关系数矩阵的特征根、贡献率及其累积贡献率

系数矩阵	PRIN1	PRIN2	PRIN3	PRIN4	PRIN5	PRIN6	PRIN7
特征值	4.113	1.454	0.928	0.231	0.164	0.074	0.035
贡献率/%	58.76	20.77	13.25	3.31	2.34	1.06	0.51
累积贡献率/%	58.76	79.54	92.79	96.10	98.44	99.49	100

表2-12　2001年前三个特征根的特征向量表

指　标	1	2	3	4	5	6	7
PRIN1	0.700	0.936	−0.428	0.803	0.745	0.941	0.692
PRIN2	0.626	−0.023	0.738	0.510	−0.232	−0.028	−0.450
PRIN3	−0.156	0.246	0.433	−0.177	−0.526	0.242	0.537

从表2-11可以看出，第一个特征根的贡献率达到58.76%，而前3个特征根的累积贡献率已达到92.79%。按照主成分分析的基本要求，取前3个主成分就可以基本反映7个变量的信息，因此只需对第一、第二和第三主成分作分析即可。现将2001年前三个特征向量列于表2-12。

由前三个特征根的贡献率计算出每一个主成分的权重，再计算出每一主成分下的指标权重，由此就可以计算出衡量各城市工业化水平综合指标值并进行排序。计算所得的各城市工业化水平综合指标值及其排序如表2-13。

表 2-13　2001 年 11 个主要沿海开放城市工业化水平排序表

城　市	深　圳	上　海	珠　海	厦　门	天　津	广　州	大　连	青　岛	宁　波	烟　台	福　州
综合指标值	4.882	2.643	2.429	1.775	0.619	0.421	−1.631	−2.020	−2.185	−3.319	−3.613
排　序	1	2	3	4	5	6	7	8	9	10	11

注：工业化水平综合指标值为负值是指其值在全部比较城市的平均值以下，而非真正意义上的负，下表同

从表 2-13 可以看出，这 11 个沿海开放城市中工业化水平最强的城市为深圳，最弱的是福州。我们可以将其分为三个层次：第一层次为深圳、上海和珠海；第二层次为厦门、天津和广州；第三层次为大连、青岛、宁波、烟台和福州。

2. 11 个主要的沿海开放城市 2002 年的主成分分析及排序

2002 年各指标的数值见表 2-14。

表 2-14　2002 年 11 个沿海开放城市工业化水平评价指标数值

城市	人均 GDP /元	非农产值比重/%	非农就业比重/%	贸易依存度/%	信息化水平	城市化水平/%	教育支出占 GDP 的比重/%
深圳	161 837.93	99.2	99.20	322.22	144	100.00	1.44
广州	41 884	96.6	99.44	77	147.2	81.03	1.32
海口	26 226	97.56	98.90	49.85	111.5	100.00	0.79
福州	19 387	91.48	98.76	43.51	99.4	26.38	2.48
厦门	47 270	96.56	99.47	193.89	116.3	100.00	1.57
大连	25 276	91.57	97.82	86.77	109.8	48.97	1.26
天津	22 380	95.9	99.41	92.11	121.9	81.85	2.03
威海	28 433	87.19	99.09	34.42	80.5	22.27	1.10
东营	30 966	93.90	98.34	7.95	103.7	44.16	0.56
上海	40 646	98.37	99.27	125.18	154.6	95.20	3.16
宁波	27 541	92.95	99.5	67.71	135	37.24	3.86

资料来源：各城市信息化水平的资料来源于《2002 中国城市信息化水平测评总报告》，其余各指标的数据来源于《中国城市统计年鉴 2003》

对表 2-14 中 2002 年的资料进行主成分分析，由相关系数矩阵计算出特征值和特征向量，结果列于表 2-15 和表 2-16。

表 2-15　2002 年相关系数矩阵的特征根、贡献率及其累积贡献率

系数矩阵	PRIN1	PRIN2	PRIN3	PRIN4	PRIN5	PRIN6	PRIN7
特征值	3.837	1.402	0.721	0.546	0.329	0.120	0.040
贡献率/%	54.82	20.04	10.30	7.80	4.70	1.71	0.63
累积贡献率/%	54.82	74.85	85.15	92.95	97.66	99.37	100.00

从表 2-15 可以看出，第一个特征根的贡献率达到 54.82%，而前 3 个特征根的累积贡献率已达到 85.15%。按照主成分分析的基本要求，取前 3 个主成分就可以基本反映 7 个变量的信息，因此只需对第一、第二、第三主成分作分析就可。前 3 个特征向量见表 2-16。

表 2-16　2002 年前三个特征根的特征向量表

指　标	1	2	3	4	5	6	7
PRIN1	0.895	0.858	0.849	0.787	0.738	0.604	0.226
PRIN2	−0.191	−0.328	0.271	−0.203	−0.183	0.511	0.921
PRIN3	−0.361	−0.299	−0.227	0.360	0.547	0.143	0.000

采用与对 2001 年资料相同的方法进行分析，计算出各城市工业化水平综合指标及其排序如表 2-17。

表 2-17　2002 年 11 个主要沿海开放城市工业化水平排序表

城　市	深　圳	上　海	厦　门	广　州	宁　波	天　津	海　口	福　州	东　营	大　连	威　海
综合指标值	3.839	3.124	2.475	1.771	0.410	0.224	−0.453	−2.065	−2.789	−3.052	−3.486
排　序	1	2	3	4	5	6	7	8	9	10	11

从表 2-17 可以看出，2002 年与 2001 年相比，虽然所比较的城市略有差异，但排序结果大致相似。工业化水平仍以深圳和上海为最高，宁波工业化水平排序位次有了提高，大连工业化水平排序位次有所退后。

（四）基本结论

根据以上分析内容可知，即便同是沿海开放城市，工业化发展水平也存在较大差异。按照排序并结合有关分析，我们可以把沿海开放城市分为工业化水平高的地区、工业化水平中等地区、工业化水平低的地区（见表 2-18）。

表 2-18　沿海开放城市工业化水平分类

工业化水平高的城市	工业化水平中等的城市	工业化水平低的城市
深圳、上海 、广州、厦门、珠海、	宁波、天津、青岛、大连、福州、	汕头、湛江、北海、温州、南通、烟台、连云港、秦皇岛

三　沿海开放城市工业化结构分析

改革开放以来，沿海开放城市工业经济持续快速发展、总量扩张、结构不断调整和优化，但从今后一个时期来看，结构调整与升级将是维系沿海开放城市工业经济持续增长的一个重要条件。长期以来，由于人们过分重视量的增长，对于结构的优化则相对重视不够，因此导致了工业化结构演进滞后于其总量增长速度。沿海开放城市工业化结构主要矛盾是工业结构高度化不足、供给结构与需求结构存在较大的差距，其根本原因则是体制方面和传统增长方式的缺陷。从供给看，长期以来投资者激励机制与约束机制不对称，主要是有效约束和技术进步动力不够；同时，从产业发展过程来看，一般应包括开发创新—加工制造—市场开拓三个环节，但我国只注重加工制造，而忽视创新，忽视市场调查与开拓，导致开发创新和市场开拓两个环节比加工制造更为薄弱；而从需求来看，尽管人们生活水平不断提高，但由于诸多原因，外部环境制约了消费需求的升级。

（一）工业结构高度化不足

在20世纪80年代，沿海开放城市经济高速增长也建立在产业结构迅速变动的基础上，并且一定程度上保持了产业之间的内在协调。但是，与80年代经济高速增长以需求拉动、轻工业为主导不同，90年代开始的新一轮经济增长，则是由投资的高速增长推动、以重工业为主导的。一方面，由于90年代初期重工业是以扩张基础设施等“瓶颈”部门的供给能力、协调产业之间的数量关系为目标，因而具有一定的合理性；但另一方面，它在很大程度上是同一技术层次上以外延扩张为主的投资方式，这种资金投入倾斜一定程度上抑制了高新技术产业的发展和对传统产业的改造，致使工业结构的升级减慢，并降低了经济增长的质量。

（二）生产能力在低水平上过度扩张

由于在过去一段时间里，我国普遍存在投资扩张冲动，对投资者的有效约束又不够，形成了只重视铺新摊子，而忽视对原有企业的技术改造，忽视自主创新能力的培育，使得我国工业一方面取得了高速增长，另一方面却是企业低水平重复现象严重，经济增长的内在质量不高，形成了一些低效或无效供给。企业长期只重视生产能力，忽视技术积累和技术创新。在消费出现多样化和升级趋势之后，相应的技术供给和创新能力跟不上，更不能通过产品的升级换代来刺激消费品的不断提高，这在投资品的生产领域尤为突出。

（三）营销能力滞后于制造能力

企业在经营决策中，并没有重视市场细分化特点，绝大部分企业只是把针对城市消费特点或者纯粹依赖出口图纸的机电产品原封不动地销往农村，很少专门研究农村市场并根据农村市场的特点开发适应农村环境和消费特点的产品。致使形成了一方面产品大量积压，另一方面却又未能生产出满足农民需求的适用型家用电器等产品的局面。忽视市场定位和市场细分，营销能力滞后于制造能力，还表现在出口能力的增长与生产能力的扩大不相称，尤其是出口结构严重滞后于生产结构。

（四）生产集中度低，专业化水平不高，“大而全，小而全”，重复建设严重

从表面上看，沿海开放城市大、中、小企业的数量比例与发达国家相差不多，形成了大、中、小企业协调发展的格局。但从质的角度看就不难发现，各个企业中间产品自制率非常高，每个企业的生产工艺都很齐全，处于“大不大，小不小”、“大而全，小而全”的扭曲状态。

四 启示

通过对沿海开放城市工业化水平纵向分析和横向比较，以及工业化结构分析，我们可以大体上知道沿海开放城市工业化总体的状况：沿海开放城市工业化已经推进到一定阶段，但工业结构高度化不足，工业结构演进滞后于其总量增长速度。因此，应该加快优化工业结构，从质的提高来进一步推进工业化进程，这就需要，加快自主创新能力培育，加快对传统工业进行技术改造和技术创新，进一步发展新型工业和高新技术产业，将沿海开放城市的工业化推进到一个新阶段。

第二节　沿海开放城市信息化水平分析

我国各地区的信息化发展水平不均匀，地域结构上存在由东向西渐低的格局。而且，我国大部分地区信息化的发展与其经济的发展基本同步。因此，沿海开放城市作为我国开放程度最高、经济最发达的地区，其信息化发展也非常迅速。从一些统计资料来看，沿海开放城市以信息化带动工业化，实施跨越式发展战略正在显示出越来越强大的生命力。沿海开放城市在信息网络建设、信息技术应用和信息资源开发方面，都取得了长足进展。20 世纪 90 年代以来，沿海开放城市通信业以高出国民经济 20％～30％的速度增长，通信网实现了由人工向自动、模拟向数字、小容量向大容量、单一业务向多种业务的转变，已拥有光纤、数字微波、卫星、程控交换、移动通信、数据与多媒体等各种手段，覆盖城乡，连接世界各地。

一 沿海开放城市信息化水平测评报告分析

本书根据上海市互联网经济咨询中心的研究资料——《2001 中国城市信息

化水平测评总报告》和《2002 中国城市信息化水平测评总报告》，对沿海开放城市信息化水平进行分析。该项测评工作由信息产业部信息化推进司委托上海市互联网经济咨询中心进行，该中心通过建立合理的城市信息化指标体系和采集大量有效数据，进行了科学的数据处理。可以说这是目前我国较为权威的城市信息化研究成果。

该研究用到的指标体系——《中国城市信息化指标体系方案（试行）》共由 15 个指标组成，涉及城市信息化基础设施、城市信息化支撑环境和城市各领域信息技术应用水平三个方面。其中反映城市信息化基础设施的指标共有 6 项，分别是：指标 1——每万人城域网宽（千比特/万人）；指标 2——家庭宽带接入比例（%）；指标 3——每百户计算机拥有量（台）；指标 4——固定电话主线普及率（线/百人）；指标 5——每百人拥有移动电话数（部/百人）；指标 6——每百户拥有电视机数（台/百户）。反映城市信息化发展环境的指标共有 4 项，分别是：指标 7——人均 GDP（元/人）；指标 8——平均受教育年限（年）；指标 9——信息产业增加值占 GDP 的比重（%）；指标 10——政策法规完善程度（分）。反映信息技术应用水平的指标共有 5 项，分别是：指标 11——每万人互联网用户数（户/万人）；指标 12——上网企业数占企业总数的比例（%）；指标 13——中小学每百人在校生拥有计算机量（台/百人）；指标 14——市政府门户网站年人均访问次数（次/人）；指标 15——人均信息消费占总消费支出的比例（%）。各指标权重的确定用德尔菲法，即专家评价与打分法。

关于测算方法，中国城市信息化水平测评主要采用综合评分分析法。首先通过无量纲化的处理来计算一个城市某一项指标的得分值，即将这个城市某一指标的实测值与该项指标的基准值相除，然后乘以该项指标的权重值，即得到某一个城市该项指标的得分值，将某城市所有单项指标得分值相加即得该城市所有指标的总得分，即该城市信息化的指数。

共有 37 个城市（3 个直辖市、18 个省会城市、6 个计划单列市和 10 个信息化试点城市）参与了 2001 年和 2002 年城市信息化水平测评，各参加测评的城市无论是城市规模还是经济实力都各不相同，因此城市间信息化发展水平的差异也较大。该项测评结果显示：东部沿海城市和南方沿海城市信息化发展水平较高，得分都在平均分之上，而中西部地区城市的信息化水平则相对较低。本次测评也进一步证明了城市信息化发展与城市综合经济实力高度正相关，即人均 GDP 较高的城市往往信息化水平也较高。从该结论中我们也可以发现，沿海开放城市信息化水平是处于全国领先地位的。为了更详尽地了解沿海开放城市信息化现状，下文将分析该研究中涉及的 11 个沿海开放城市的各项指标值。2001 年和 2002 年 11 个沿海开放城市信息化总指标值和单项指标值见表 2-19 和表 2-20。

表 2-19　2001 年 11 个沿海开放城市信息化水平指标值

城　市	总指标	指标 1	指标 2	指标 3	指标 4	指标 5	指标 6	指标 7
珠　海	129.7	11.6	8.9	9.1	5.1	6.1	4.2	4.4
深　圳	125.1	11.7	12.3	9.6	5.6	6.4	4.2	4.8
广　州	109.7	6.9	11.1	9.4	5.6	6.3	4.2	4.7
厦　门	108.1	7.8	12.3	7.8	5.7	5.9	4.0	4.8
福　州	91.4	5.6	12.3	7.2	4.9	4.9	4.1	4.0
宁　波	109.9	5.7	8.1	6.5	5.0	5.3	4.2	4.3
上　海	133.2	10.6	8.6	8.5	5.5	5.6	4.2	4.7
烟　台	114.9	5.3	7	6.7	4.8	4.4	4.0	3.9
青　岛	115.6	8.0	8.2	7.4	4.9	4.8	4.0	4.1
天　津	113.6	11.7	5.0	7.6	5.1	4.9	4.0	4.1
大　连	113.4	6.1	7.3	7.4	5.0	4.9	4.0	4.2
平均值	115.0	8. 3	9.2	7.9	5.2	5.4	4.1	4. 4
城　市	总指标	指标 8	指标 9	指标 10	指标 11	指标 12	指标 13	指标 14
珠　海	6.1	10.5	6.7	18.9	11.3	8.8	9.6	8.4
深　圳	6.2	11.1	7.9	0	11.3	9.6	15.8	8.7
广　州	6.1	9.0	7.9	0	11.4	7.7	10.7	8.8
厦　门	6.0	9.4	7.1	0	9.6	10.6	9.0	8.2
福　州	6.0	9.1	6.2	0	6.7	7.8	4.4	8.2
宁　波	5.8	8.9	7.7	16.4	8.0	8.9	6.5	8.6
上　海	6.2	8.7	7.9	20.6	12.9	9.3	11.5	8.5
烟　台	6	9.0	7.7	17.9	5.0	8.9	15.8	8.6
青　岛	6.1	9.0	7.7	16.8	8.5	8.6	9.3	8.3
天　津	6.1	9.7	7.9	17.4	9.8	7.3	4.4	8.6
大　连	6.0	8.8	7.7	16.7	9.2	7.8	9.9	8.4
平均值	6.1	9.4	7.5	11.3	9.4	8.7	9.7	8.5

资料来源：2001 中国城市信息化水平测评总报告

表 2-20　2002 年 11 个沿海开放城市信息化水平指标值

城　市	总指标	指标 1	指标 2	指标 3	指标 4	指标 5	指标 6	指标 7
海　口	111.5	4.7	15.8	6.4	7.1	5.4	3.9	3.4
深　圳	144.0	12.1	12.5	10.1	6.2	8.4	5.2	9.1
广　州	147.2	6.9	12.4	9.7	9.5	11.2	5.1	8.8
厦　门	116.3	7.8	12.0	8.1	6.1	6.0	4.1	4.9
福　州	99.4	5.6	10.3	7.5	5.1	5.1	4.3	4.2

续表

城　市	总指标	指标 1	指标 2	指标 3	指标 4	指标 5	指标 6	指标 7
宁　波	135.0	7.0	10.3	12.4	5.8	6.8	5.4	5.8
上　海	154.6	15.3	11.5	11.6	7.9	9.9	4.8	8.6
东　营	103.7	5.4	6.7	12.6	6.8	5.9	3.9	6.6
威　海	80.5	1.1	1.5	11.1	4.3	2.8	4.3	6.1
天　津	121.9	14.0	5.0	7.7	5.1	4.9	4.2	4.7
大　连	109.8	6.1	7.3	7.4	5.1	4.9	4.0	5.3
平均值	120.3	7.8	9.6	9.5	6.3	6.5	4.5	6.1
城市	总指标	指标 8	指标 9	指标 10	指标 11	指标 12	指标 13	指标 14
海　口	6.3	9.7	6.7	12.1	8.0	7.4	80	6.6
深　圳	6.2	11.5	7.9	12.0	12.0	10.0	12.1	8.7
广　州	6.6	11.3	9.4	12.0	12.4	10.1	11.4	10.4
厦　门	6.2	9.7	7.3	5.5	10.0	11.0	9	8.5
福　州	6.0	9.1	6.2	6.5	7.3	7.7	5.4	9.1
宁　波	5.8	11.3	7.7	16.0	12.0	12.1	6.5	10.1
上　海	7.2	10.2	9.4	20.1	12.9	9.3	8.4	7.5
东　营	5.5	2.1	9.4	7.2	5.6	11.8	5.1	9.1
威　海	5.8	9.1	8.1	3.6	4.1	7.8	2.3	8.5
天　津	6.1	16.0	9.0	11.9	9.8	10.0	4.4	9.1
大　连	6.0	9.7	9.4	10.1	10.2	10.3	5.6	8.4
平均值	6.2	10.0	8.2	10.6	9.5	9.8	7.1	8.7

资料来源：2002 中国城市信息化水平测评总报告

按照指标体系的测算方法，本测评实际总得分的平均值为 92 分。从表 2-19 可以看出，2001 年 11 个沿海开放城市的信息化水平平均总得分为 115.0 分，高出全国的平均分 23 分，而且只有福州的信息化总得分低于 92 分。根据总得分的情况，将这 11 个沿海开放城市 2001 年的信息化水平分为三个层次：第一层次的城市是上海、珠海、深圳（得分在 120 分以上），这几个城市无论是经济发展水平、工业化水平还是信息化水平都走在全国的前列；第二层次的城市是青岛、烟台、天津、大连（得分在 110～120 分之间）；第三层次的城市是广州、宁波、厦门、福州（得分在 110 分以下）。而且从各具体指标的平均值来看，基本上已接近中等发达国家的信息化水平。

比较表 2-19 和表 2-20 可知，无论总得分还是各单项指标得分，11 个沿海开放城市 2002 年的信息化水平较 2001 年都有明显提高。从表 2-20 可以看出，

2002年11个沿海开放城市的信息化水平平均总得分为120.3分，高出全国的平均分28.3分，而且只有威海的信息化总得分低于平均分。根据总得分的情况，将这11个沿海开放城市2002年的信息化水平分为三个层次：第一层次的城市是上海、广州、深圳和宁波（得分在130分以上）；第二层次的城市是天津、厦门和海口（得分在110～120分之间）；第三层次的城市是大连、东营、福州、威海（得分在110分以下）。可以看出，广州和宁波两城市的信息化水平有了很大的提高，两者都从第三层次跃升为第一层次。

二 若干沿海开放城市信息化水平案例分析

由于统计上的缘故，要得到完整的沿海开放城市信息化水平的有关数据比较困难，因此为了更清楚地说明问题，我们采用了案例分析的办法。此处案例分析的结论是基于课题组对几个重要沿海开放城市实地调研的基础上得出的。现以天津、大连和深圳为例。

案例一：天津市的信息化现状

为了贯彻党和国家有关“以信息化带动工业化，发挥后发优势”的战略决策，天津市发出了“建设数字天津，实现跨越发展”的口号，并采取了切实有效的措施，使天津市信息化得到迅速发展。

1996年底天津启动城市信息化标志性工程——天津信息港。以统筹规划、联合建设、资源共享、服务经济为指导方针，采取政府推动、市场运作的方式，建骨干工程、抓重点项目、攻关键技术、带信息产业、促良性发展。经过这些年的艰难探索和不断开拓，信息化已经成为推动社会生产力发展的强大动力，天津市正在步入一个以信息化带动工业化，推动现代化发展的新时期。

1. 基础现状

依据《天津信息港工程规划纲要》战略思路，天津信息化建设经过艰苦探索和不断开拓，信息港工程总体框架基本筑就。

1）基础设施和公共通信网建设不断完善

全市光缆干线总长已达到7000千米，市话装机容量305万门，移动电话容量200万门；有线电视用户近130万户，广播电视网已开通远程教学等服务；全市计算机拥有量达84万台，其中城市居民每百户拥有个人计算机16.4台。

2）信息交互网建成并投入运行

信息交互网的建成，使天津初步实现了“同城信息、本地交换”，全市因特网服务提供商ISP达27家，因特网用户达57万户。

3）信息技术研究与应用快速发展

建立了天津市JAVA技术应用开发中心等一大批信息技术研发基地。信息技术研究、实验和生产的产、学、研一体化体系基本形成。

4）信息产业成为全市的第一支柱产业

到2000年底，天津信息产业总规模达744亿元。其中，电子信息产品制造业实现工业总产值654亿元，占全市高新技术产业总产值的66%，形成了与现代通信、计算机和网络技术接轨的系列产品布局；全市共有200多家软件与系统集成企业，软件销售收入10亿元；信息服务业营业额70亿元。

5）信息资源和信息应用系统建设初见成效

“九五”期间天津信息港工程重点规划的11个应用系统全部实施；加大了人力、物力和财力等方面的投入，保证了九类信息资源建设已初步实现了网上共享，其中政府部门上网单位已达74个。《天津电子商务发展总体框架》已经发布，一批电子商务网站开通并投入运营。

6）信息化工作全面展开

全市广泛开展了信息化知识的普及教育和培训工作。各级政府和有关部门推进信息化建设力度不断加强，制定了有关信息化建设优惠港工程已全面实施。南开区、北辰区、和平区等信息化示范区建设初见成效。

2. 发展目标

到2010年，使天津信息港工程具有先进的信息基础设施、发达的信息产业规模、较高的信息服务水平、合理的信息经济形态和比较完善的信息社会环境，成为区域性和国际性的信息、经济、金融、贸易和物流中心，独具信息化火力的国际性大都市，跻身于世界先进城市行列。

3. 存在的问题

全社会对信息化工作战略地位的认识有待于进一步提高；信息化建设政策法规环境急需改善；吸引和凝聚信息化人才的政策落后于需求；信息化建设资金不足，吸引外资、资本运营和风险投资等效果还不明显，应用信息技术改造传统产业步伐不快，信息基础设施和信息资源建设的效益不高。

案例二：大连市的信息化现状

大连不仅在城市建设方面为全国众多城市树立了学习的榜样，伴随着改革开放和现代化建设热潮，信息化建设也取得了长足发展，先后荣获“国家电子商务示范城市”、“国际城市信息化试点城市”、全国唯一“软件产业国际化示范城市”、“国家软件产业基地”、“辽宁省电子信息产品制造业基地”和“辽宁省光通信产业基地”等称号，为大连国民经济持续快速健康发展和社会进步做出了突出贡献，为大连城市综合竞争力的提升奠定了坚实基础。

1. 大连市信息化发展成就分析

（1）电子信息产品制造业成为大连工业和外贸出口领域的重要产业和全省

同行业的排头兵。到2002年底，全市实现工业总产值347.398亿元，销售收入235.53亿元，利税16.9亿元，出口创汇21.27亿美元，工业增加值46.09亿元，分别占全市规模工业的27.3%、18.2%、34.4%、36%和14.6%，占全省同行业的61.6%、63.2%、80%、69.4%和47.9%。

（2）软件产业迅速兴起。自1999年以来，大连软件产业走上快速发展的道路，销售收入和出口年均增长60%以上，到2002年实现销售收入23亿元，出口5000万美元。软件企业群体迅速扩大，从1999年的150家发展到2002年的250家。大连软件园自建园以来，以每年翻番的速度发展壮大，2001年成为国内11个国家级软件产业基地之一，2002年又通过国际标准化组织（International Organization For Standardization，ISO）质量体系认证，成为我国第二家通过该体系认证的软件园。

（3）新兴电子信息服务业发展势头良好。到2002年，电子信息服务业营业收入达50亿元，信息服务机构近3000家。以数据处理、系统集成和网络增值服务为代表的新兴电子服务业发展势头迅猛，美国通用电器（GE）公司把数据服务基地设在大连，戴尔（Dell）和埃森哲（Accentue）公司面向亚洲的信息服务中心也先后落户大连。中国华录信息产业公司、大连海辉科技公司等成为大连系统集成业务的骨干力量，以大连通信公司等为主体的网络增值服务群体基本形成。2002年大连还取得了国际计算机系统集成资质认证权。

（4）信息基础设施不断完善。截至2002年底，全市光缆总长度达6673皮长公里，固定电话用户达176万户，移动电话达168万户，全市互联网用户达66万户，有线电视用户达80万户。

（5）电子政务建设成就明显。基本建成了市政府办公业务资源网，市政府门户网站“中国大连”网站开通运行，成为大连政府公开政务、网上服务的重要渠道。各区、市、县党政综合信息网络先后开通并投入运行。电子政务建设，对转变大连政府职能、提高工作效率和行政管理质量起到了十分重要的作用。

（6）电子商务稳步推进。实施了“1248”工程（“1”是1个统一的高速、宽带的信息网络基础设施平台；“2”是2个电子商务关键环节建设：支付网关和安全认证中心，“4”是4个电子商务重要基础建设，包括电子商务管理和运营模式、电子商务法律法规环境、电子商务技术研发及国际合作、电子商务人才培养和舆论宣传等；“8”是8个重点领域和行业的电子商务建设。政府部门将重点推动和支持外贸、口岸物流、商贸、旅游业、政府采购、工业产品和企业、农业、展览业8个领域里的电子商务建设，并将从中选取条件成熟、具有特色的电子商务建设项目作为大连市电子商务试点工程，以点带面，带动整个大连的电子商务发展），建成电子商务支付和地区性金融登记注册中心（RA），建立多个电子商务人才培训基地，启动34个电子商务试点项目，其中大连口岸物流电子商务平台被确立为“大连口岸公共信息平台”，东北农业、旅游、政府采购等电子商务系统相继建成。“大连数字物流港”工程与航运电子商务交易市场正在加紧建设，初步确立了区域性电子商务中心的地位。

（7）社会信息化全面展开。信息技术在教育、科技、城市公用事业、社会保障、医疗卫生和社区等社会公共领域得到了较为广泛的应用，建成了全国领先的劳动保险信息系统、医疗保险信息系统、远程医疗系统、金融系统电子化、“城市一卡通”项目和大连新视窗项目，极大地方便了社会公众，提高了社会公共服务水平。“城市一卡通”读卡机具等相关产品已经被沈阳、鞍山、成都等城市采用。

（8）企业信息化发展迅速。企业信息技术推广应用取得较快进展，“九五”以来，大连注重用信息化带动工业化，用信息技术改造传统产业，全面提升企业竞争能力。到2002年底，全市已有65%的国有骨干企业不同程度地开展了计算机辅助设计（computer aided design，CAD）、计算机辅助制造（computer aided manufacturing，CAM）、计算机集成制造系统（computer integrated manufactured system，CIMS）等信息技术应用，大连冷冻设备制造厂、大连重工集团公司、大连机车集团等企业CAD应用普及率达到90%以上。一些重点企业先后引进和开发了企业管理系统，物资需求计划Ⅱ（material required planning Ⅱ，MRP-Ⅱ）、企业资源计划（enterprise resource planning，ERP）系统建设取得阶段性成果，上网企业也不断增加。

（9）招商引资工作成效显著。积极实施“国际化战略”，开展了广泛的国际合作和大规模的招商引资工作，对外合作领域不断拓宽。日本的日立、索尼、NEC、东芝、佳能、松下电器，韩国的现代电子、LG、SK，美国的通用、惠普、朗讯、埃森哲，欧洲的诺基亚、爱立信等几十家著名跨国公司先后在大连投资建厂。2002年全市十大高销售企业中，IT企业占8家；十大纳税企业中，IT企业占6家；十大高出口创汇企业中，IT企业占9家。

2. 大连市信息化发展的特色和优势

（1）大连是全国唯一的“创建软件产业国际化示范城市”。大连软件产业国际化的特色主要体现在三个方面：一是企业国际化，拥有众多的外资企业；二是市场国际化，加大了软件的出口力度；三是人才国际化，引进了大量的国际人才。

（2）“官助民办”模式更显软件园生机和活力。大连软件园以建设“中日软件产业合作战略门户”为突破口，将发展目标定位在建设软件出口基地和软件人才培训基地上，是该市创建软件产业国际化示范城市的核心项目。

（3）逐渐成为国际数据处理中心的聚集地。近年来，大连抓住发达国家急于转移其信息服务业中数据处理业务的时机，采取优惠政策，积极吸引国际上从事信息服务的大公司把数据处理业务放在大连。

(4)“城市一卡通”项目独具特色。大连“城市一卡通”项目于1999年开始立项，首期工作是公交一卡通系统，并于2001年7月正式开通，在全市65条公交路线、2600多辆公交车和400多辆小公共汽车上全面运行，到2002年底发卡50万张。“城市一卡通”项目的实施，大大提高了大连社会公共事业信息化水平。

(5)构筑了多层次多体制的软件人才教育培训体系。针对国内外软件人才紧缺和大连软件产业发展对人才需求迫切的实际，大连把加快软件人才培养放在优先发展的位置上。目前已经形成了包括15所高等院校、4所软件学院、200多所IT职业培训单位和2所大型电子商务培训中心在内的多层次、多体制的软件人才培训体系。

3. 大连市信息化发展的若干经验和启示

透视大连信息化发展历程，在其取得巨大成就的同时，也用其实践积累了宝贵的经验，给我们很好的启示。

(1)实施信息化环境优化战略。从20世纪80年代中期开始，短短的十几年中，大连信息化发展之所以如此迅猛，很大程度上与大连在相关的管理体制、统筹规划、政策法规和宣传等方面，营造了一个有利于信息化和信息产业发展的良好环境有关。

(2)实施信息化建设创新战略。创新是一个国家兴旺发达的不竭动力，也是信息产业发展和信息化建设的力量源泉。大连信息化实践，着重在三个方面开拓创新：①在思想领域，进一步解放思想，更新观念，树立敢闯、敢冒、敢试的精神，牢牢把握发展是第一要务，将全市各部门的思想统一到抓住重要战略机遇期，有限发展信息产业，以信息化带动工业化，实现经济增长方式的根本性改变，走新型工业化道路，加快现代化建设进程。②在工作思路上，以规划为龙头，突出重点，扶强做大IT企业，加快建设电子信息产品制造业基地；积极开展招商引资，加强国际合作，扩大软件产品出口份额。③在奋斗目标上，从20世纪80年代中期建设信息基础设施，到90年代建成东北乃至东北亚地区的信息中心城市，再到2002年提出“数字大连”宏伟目标，始终用创新思想做指导，冲破旧的思维定式，大胆走前人未走过的路，推动了信息产业和信息化建设的快速、健康发展。

案例三：深圳市信息化现状

1. 发展现状

深圳的信息产业和信息化已有较好基础，在国内处于相对领先水平，包括产值规模、产品品种、技术水平和市场份额等方面。

1）深圳信息化建设和应用工作成效显著

在信息产业部2001年对全国12个大城市的信息化水平测试中，深圳在平均分为100分的测评中，以总分179分位居榜首；在2002年全国40多个大中城市的信息化水平测评中，深圳仍然领先。

（1）信息网络等基础设施建设日臻完善。深圳通信网络经过近20多年的建设和发展发生了翻天覆地的变化，从事通信网络建设和经营的单位从初期的深圳电信一家发展到深圳有线电视、中国移动通信、中国联通、中国吉通、中国网通、长城宽带七家，各项通信业务发展迅速。深圳电信网已经建成覆盖全市的、以光缆为主、采用数字化传输和程控交换为一体的高速通信网络，基本实现了光纤到大厦和小区，具有方便、高速的接入手段，如综合服务数字网（integrated services digital network，ISDN）、非对称数字用户环线（asymmetrical digital subscriber loop，ADSL）、公共开关电话网络（public switched telephone network，PSTN）、数字数据服务（defense data service，DDN）、无线接入、综合宽带接入等，建设了开放的业务平台，有力地支持了深圳地区信息应用开发和信息产业的发展，其通信能力、技术层次和服务水平已达国际先进水平。目前，全市固定电话交换机容量达267.5万门，移动电话交换机容量达378万。有线电视网已覆盖70万户，每年以8万～10万的速度增加，光缆铺设1100公里，光纤6.9万纤芯公里。其中向社会提供的互联网接入服务已走向市场，拥有1000个端口。

（2）信息资源开发利用成效显著。全市已建成有较大容量的数据库200多个，数据记录以年均30%以上的速度增长，目前已超过9000万条，信息内容涉及国民经济各个领域，数据库的规模、结构、容量和质量不断提高。建立了包括政府文件管理、宏观经济、工商企业、劳动人事、财政、税收、证券、金融、外贸、科技等领域在内的数据库体系，且80%以上的大中型数据库可在各类局域网、城域网、广域网和因特网用户提供联机查询。深圳信息网充分利用邮电、有线、无线、卫星四大通信网络资源，基本实现了信息资源的共享。成为涵盖全市6个区及88个局、委、办，汇集几十个各类数据库的面向21世纪的动态信息资源交汇体系，促进了城市的智能化和现代化。

（3）信息应用系统已经覆盖了全市主要经济社会领域。信息应用系统工程已覆盖全市外贸、金融、税收、公安、人事、劳动、交通、海关、国土、教育卫生等20多个领域。深圳市政府决策信息网已建成，网络系统中的信息采集、专业职能调控、综合职能调控、决策支持四大结构已告完成，从而明显提高了政府决策水平和工作效率；市委办公自动化系统全面开通，实行了无纸化办公；口岸计算机查验网络实现了海关与卫、动、商“三检”的报检、报验、报关信息的双向数据传送和资源共享，初步实现口岸收费和业务查询服务自动化；城市管理信息系统建设顺利，市国土局和5个分局范围内已实现联网，该系统储存了深圳2020平方公里地理资料，从而实现了国土管理工作的地图电子化、管理科学化和规划电脑化；全市主要银行已实现ATM（automatic teller machine，自动取款出纳机）机上的“一卡通”，深圳已普遍开通电话银行，招商银行与商家联手开办了网上商城；税务部门的地税电脑管理系统开始全面运作，在市地税局进行电子报税的企业达8万家，占交税企业的55%；股票交易系统达到世界先进水平；信息化小区和智能化大厦建设规模进一步扩大并向国际一流水平迈进。

2）信息产业已成为深圳经济的支柱产业

1979年深圳建市时的信息产业产值只有0.012亿元，占当年全市工业总产值的2%，其后每年以67.5%的速度增长。1999年，信息产业产值已达1205亿元；2000年底，深圳的信息产业总产值突破1500亿元，占全国信息产业总产值的17%；到2002年底，深圳信息产业总产值达到2340亿元，占全市工业总产值的63%，信息产业增加值808.12亿元，信息产业增加值占GDP的比重为36.09%，信息产业对GDP增长贡献率达50%。2003年一季度信息产业总产值598亿元，比上年同期增长21%，信息产业增加值189亿元，比上年同期增长20%。电子及通信设备制造业现价总产值512亿元，比上年同期增长21%；占工业总产值比重的55%，比上年同期增长0.5%。信息服务业实现价值45亿元，比上年同期增长18%。信息产业已成为深圳经济的支柱产业。

3）信息设备制造发达

计算机：2000年深圳市共生产微型计算机107.5万台，比上年增加24万台。全市硬盘机的产量也由1995年的200万部发展到2000年的867万部。深圳希捷公司的硬盘制造量约占世界市场的15%，开发科技公司生产磁头产量方面在世界上具有重要地位，其计算机主板和各种适配卡、开关电源等生产制造均位居世界前列。1999年以来，深圳微型计算机产业开始从零部件、元器件加工贸易为主向产业化的整机生产转变，占全国微机产量的比重超过40%。

通信设备制造业：2000年深圳市通信设备制造业发展快、效益好，全年生产程控交换机3535.33万线，比上年增长80.2%。以华为、中兴通信为代表的数字程控交换机产业已成为国内同行业的佼佼者。2000年全市生产电话机2810万部。

电子及元器件：2000年深圳市硬盘磁头的产量约居世界第三，小电容器的产量居世界第四，计算机硬盘、电脑显示器的产量居全国第一。深圳已发展成为亚洲最大的信息产业配套基地，仅计算机配套厂就有150多家，软盘驱动器、主板、硬盘磁头等已形成300万台以上的整机配套能力。近年来深圳的超大规模集成电路后封装年生产能力有巨大提高，2000年实际产量为8.76亿只，在国家集成电路“909”工程确定的8家设计企业中，深圳占4家。全市IC设计企业中其产品的核心芯片大都实现了自行开发设计，成为我国重要的集成电路封装测试基地之一。

视听业：2000年深圳市生产彩色电视机754万部，成为我国第一大生产基地，录放音机1076万台，彩色晶体管玻壳933万只。赛格日立、中康玻璃成为国内重要的彩管玻壳生产基地，康佳早在1998年产值就突破百亿元大关，实现销售额105.3亿元。

4）“软件大市”已具雏形

深圳软件业目前已在八大领域形成优势，这八大领域是：嵌入式软件、金融证券软件、电子商务软件、电信管理软件、大型商业零售软件、物流管理软件、旅游娱乐软件及集成电路设计。2002年，软件从业人员超过5万，软件销售收入突破200亿元人民币，软件出口额4亿美元，占全国软件出口额的25%，连续4年居全国各大城市榜首，成为全国软件出口最大基地。

5）信息服务业迅速发展

现代信息服务业更是蓬勃发展。近年来随着网络经济在全球的快速发展，深圳市各种类型的信息服务机构如雨后春笋，这些机构种类多，服务内容涉及面广，已形成了一个初具特色的产业群体。目前全市已有3000多个机关和企事业单位在国际互联网上注册了域名，设有单独网址3250个。全市各类网络用户约60万户，主要从事数据库服务和网络服务的企业超过440家，网上办公、网上炒股、网上医院、网上学院、网上交易，以及电子报税、电子报关、网上购物、网上银行、网上证券交易已经得到了运用。2000年全市信息服务业产值已超过200亿元，在全市约3000家信息服务业企业中，信息咨询服务业约2000家，计算机应用服务业700多家，从业人员约20万，金融、证券、法律、房地产及计算机增值服务正在成为信息咨询服务市场的热点。

2. 存在的问题

虽然深圳的信息化工作发展势头很好，但深圳在向信息化城市目标迈进中还存在着不少的问题，具体表现在：①信息产业内部结构不平衡。从信息产业内部来看，深圳市信息设备制造业与信息服务业增加值之比为1.57∶1，最近三年这一比例有增无减。信息服务业无论在资金、技术、人才和产业规模均严重滞后于信息设备制造业。另外，信息设备制造业内部“重硬轻软”，重复建设严重。②产品自主开发能力差，市场依附外商程度大。这集中表现为信息设备制造业开发能力不强，科研力量薄弱，缺少名牌大学支撑，软件公司“小、散、杂”现象严重，全市电子产品中真正完全自主开发的少，缺乏核心技术。③企业数量多、规模小、缺少“龙头”产品。深圳计算机产业无论是规模还是产品配套在全国均较为齐全，但始终缺乏“龙头”企业和自己的名牌产品。④信息资源的开发利用严重滞后。人们对信息价值的认识仍不充分，对如何通过信息资源开发利用促进经济和社会发展缺乏必要的措施；信息产品的市场机制尚未形成，许多信息资源开发和利用的部门依附于机关事业单位，对信息这一特殊商品普遍缺少经营思想和经济效益观念；已开发利用的信息资源分散，重复现象严重，效率低下，缺少共享机制，使得信息资源开发利用滞后于信息技术和信息产业的发展，数字化、网络化的信息资源建设速度落后于信息处理和传输能力的增长，从而阻碍了信息产业的发展和信息化的进程。⑤管理体制不健全，机制不完善。与全国大部分地区一样，深圳市的信息产业和信息化建设隶属于多个部门，致使其缺少统一规划和政策引导，部门分割、地区封锁和各自为政现象严重，难于制定和落实有利于信息产业发展和信息化进程的政策和措施。⑥政策法规不配套。主要表现为有关法规不完善，知识产权没保障，严重损伤了信息产业工作者的积极性和创造性，从而在很大程度上影响了信息产业的发展及科研成果的推广，阻碍了深圳市信息产业的发展和国民经济信息化的进程。

3. 发展规划

近年来，在深圳市政府的统筹协调下先后共制定了《深圳市信息化建设“十五”计划》、《深圳市高新技术产业发展“九五”计划和2010年规划》、《深圳市信息资源开发利用规划》、《深圳市信息产业规划》、《深圳市国民经济和社会信息化“十五”规划》等相关规划，提出了“通过信息应用工程实施，推动信息基础设施建设，牵动信息产业发展，带动产业结构升级换代；用大联合的精神和方式，调动一切积极因素，建设汇集国内外资源的大信息、互联互通的大网络、国际规模的大产业”的总体思路，得到了专家的认可，并一度成为全国信息化的楷模。

第三节　运用信息化改造传统产业现实基础分析

从上文的分析中可以看出，沿海开放城市的工业化和信息化两个方面在我国都处于领先地位，这说明了其利用信息化改造传统产业的可能性。事实上，沿海开放城市运用信息化改造传统产业也基本走在全国的前列。

一 沿海开放城市传统产业信息化的成就

从沿海开放城市信息化带动工业化发展的历史过程来看，大体可分为三个阶段：一是起步阶段，大体从20世纪70年代到90年代初期。这个阶段时间比较长，主要是计算机的生产和普及使用。机械、冶金、石化、建材、纺织、电子等行业的一批大中型企业开始利用计算机进行生产控制和管理。二是打基础并逐步发展阶段，大体从20世纪90年代中期到90年代末。这个阶段主要是信息产业的迅速发展，形成了较好的信息化基础和条件，推动了信息化带动工业化的逐步发展。三是加快发展并初步形成规模阶段，大体从21世纪初开始。这个阶段主要是把信息化带动工业化纳入了正常轨道，加快了发展速度，逐步形成了规模。沿海开放城市在信息化带动工业化过程中，主要抓了以下四个方面的工作：

第一，大力发展信息产业，为信息化带动工业化奠定良好基础。

在信息经济的浪潮下，作为工业化水平已发展到一定程度的沿海开放城市必然会大力发展信息产业，这是优化工业结构、改造传统产业和解决经济发展瓶颈的唯一途径，因此，沿海开放城市都把信息产业放到重要位置。“九五”期间，上海市信息产业已经成为增速最快的行业，形成了微电子、通信及网络、计算机及软件、数字化电子产品和信息服务等产业体系，其中集成电路销售收入和制造企业数量均占全国40%以上，程控交换机、光传输设备和光纤在全国市场占有率分别为30%、30%和25%。天津市的电子信息产业发展也非常迅猛，电子信息产业产值占全市工业总产值的比重已由1998年的18%上升到2001年的24%，增加值占工业增加值的比重由1998年的14.5%上升到2001年的24.6%，自1999年以来利税总额一直占全市的30%左右。其他沿海开放城市的信息产业发展也非常快，为信息化带动工业化奠定了良好基础。

第二，积极运用信息技术，改造和提升传统产业。

一是通过引进国外先进技术和成套设备改造大型骨干企业，提高其生产过程自动化、信息化水平；二是通过新建的关键项目和企业，全部采用现代化的技术设备，加快行业的信息化进程；三是通过采用现代信息系统技术，改善大中型企业的核心竞争力；四是通过在不同环节、不同领域使用相关的信息手段，增强企业产品设计、开发、测试和生产的自动化能力。

第三，紧密结合发展实际，不断提高企业管理的信息化水平。

各地都把企业管理信息化作为信息化带动工业化的重点。在信息时代，企业实现管理信息化已是大势所趋，从会计核算信息化到财务管理信息化，从一体化企业管理信息化到全面管理信息化等。沿海开放城市的企业管理水平较高，也较早地引入了信息化管理。例如，青岛海尔集团在工业博览会上透露：信息化建设之后，海尔的资金周转次数提高了50%～150%，集团各部门对用户的反应速度从36天降低到10天，对订单的处理时间从7天降低到1天，100%的供应商从网上采购订单，80%的货款从网上支付……

第四，努力构建系统网络，加快推进电子商务。

电子商务作为一种新型的经济形态，正在受到越来越多地方政府的关注，特别是沿海开放地区。2001年上海市实施了“一三五三”工程：组建一个三级信息网络，建立三个大型综合数据库及其应用系统，重点扶持和建设五个电子商务示范平台，开展三个企业信息化重点应用项目。五个示范平台是：物资集团工业商品交易系统、医药集团生物医药电子商务系统、电气集团网上交易与网上订货系统、汽车集团汽车电子商务系统和宝钢集团钢铁电子商务系统。天津也实施了“万千百十”工程：1.6 万家企业上了工业网，1000 家企业建立了自己的主页，100 家企业建立了自己的网站，10 个行业形成了网站框架。这些都有力促进了电子商务的发展。

从总体来看，沿海开放城市不断加快信息化改造传统产业的步伐，取得了不菲的成绩，优化了产业结构，突破了发展瓶颈。

二　当前沿海开放城市传统产业信息化需要注意的几个问题

信息化带动工业化是一项复杂的系统工程。它的发展需要相应的社会、经济、技术等条件，没有这些条件的支撑，信息化很难带动工业化，工业也难于实现跨越式发展。从沿海开放城市利用信息化的实际情况来看，今后应当注意以下五个问题：

第一，不能脱离相应的社会条件。

信息化带动工业化的过程，从某种意义上讲，实际上是信息社会化的过程。所以，信息化带动工业化需要有相应的社会信息意识，能够创造良好的社会信息环境，从而不断提高工业的信息化程度；需要相应的社会法律框架，制定完备的法律法规，尽快把工业信息化纳入法制化的轨道；需要相应的社会服务体系，建立健全相应的中介机构，为信息化带动工业化提供必要的法律、金融、技术、培训等方面的服务；需要相应的社会生产基础，增加生产的社会化程度，形成更加完备的工业体系，使信息化带动的关联效应更加明显。

第二，不能脱离相应的技术条件。

技术因素是信息化带动工业化的关键。一是沿海开放城市需要加快建立必要的技术设施，特别是社会公共信息基础设施，只有“桥”通“路”畅，信息的先导作用才能充分发挥出来。二是需要加快建立统一的技术标准，主要包括生产技术标准、流通技术标准、信息技术标准等。目前存在国家、行业、企业的不同标准，行业与行业、企业与企业之间又存在不同的标准。所以，技术标准不统一，信息化带不动工业化，“信息孤岛”效应会更加突出。三是需要不断提高信息技术的现代化水平。四是需要加快强化必要的技术保障，以保证信息网络运行的安全。

第三，不能脱离相应的体制条件。

体制是信息化带动工业化的必要保障。从目前情况看，没有科学的企业管理体制，没有现代的企业制度，企业很难在信息化的带动过程中发挥微观基础作用；没有投融资体制的改革，没有建立企业在国内外资本市场筹措资金的有效渠道，企业很难加快工业信息化的前进步伐；没有科技体制的改革，没有优化配置科技资源的机制，信息化带动工业化就难于形成持久的内在动力。而目前我国信息化建设体制尚未健全，这也是沿海开放城市利用信息化带动工业化的一大制约因素，需要去突破。

第四，不能脱离相应的市场条件。

市场是信息化带动工业化的重要导向。统一开放的市场，可以为信息化发展创造更加广阔的空间，可以使信息资源得到更加合理的配置；规范的市场秩序，可以促进技术、资本、人才、信息等要素市场迅速发展，提高市场的服务功能；虚拟市场和现实市场的有机结合，可以加快电子商务的发展，促进生产与流通的相互渗透，开拓国内外更加广阔的市场。缺少相应的市场条件，信息化带动工业化很难得到真正的发展。

第五，不能脱离相应的政策条件。

政策是信息化带动工业化的基本前提。发达国家对信息化发展战略都给予了不同程度的政策支持。我国是发展中国家，现代工业和现代技术的基础相对比较薄弱，要在这一前提下实现信息化带动工业化的跨越式发展是非常困难的。只有通过政府的规划指导和财政、金融、税收等方面的支持，信息化带动工业化的战略才能真正得到落实和发展。

第四节　沿海开放城市发展电子商务 SWOT 分析

电子商务的出现加快了信息技术商用的速度，极大地推动了全球信息化进程，对全球经济的发展产生了巨大影响。如果把信息化比喻为现代经济增长的引擎，那么电子商务就是引擎的加速器。它使信息化战车的引擎性能明显提高，速度明显加快，动力明显增强。因此，对沿海开放城市信息化状况的分析，就需要认识沿海开放城市的电子商务状况，这里采用 SWOT 方法来分析。

SWOT 是由 4 个英文单词 strength（强项、优势），weakness（弱项、劣势），opportunity（机会、机遇），threat（威胁、对手）组成。SWOT 最初用于市场营销管理，用于产品，外延到行业和市场，获取所有相关的资讯，为企业决策做准备。通常 SWOT 可以分为两部分：第一部分为 SW，主要用来分析内部条件；第二部分为 OT，主要用于分析外部条件。

一 strength——强项、优势

（一）有着良好的软硬件基础

沿海开放城市经济发达，信息化程度高，计算机、电话、上网普及率高，

计算机基本知识普及，信息化基础设施较为完善，人才优势较为明显，这些都是沿海开放城市发展电子商务的优势所在。

（二）有着良好的观念

作为中国经济发达、开放程度高的地区，沿海开放城市在发展电子商务上具有观念上的优势。首先是人们对于新鲜事物的接受能力较强，近几年，该地区上网人数增长迅速，电子金融、电子交易等发展也很快；其次是沿海地区的人们有较强的创新观念和创新能力。

（三）政府、企业的大力推广

沿海开放城市的地方政府对于电子商务的发展也做出了积极反应。许多政府部门、研究机构、高等院校纷纷举办各种形式的研讨会、学习班，聘请外国公司专家介绍电子商务知识，制定有关的法律、法规来推动地方的电子商务发展。该地区的企业对于电子商务也有良好的认识，大部分有一定规模的企业都建有企业网站，进行网上交易、收支，B2B 和 B2C（basiness to customer，企业与消费者间的交易）发展较为迅速。

二 weakness——弱项、劣势

（一）信用制度较差

电子商务必须建立在信用经济基础之上，中国目前的信用经济制度很不完善，人们习惯于“一手交钱，一手交货”，银行信用结算只能在企业之间进行，个体消费者还没有普及信用消费，目前已从事电子商务的一些企业多数是“通过网上查询，再通过银行结算”，因而严格意义上讲此举不能算真正意义上的电子商务。

（二）体制的约束

虽然沿海开放城市的地方政府大力推广电子商务，但政府经常直接参与市场运作，因此在多个“局中人”进行的游戏中，只由其中部分“局中人”制定规则，对于其他“局中人”显然是不公平的，必然会出现经济学中的“合谋”现象。

（三）电子商务的安全性存在问题

电子支付是电子商务的重要环节，而安全认证又是电子支付的基础条件。

目前涉及的电子交易主要通过因特网进行，而当初设计因特网的目的是为使用者提供一种弹性、快速的通信方式，不具备交易需要的安全性。而电子商务要求安全性很高：信息传递者和接受者的确认，保证信息传输过程中未经篡改，保护敏感信息的隐私权，不被拒付等。我国已建成了一些领域及区域的电子商务认证机构，为保障电子商务健康发展，初步提供了一个安全、实用、高效的电子商务环境。但是，虽然我国数字认证（CA）中心的数量很多，但是由于各CA中心之间的标准和规范缺乏一致性和兼容性，导致各CA中心所颁发的CA证书难以互通互认，这成为制约我国电子商务发展的因素之一。

（四）金融体系支撑不足

电子商务的进行需要支付与结算的手段。因此需要高质量、高效的金融服务及其电子化的配合。目前，我国金融服务的水平和电子商务程度不高，网上支付问题很大程度上阻碍了我国电子商务的进程。

（五）计算机信息网运行质量差

计算机技术发展虽然快，但从电子商务的要求看，无论是网络技术、网络管理、信息内容、技术标准、资费水平、通信安全和保密等各方面都存在较大差距，影响了网络的继续扩大。

三 opportunity——机会、机遇

（一）信息化被提到了战略发展高度

加快我国信息化的发展步伐在“五年规划”里被列为一个重点，在这五年里，我国信息产业得到了大幅度的发展，因此，不但发展电子商务的软硬件设施会得到较好的改善，人们对于电子商务的认识也会更理性，而且电子商务作为信息化的一部分内容也必将会受到重视。

（二）经济全球化在中国的深入

经济全球化在中国不断深入，中国企业与国外企业对接的过程中，也在逐渐学习国外企业的运作模式。目前国外被应用较广泛的B2B和B2C的商业运作模式、先进的配送体系、开放的电信服务市场等在中国还不是很流行，但随着经济全球化在中国的深入，这些方面必定会得到发展。

（三）加入WTO所产生的压力与动力

中国加入WTO后，面临剧烈的国际竞争，国内企业必须提高自身的竞争能

力，因此它们必须加强电子商务建设，因为电子商务可以节约成本、加快交易速度及时掌握相关信息，这也是国内企业必须面对的现实。

四 threat——威胁、对手

（一）国外公司抢占国内电子商务的市场份额

随着越来越多的国外公司的进入，尤其是一些超级跨国公司的进入，将会有众多的企业参与瓜分中国商务市场这块诱人的大蛋糕。在这场抢夺战中，国外的跨国公司已经占据了有利地位，它们凭借自己雄厚的资金、先进的技术和更商业化的运作取得了竞争优势，该优势将会随着开放程度的深入继续下去。因此，中国的企业必须在强大的竞争压力下寻求突围，一方面加强自身力量的积蓄，另一方面加强和跨国公司的合作，在合作中取得发展。

（二）人才的流失

随着中国开放程度的深入，大量优秀人才流入到大型的跨国公司，因为跨国公司提供的高额薪水、良好的工作环境、合理的升迁体制都是大部分国内公司无法比拟的，尤其是高知识型的信息行业的人才流动性更大，这使本来就数量不足的中国信息人才更为紧缺，成为中国信息产业发展的制约因素之一。

第五节 存在的问题及原因

沿海开放城市的工业化和信息化虽然取得了很大发展，但也存在不少问题。这些问题能否成功解决，对于信息化带动工业化、实现跨越式发展至关重要。

（一）企业管理结构和能力滞后于信息化建设

有些企业的信息技术应用能力越来越强，但管理却没能跟上；许多企业的信息化项目过于庞大，各种工程同时上马，带来极大风险，许多信息化建设没有根据自身生产特点进行整体规划，在实施顺序上出现超前现象；许多企业存在着为信息化而信息化的现象，企业在管理信息系统上投入巨大，但对其要实现的经济效益却不太清楚，信息化项目与企业业务目标脱节，结果不能带来理想的效果；等等。

（二）政府推进信息化速度较慢，影响社会生产力跨越式发展

在信息社会中，信息就是力量和财富。政府是最大的信息收集者和信息源，

若能充分利用此资源，实现政府信息流通和共享，必定有助于国家整体发展。在全球经济飞速发展的今天，世界各国都把构建信息化政府作为国家发展的一个战略性措施。所谓政府信息化或电子化政府，是指政府有效利用现代信息和通信技术，通过不同的信息服务设施（如电话、网络、公用电脑站等），对政府机关、企业、社会组织和公民，在其更方便的时间、地点及方式下，提供自动化的信息及其他服务，从而构建一个回应有力、有效率、负责任、具有更高服务品质的政府。我国在推进政府信息化过程中存在的主要问题：缺乏强有力的领导；缺乏明确的发展方向和目标；公开度不够，导致信息资源浪费；硬件和软件基础设施薄弱；缺乏基本的法律和制度保障；与政府服务和管理脱节；与政府机构改革脱节；等等。

（三）对信息产业投入少，信息产业技术落后

我国信息化水平不高的一个主要原因，就是对信息化基础设施建设、信息技术和信息产品的投入不足。尽管国家对信息产业的投资增长很快，但与发达国家相比还相差很远，尤其是企业信息化建设资金投入不足的现象十分严重。据有关部门对300家企业的调查，有70%的企业认为信息化资金不足。有些企业对信息技术和设备的投资占企业总资产的比例不到0.3%，与发达国家企业在信息化上投资8%～10%的比例相差甚远。

信息技术落后，尤其是在软件、集成电路、信息元器件等重要领域的信息技术远远落后于欧美等发达国家，一些主要技术受制于人。据业内专家分析，我国计算机技术至少落后于美国20年。尤其是在计算机网络基础设施方面，美国的主干网带宽是我国的300倍，互联网端点间的传输速率是我国的40倍。由于国产信息技术的支持能力弱，我国生产的只能是一些个人电脑（personal computer，PC）机、硬盘、显示器、低端设备等一些低附加值的信息产品，而生产高技术含量产品的能力明显不足。

（四）信息化标准及信息传递的法律、法规和政策尚未系统形成

目前我国企业信息化尚无统一规划和标准，尤其是企业信息化缺乏行业标准。而印度无论是传统行业和新兴的IT行业都高度重视标准化生产和规范化管理，从而有170多家企业通过了ISO 9000认证，有15家企业通过了OMM-5的最高认证。印度这种标准化的生产和规范化的管理使其高质量的产品闻名于世，在世界上被公认为是质量信得过的软件提供国。信息化需要一整套完善的法律、法规和政策体系，以保证信息资源的利用和电子交易双方能够按照共同规则进行经济、政治等社会活动，而我国在信息化立法方面显然还处于刚起步阶段。

（五）信息人才缺乏

造成沿海开放城市国民经济信息化整体水平不高，信息产业综合竞争力不强、综合信息能力落后的主要原因是信息人才缺乏，表现为不但信息人才数量少，而且质量也不高，这与我国教育体制改革滞后于经济发展需求有关。据有关部门统计，我国计算机软件从业人员和硬件从业人员占信息产业从业人员的比例仅为12.5%和6.25%，占总体从业人员的比例就更低。据中国科学院反映，我国信息安全管理方面的人才极其缺乏。此外，我国还没有专门培训系统管理人才的专业，除了企业自身培训外，大部分从业人员只能靠在实践中学习。

（六）对信息化与工业化关系的认识不够深入

应该认识到，信息化并不等于工业化。信息化本身不生产产品，它是通过对系统的优化和信息的传播，来放大和倍增工业生产的效率，导致工业生产过程新的、极大的飞跃。工业化和信息化的关系应是互动的。一方面，信息化要以工业化为基础；另一方面，信息化可以加快工业化进程。两者相辅相成，而不是相互替代。因此，在强调信息化带动工业化的同时，一定要注意工业化为信息化提供用武之地的问题。在小农经济为主的自然经济中，谈不上有多少对信息的需求，只有在工业化的社会大生产中，人们不是为自己消费而生产，生产目的是为了交换，社会通过以市场为导向进行资源的配置和交换构成一个有机的整体时，才会真正产生对信息的大量需求，才能提出信息化的问题。如果离开工业化而孤立地搞信息化，使信息化孤军作战，就会使信息化脱离社会基础，变成单纯发展信息产业本身，实际上也就没有了信息化。这也就是十多年来我们尽管大力提倡信息化，但实际效果不理想的主要原因之一。所以，必须明确信息化是推动工业化的重要手段，工业化是信息化的社会环境和主要载体，这才是对信息化和工业化关系的正确理解。

第三章 沿海开放城市信息化带动工业化战略思路与目标

第一节 信息化与工业化的互动关系

工业化与信息化之间究竟是一种什么样的关系？不少学者对此进行过探讨。笔者认为，工业化与信息化是相互融合、互相促进的，两者具有内在联系。从产生上看，工业化是信息化的源泉，信息化是工业化的派生物，信息化虽然产生于工业化但不是工业化的附属物；从发展阶段上看，工业社会与信息社会是两个性质不同的社会，后工业化是信息化的特殊表征，信息化是工业化之后的一个新的发展阶段；从作用上看，工业化是信息化的前提和基础，信息化是工业化的延伸和发展，信息化是工业化发展的工具，工业化是信息化的重要载体；从工业化和信息化的动因及主要资源来看，工业化是人类追求发展的过程，而信息化则是人类维持可持续发展的过程，工业化是人类不断实现经济迅猛发展的时代，信息化则是人类逐步走向经济、社会和生态可持续发展的时代。概括地讲，工业化与信息化之间的关系是一个前提与发展、源泉与载体、基础与对基础之改造的关系。对此可以从四个方面来理解。

一 工业化与信息化是两个性质不同的社会发展过程：前者涉及的是工业社会，后者涉及的是信息社会

200 多年前，人类社会开始告别农业经济时代，迎来了工业经济社会；而且自 20 世纪 60 年代西方暴发了以微电子、电子通信和计算机等技术为核心的新技术革命以来，人类社会又迎来了后工业社会，即信息社会。工业社会大大改变了农业社会几千年来所形成的要素结构，使资本成为生产要素中最活跃的部分，替代了土地要素的主导地位。同样地，信息社会的到来也必将大大改变工业社会所形成的要素结构，带给人类社会全新的面貌。在信息社会里，信息技术是信息革命的核心，它深刻地影响和改变着社会。与工业社会不同，信息社会是一个完全不同于农业社会、工业社会的一种新的社会形态，具有其所独有的若干特征。很多社会学家，如狄查德、贝尔、奈斯比特、托夫勒、河村望、笔板秀世、富永健一、松田米津等都对信息社会的特征进行了描述，归纳起来有 10 个方面：①在信息社会里起决定作用的不是资本，而是信息。在工业社会

里战略资源是资本，而在信息社会里战略资源是信息。信息已成为信息社会财富的源泉，谁拥有信息，谁就能获得社会财富。②价值的增值已经不再主要通过劳动，而是通过信息。③人们注意和关心的是将来。在农业社会里，人们习惯于看过去；在工业社会里，人们习惯于看现实；而在信息社会里，人们将把精力和目光放在未来。④信息社会是诉讼密集的社会。由于人们的相互交往大大增加，其中有些关系毫无疑问将日趋恶化，必然引起诉讼案件日益增多。⑤工业化社会发展的核心是蒸汽机，其主要功能是代替和减轻人类的体力劳动；信息社会发展的核心则是电脑，其主要功能是代替和加强人的脑力智能。⑥工业社会蒸汽机的发展带来动力革命，生产力有很大发展；信息社会电脑的发展带来信息革命，产生大量系统化的信息、科学技术和知识。⑦在工业社会里，工厂是物质生产中心，也是整个社会实力的象征；在信息社会里，情报公用事业成为经济发展中心，也是整个社会实力的象征。⑧工业社会的主导产业是制造业，信息社会的主导产业是智能工业。⑨工业社会以增加国民生产总值为目标，信息社会以实现“时间价值”为目标。⑩工业社会发展的最高阶段是生产出最大量的物资，以满足人们的生活需要；信息社会发展的最高阶段是生产出最大量的知识，以加速社会的腾飞。

二 信息化产生于工业化，是工业化发展的产物，没有工业化就没有信息化

工业化是信息化的基础，工业化为信息化的发展提供物资、能源、资金、人才及市场。信息生产涉及一系列高新信息技术及产业，既包括微电子产品、通信器材和设施、计算机软硬件、网络设备的制造等领域，又包括信息和数据的采集、处理、存储等领域，这些都需要传统制造业提供基础设施建设。

工业化是一个长期的、不断变化的过程，工业化意味着经济结构的变化。从工业化发展过程看，现代工业化不只是表现在工业部门高速增长的过程上，而且还表现出复杂的经济和社会结构的演化过程。在这个过程中，最突出的变迁就是工业革命诞生了信息技术的因素，并为信息化的问世奠定了坚实的基础。显而易见，工业化发展导致信息化的出现，是信息化的源泉，信息化是在工业化充分发展的基础上产生的，是工业化后的必然产物。理由有三点：①信息化是工业化过程中生产力不断发展的结果；②工业化发展到一定程度后，对信息的需求日益增加，成为信息化发展的内在动力；③只有工业化发展到一定程度，才具备发展信息业的必备条件。信息化是在发达国家的后工业化（高技术化）阶段的基础之上产生的。信息产品的生产，信息本身的产生、传播、接收等都需要各类高技术的信息装备为载体和信息服务为辅助条件，如计算机、光纤通

信、感测仪器、网络、软件、多媒体、微电子等。这些装备和技术如果离开了高技术的制造业是没有办法生产出来的。因此，工业化的高度发展为信息化的产生和发展提供了可靠条件。可以这样说，没有工业化的充分发展，信息化的发展是没有依托的，工业化为信息化提供了用武之地。

三 工业化的发展直接导致信息化的出现，信息化的发展又主导着工业化的发展方向

信息化是从工业经济向信息经济，从工业社会向信息社会演进的动态过程。工业化的发展直接导致信息化的出现，信息化的发展又须借助于工业化的手段，两者相互作用、共同发展。同时，信息化主导着新时期工业化的方向，使工业朝着高附加值化发展。工业化是信息化的基础，为信息化的发展提供物资、能源、资金、人才及市场。只有用信息化武装起来的自主和完整的工业体系，才能为信息化提供坚实的物质基础，发展了的信息化体制通过对传统工业化体制的大规模改造，才能够使传统工业实现工业信息化。

信息化对工业化的作用是显而易见的，但信息化不能代替工业化。信息化的发展在一定程度上直接导致工业化向纵深发展，同时，也带动了光纤通信技术、交互式网络技术、多媒体技术、智能计算机技术等一系列信息技术、信息产业及信息高速公路建设的飞速发展。没有信息化，世纪之交的工业化将停滞不前或徘徊不定。信息化虽然对工业化具有推动作用，但也不能因此忽视传统工业自身作用及功能的发挥。

信息化是经济发展到一定阶段的产物，但随着当代科学技术和经济发展的加速，信息化的内涵和外延都在变化。信息化的作用不仅体现在工业化本身，更重要的是催生了经济信息化。经济信息化的产生使生产方式、生活方式及消费方式发生转变，表现出与传统经济发展明显不同的特征：一是劳动生产率的提高不再取决于简单增加资本和劳动力的量的投入，而是将越来越依赖于以高科技为基础的知识信息在生产中的运用。知识信息的加工处理和传播将越来越成为提高生产效率的核心环节，整个社会生产过程将围绕着信息流来组织实施。二是随着信息经济的发展，生产活动的组织与管理模式将发生根本的变化，以计算机为基础的管理信息系统将使生产组织的管理更具灵活性、适应性和科学性。三是在信息经济中，劳动资料的信息属性将在生产中占主导地位，生产方式将发生结构性的变化，对知识信息进行加工处理将逐步变成主要的工作。因此，获取信息的质量、效率、方式等将成为具有战略意义的因素。四是信息经济更具有国际性。信息技术的突飞猛进，极大地加强了世界各地之间的联系，超越国界的投资、生产管理、市场营销、劳动和技术交流

将成为不可阻挡的世界潮流。五是信息经济是以现代科学技术的飞速发展和广泛应用为基础。科学技术不仅通过对生产力诸要素的渗透和改造，促进生产力的发展，而且极大地促进了人类思想文化的发展，改造了人们的思想观念和精神面貌。

四 信息技术与工业的关系不仅仅是一种依赖性关系，更是一种改造关系

信息技术可以大大推动传统工业的发展。信息技术辐射传统工业，如在工业中大力推广应用计算机集成制造技术，缩短开发周期，降低制造成本，满足客户多样化的需求；增加产品技术含量，实现产品更新换代；大力推进现代物流管理，优化供应链，降低流通成本，增加产业附加值。信息技术可以使工业加速自动化、信息化过程，最终可能将传统的工业生产改造成信息化工业生产。信息技术具有高创新性、高渗透性和高倍增性，它能提高传统产业产品的科技含量，增加其附加值。例如，计算机辅助设计、计算机集成制造、机电一体化及电子商务引发商务领域的变革等，成为推动产业升级的重要力量。信息技术对结构升级的作用是深入、立体和内在的提升，能够在其他产业的研究、生产、销售等所有环节发挥作用，提高技术水平，降低产品成本，增加产品附加值，实现产业升级。

以上四个方面的简要分析表明，工业化与信息化是相互联系，密不可分的。两者互促互进、共同发展。一方面，工业化是信息化的物质基础和需求之源。肯定地讲，没有工业化，就没有信息化；没有工业化，信息化就失去了支撑，成为无源之水，无本之木。另一方面，信息化是工业化的直接产物，是工业化的最新发展阶段和增长的“引擎”，它赋予工业化以崭新的内容和现代化的意义，它是现代的“工业化”。同时，人们也必须认识到信息化与工业化是一对矛盾统一体。需要强调的是两者的关系如基础与前提的关系、作用与反作用的关系等，并非意味着工业化的发展必须在前或信息化的推进必须在后，也并不意味着工业化、信息化的发展先后两者不可逾越或不能两步并作一步。事实上，从国际经验比较，信息化的发展并不必然地以工业化完成为前提，相反，根据后发优势和经济赶超战略，发展中国家完全可以在继续完成工业化的同时就着手于信息化工作，通过采取两步并作一步走的并行发展方针，实现工业化、信息化的跨越式发展。

信息产业发展是信息化的核心内容，以信息产业发展为核心的信息化与工业化的相互关系，可以用图 3-1 来表示。

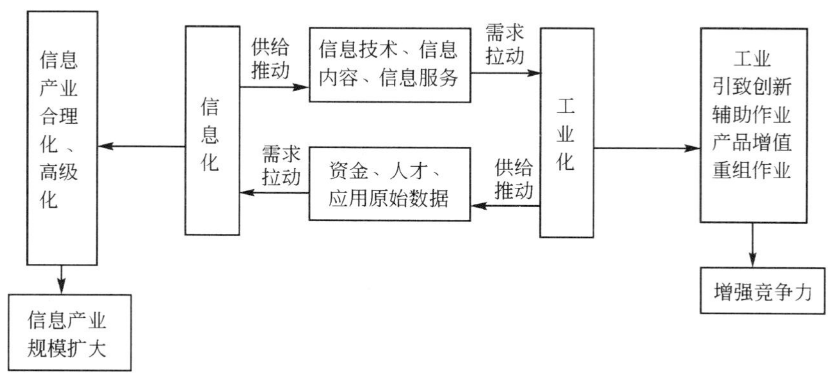

图 3-1　工业化与信息化相互关系模型

第二节　运用信息化带动工业化的理论依据

运用信息化带动工业化发展是全方位的，不仅仅是技术性或技术层面的改造，而且还有经济性、社会性、体制性的改造。总起来说，信息化对工业化的带动作用，主要体现在三个方面。

一 信息化在技术层面上促进工业化发展

信息化对工业化的技术改造就是信息化作为技术手段和工具对工业化发展施加影响，工业化作为重要载体支撑着信息化的持续发展。这是“产业信息化和信息产业化”过程的具体描述，即信息技术对传统产业部门装备、工艺、手段的改造，以及信息技术借助于传统产业领域拓展业务、扩散影响的过程。20世纪末，发达国家传统产业通过智能化、数字化、网络化等信息技术改造，实现了生产的机械化、自动化和智能化，使生产能对不断变化的市场需求迅速做出响应。这意味着，信息化和工业化交互作用发生在产品制造上，就是运用信息技术开发、研制新产品；利用现代技术改造传统产品，增加产品技术含量实现产品更新换代；推行计算机集成，缩短产品开发周期，降低制造成本，满足顾客多样化需求；等等。同时，计算机网络技术在传统工业化产业领域中的应用，也可在最大范围内培植技术创新资源，增强技术创新能力，提高技术改造投资效益。发达国家的经验表明，利用信息技术设备增加30％的投资，可以通过提高产品档次和质量、改善生产环境、降低能源和原材料消耗大约增加85％的经济效益。

二 信息化在经营层面对工业化的促进作用

信息化与工业化在技术层面上的交互作用就是信息化在改造传统产业生产过程中引发生产经营等组织方式方面的改革，如出现企业业务的分解和结构重组；而工业化条件下的产业关联、生产系统、产业集群等传统的组织方式也必然会以新的方式影响信息产业的生产经营。网络技术提供了一种崭新的信息传递手段，使得在更大范围内配置资源、组织协作成为可能，使得生产组织方式的专业化、精细化成为可能。由于信息技术的应用，一些产业“纵向一体化”势头正在减弱，取而代之的是契约分包的分工与协作方式。越来越多的企业不断地将大量常规业务外包出去，而自己只保留最核心的业务。例如，波音公司利用网络技术手段，将制造 747 飞机需要的 400 多万个零部件分包给 60 多个国家的 1500 个大企业和 1.5 万个中小企业。大汽车厂商通过网络与各级供应商实现互动，把装配以外的边缘业务尽量分包出去，把自己的力量集中在核心业务上。这样，传统工业化发展的产业分工——全能型、长链条的生产组织方式必然发生变革，产业和企业的业务分解和结构重组是必然趋势。同时，工业化条件下形成的产业关联和经济积聚，会进一步强化生产链和生产系统的完整性，这使从事信息产业企业的经营活动也需要借助于工业化经济的组织形式来拓展自身的发展空间，于是在经营层面新旧组织方式的融合趋向日益明显。

三 信息化在制度层面上对工业化的促进作用

信息化对工业化在制度层面上的促进就是伴随着信息技术的深化发展，自动化生产、电子商务、虚拟组织等新现象的产生，必然引起企业组织结构的变迁、产业规则变动、观念更新等社会制度性问题。信息化条件下，企业可以利用信息共享机制，将垂直一体化管理向扁平一体化、矩阵式管理模式转化，这无疑改变了企业内部的治理结构和管理制度。同时，运用现代信息技术整合商务活动中的信息流、资金流和物流，创造新的商务模式，改善成本结构，降低管理成本。通过开展电子商务，能够扩大交易范围、优化交易过程、降低交易成本、减少交易时间和增加交易活动，提高了企业的运营效率。如通用电器、福特公司、克莱斯勒公司等汽车产业巨头，通过电子商务进行原材料网上采购和产品网上销售，使原材料采购成本和销售成本平均下降 20％～30％，高的达到 40％。日本大企业应用电子商务进行采购，也使成本下降 20％。新的商务模式不仅提高了整个社会的交易效率，更是改变了整个社会的交易方式、规则乃至深层的思想观念问题。另外，技术网络平台的构建和市场的发展，促使产业融合发展的趋势日益明显，这必然会影响原来的产业规则和政府相关政策的制定和调整。

可见，在信息化装备下的现代工业化以个性化、柔性化为主要标志，以客户需求主导产品生产。信息技术、现代管理和现代制造技术相结合，实现了信息流、物流和价值流的集成与优化，彻底改变了制造从设计到生产到销售服务的全部过程。信息化能够在技术、经营和制度三方面全方位地带动工业化的发展，因此，信息化对工业化的改造将是一场革命性的经济活动。

第三节　运用信息化带动工业化的战略思路与目标

面对全球经济信息化的发展潮流，以及新一轮信息技术革命的发展机遇，作为沿海开放城市，要充分发挥改革开放的先发优势，利用率先建立起来的良好工业基础，特别是相对发达的制造业和信息产业发展处于国内前列的有利条件，以信息化带动工业化，加快发展以电子信息技术为代表的高新技术产业，加速信息技术对各个产业的渗透和融合，使工业化与信息化互为依托，融为一体，整体推进，重视信息化在工业化发展中的倍增作用和催化作用，实现社会生产力的跨越式发展和城市综合竞争力的进一步提升，走出一条高资本产出效率、低资源消耗、低污染排放的全新的可持续发展道路。

一　运用信息化带动工业化的战略思路

从沿海开放城市发展历程及其在国内经济社会发展中的地位和作用来说，当前沿海开放城市面临着两大艰巨的任务：一是要完成党的“十六大”所提出的奋斗目标，即率先建成全面小康社会；二是要实现邓小平所制定的我国经济社会发展第三步战略目标，即率先提前基本实现现代化。在新形势下，要完成这两大任务，加快工业化、信息化建设将会是其极其重要的支撑和必由之路，实施信息化带动工业化战略，也就成为其未来发展战略的重要取向。基于这一宏观背景分析，沿海开放城市信息化带动工业化的发展思路如下：紧跟世界信息化发展方向和进程，围绕两个率先奋斗目标及其任务，以科学发展观为指导，以市场为导向，以企业为主体，坚持信息化带动工业化和工业化与信息化互促共进，坚持自主创新与国际合作相结合，加大经济结构战略性调整，大力发展电子信息产业，大力推进信息网络技术对传统产业的改造，积极推动行业和企业信息化建设，进一步优化和提升产业层次，走一条新型的工业化道路，不断增强城市创新能力和竞争能力，实现沿海开放城市经济的跨越式发展。

贯彻信息化带动工业化的上述发展思路，在实践中应坚持以下五条基本原则：

一要立足于统筹协调发展。信息化带动工业化是沿海开放城市经济社会发展长远和全局性的战略选择，必须要与科教兴市、可持续发展和工业化、城市化等发展战略结合起来，探索出一条具有沿海开放城市特色的现代化发展道路。

二要立足于市场引导作用。实施信息化带动工业化战略，必须充分发挥市场配置资源的基础性作用，调动各方面的积极性，吸引各种渠道的资金投入，特别是在产业发展、信息技术应用、网络建设等方面要坚持以需求为导向、企业为主体，同时也要发挥政府部门的规划、组织协调功能，为其发展营造良好的外部环境。

三要立足于求实性和前瞻性。实施信息化带动工业化战略，必须结合沿海开放城市的发展阶段及其现实基础，使这项战略实施起来具有较强的针对性和有效性，真正做到求真务实。同时，又要适应国内外环境的变化，积极应对经济全球化的挑战、经济结构战略性调整的需要、可持续发展的紧迫要求等中长期战略性问题来提出有效的解决办法。

四要立足于增强自主创新能力。增强自主创新能力是沿海开放城市继续领先于国内其他地区发展的基本途径，也是赶超国外发达城市的法宝。实施信息化带动工业化战略，必须增强自主创新能力，要通过原始创新、集成创新、引进消化吸收再创新的方式，建立信息技术创新体系，不断提高企业和产业的竞争力；而且要主动改革生产关系和上层建筑中不适应先进生产力的部分，再创体制新优势，促进生产力高效、快速发展。

五要立足于实现跨越目标。实施信息化带动工业化战略，是实现跨越目标的根本途径。在目前发展背景下，沿海开放城市既要引领全国的发展，又要在新一轮发展确保不落后，必须要借助于信息化带动工业化战略，为经济社会跨越式发展创造条件，真正实现“两个率先”的奋斗目标。

二 信息化带动工业化的战略目标

发展目标就一个城市来说是比较好预测的，但把它上升到一个区域来预测增加了许多难度，更何况是针对实施信息化带动工业化战略来确定其发展目标，我们尝试从其发展要素的角度来确定发展目标。在时间的安排上，与沿海开放城市发展目标及两个率先目标相统一起来，为的是更具有可操作性和有效性，即分成两个阶段的目标：到2007年的目标是明确而翔实的；到2015年的目标是展望而粗线条的。

（一）到2007年的发展目标

建成国内一流的信息网络，形成全国重要的软件开发、出口基地和重要的信息人才培养基地，信息产业发展居国内领先，信息技术和信息资源得到广泛利用，城市信息化综合指数居国内领先水平，“数字城市”的总体框架基本形成。

(1) 信息产业在城市经济中的比重有明显提高。信息产业增加值每年以20%以上的速度增长，信息产业成为国民经济的支柱产业，使沿海开放城市成为计算机网络产品、数字视听设备、软件产品开发和生产重要的先进制造业基地，对区域经济增长贡献率达到35%以上。

(2) 信息技术在工业重点行业应用取得明显实效。重点行业骨干企业生产装备自动化和半自动化水平率先达到50%以上，总体技术水平达到国内领先、国际20世纪90年代后期水平。重点行业骨干企业运用信息技术开发产品、工艺设计、生产过程控制及企业管理水平大大提高，产品开发系统和企业管理系统应用信息技术的比重分别达到100%和80%以上。

(3) 大力发展电子商务，实现国民经济领域和企业的信息化。利用信息技术改造传统产业，实现产业结构的优化升级。90%的企业实现上网，重点行业骨干企业内联网建成率达到50%以上，外网应用率达到35%以上。建立和完善开展电子商务的政策和业务环境，争取使电子商务的网上交易额占全部商业交易额的20%以上。

(4) 信息化的普及指标有较大幅度增长。计算机普及率达到每百户50台，每百人上互联网数达到40人以上，每百人移动电话用户达到80台以上，有线电视（接入光纤网）户均普及率达到90%以上。

(5) 电子政务建设步伐加快。建成政务部门的办公自动化系统和专业信息系统，构建统一的电子政府平台和网络管理中心，实现政务资源、城市管理、社会发展资源信息的数字化，实现政府主要业务网上办理，实现社会服务、社会管理的电子化和数字化。

(6) 信息基础设施建设与城市经济发展基本相适配。基础通信管线实行“统一规划、统一建设、统一管理”，地下空间资源进一步合理优化利用；促进电信网、广电网、计算机网的高速发展，实现各大骨干网的互联互通。继续建设和完善城市公用信息平台的功能，社区宽带接入网基本普及，高清晰度数字电视逐步推行。

(二) 到2015年的战略目标

信息基础设施更为发达，成为全社会基础设施的重要组成部分；信息产业继续快速发展，成为城市经济的主导产业；信息技术在国民经济和社会发展各个领域得到充分利用，企业信息化、电子商务、电子政务及网络化服务等引领诸多产业领域的蓬勃发展，改变人们生产、生活和学习方式，享受信息社会所带来的便利、舒适和文明。

第四节　运用信息化带动工业化的发展模式

以信息化带动工业化，涉及全社会方方面面，不论是政府（宏观层次）、行业（中观层次），还是企业（微观层次），都应该在信息化带动工业化过程中有所作为。结合国际上发达国家发展信息化的经验及我国的实际，我们从组织结构的角度把信息化带动工业化的发展分为三种模式。

一　政府主导型模式

这种模式以政府作为推动信息化的主体。政府通过抓战略规划、抓政策、抓立法、抓标准、抓宣传及加大信息基础设施的资金投入，发挥国家投资的重大信息项目对经济发展的带动作用，努力营造一个有利于信息化建设的社会支撑环境，并在信息化推进过程中起率先示范作用，筛选试点，推广经验，开展咨询和培训，制定促进政策（税收优惠和财政补贴，拨款、贷款、贴息、补助等）。这种模式在一个国家信息化的初期比较常见，并且以市场经济不发达、工业化程度低的地区最为典型，主要体现于战略指导、信息基础设施建设和宣传等方面。例如，印度在软件产业的发展方面，政府的推动作用比较明显。

二　企业主导型模式

这种模式以企业作为推动信息化的主体。坚持市场导向，充分发挥市场主体的作用，在市场供求关系的自发调节下，通过社会化筹集资金，开发利用信息资源，参与地区或国家信息基础设施建设，广泛应用信息技术于产品设计及生产流程、电子商务、企业管理，并参与信息产品制造、软件和系统集成、信息服务等，从而提高企业的竞争力，促进信息化和信息产业的发展。这种模式多见于信息化发展的中后期，并且以工业化程度高、市场经济发展充分的地区更为典型，企业逐渐取代了政府在推动信息化过程中的主导地位，自发地将信息技术广泛应用于企业各个领域，全社会普遍实现信息化、智能化，并带动工业化的跨越式发展。企业是市场的主体，信息化将最终应用于微观主体——企业，这种模式将逐步成为信息化发展的主要模式。

三　混合型模式

这种模式以政府推动、市场化运作为典型特征。政府加强对信息化的宏观调控与指导，参与信息基础设施建设，监管信息市场，并自身起示范作用；企业则在政府的指引下，优化配置资源，开展适度竞争，大力发展信息产业，积极应用信息技术于企业的各个领域，从而促进整个社会的信息化进程。这种模式比较常见于信息化推进的初、中期，以经济比较发达、市场经济发展比较充分的地区为典型。很多发达国家的信息化建设起步也是混合型的。例如，美国早在 1976 年有关国家信息政策的报告中首次出现 NII 计划，在 NII 计划的推动下，美国各个行业都加快向信息化、网络化方向发展；1996 年韩国总统在“加强国家竞争力的信息化战略”中宣布，韩国加大对信息产业的投资，使之成为韩国 21 世纪的主导产业。

以上三种模式是对组织机构在信息化带动工业化发展过程中所起作用的一种大致划分。我国各地区经济发展不平衡，信息化又处于起步阶段，采取何种模式来发展要根据当地的实际情况。我们认为，我国中西部地区工业化水平较低，经济基础比较薄弱，适宜采取政府主导型的发展模式。政府的投资与指导对信息化的发展具有非常重要的作用，政府通过加大对信息基础设施的投资和建信息平台等方式，带动工业化的加速发展。我国东部地区市场化程度较高，经济比较发达，工业化程度较高，可以采取混合型发展模式。对于本课题研究的沿海开放城市，如何选择运用信息化带动工业化的发展模式，本研究认为，由于上海、深圳等沿海开放城市经济发达，市场化程度高，可以考虑分两步走：第一步先采取混合型模式，即政府推动、市场化运作的模式，政府规划和引导并投资于部分信息基础设施，企业全面实行信息化战略，从而推动工业化的跨越式发展；第二步再逐步转向企业主导型的发展模式。但需要指出的是，政府的引导只能加速推进信息化，而不能替代企业在信息化过程中的重要作用，信息化只有应用于广大企业，才能找到扎根的土壤，也才能起到带动工业化发展的作用。因此，我们强调政府在推动信息化过程中应有所作为，但推动信息化不能依赖于政府，信息化带动工业化发展的强大动力来自于企业。

第四章 沿海开放城市信息化带动工业化发展的战略对策

第一节 路径选择

一 总体路径：国民经济结构战略性调整

实施信息化带动工业化战略的总体路径，就是对国民经济结构进行战略性调整。国民经济结构的战略性调整，关键是用高新技术和先进适用技术改造传统产业，加快产业结构的优化和升级。同时，优先发展信息产业，大力发展对经济增长有重大突破性作用的高新技术产业，培育和扶持新的经济增长点，是调整和优化结构的又一个重要方面和必然选择。沿海开放城市要实现经济社会跨越式发展，就必须考虑世界科学技术加速发展，以及国际经济结构加速重组的新趋势，以信息化为突破口，推动正在实施的工业化和现代化进程，走一条新型工业化发展道路。

（一）借助信息化，加快经济结构战略性调整，推动产业结构转型和升级

虽然沿海开放城市在产业结构上优于全国平均水平，但从三次产业的比例来看，尤其是从第三产业的比重来看，大都处于低水平发展阶段：上海第三产业的比重超过50%，大连刚过40%，其他都在30%左右，与第三产业占最大比例的现代经济发展规律的要求相去甚远。从高技术产业增加值在GDP中占有的份额看，沿海开放城市产业结构现代化的程度也不高，深圳超过了50%，其他城市都在30%～40%，而日本早已达到50%。可见发展信息化，对于改变沿海开放城市的产业结构有巨大影响。一是大力发展信息产业，将信息产业培育成国民经济的主导和支柱产业，提高信息产业在整个国民经济中的比重，这是目前沿海开放城市产业结构调整和优化的主要方向。二是用高新技术和先进适用技术改造传统产业，有助于提高产业内部结构的技术集约度，加速提升传统产业的整体素质，并进一步增强其国际竞争力。这样，工业化和信息化将互相促进、共同发展。

（二）通过信息化，确保国民经济长期持续快速协调发展

根据发展经济学有关理论，落后国家之所以落后，是因为存在一个低投入、

低产出、低收入、低储蓄的怪圈。要加快发展，必须打破这个怪圈。十一届三中全会以来，沿海开放城市抓住机遇，利用开放的先发优势，积极利用国外资金和技术，打破了原来的封闭状况，实现了国民经济的快速增长。进入21世纪，沿海开放城市要继续保持快速发展，必须引入新的动力。信息化可以成为这样的动力。以信息化带动工业化，将可以加快沿海开放城市经济增长方式由粗放型向集约型转变，使经济增长从主要依靠物质和能源的消耗，转变为依托信息和知识的推动，从而对国民经济发展产生新的推动力。虽然，沿海开放城市技术进步对经济增长的贡献率要高于国内的平均水平（30%），普遍达到50%左右，但与发达国家60%～80%的水平相比，技术进步对这些城市经济增长贡献的潜力还很大。通过发展信息产业和对传统产业进行信息化改造，可以大大提高技术进步对国民经济增长的贡献度，不仅可以促进经济增长质的提高，而且还可以使经济保持可持续的快速、协调发展。信息化已成为一种高附加值、高增长、高效率、低能耗、低污染的社会经济发展手段。

二 路径一：加快信息产业发展，提升产业结构层次

运用信息化带动工业化的具体路径之一，就是要加快信息产业发展，提升产业结构层次。沿海开放城市电子信息产业起步较早，特别是信息设备制造业，已经形成了一定的产业基础和整体优势。而依托先进发达的信息产业是信息化带动工业化的基础和保证，今后要大力发展信息产业，将信息产业培育成为国民经济中的支柱产业，提升信息产业在国民经济中的比重和作用，同时要加快实施以信息技术为支撑的产品创新。加快信息产业发展，首先要明确重点发展的行业，同时要采取切实有效的措施加以推进。

（一）信息产业发展的重点行业

1. 大力振兴电子信息产品制造业

结合沿海开放城市信息产业的发展基础，继续发挥现有产品和技术优势，紧跟国际电子信息产业突飞猛进的潮流，结合经济结构和产业结构的调整，积极调整产品结构，以市场为导向，培育优势企业，加快发展和形成计算机网络设备和通信设备、数字视听产品、新型电子元器件、集成电路四大类产品和设备的生产基地，构筑相关、相连的产业链，使信息技术和信息产业成为信息化的发动机。

（1）计算机网络设备和通信设备。要充分发挥沿海开放城市优势，大力引进国内外计算机行业龙头企业的技术、产品和资本，通过消化、吸收、再创新，树立自己的品牌，以整机生产为龙头，以各类保税区、开发区为基地，带动计

算机主板、板卡硬盘磁头托架、光驱、软驱、硬盘等计算机部件和外部设备的全面启动，建设具有自我开发能力和特色的计算机外部设备产业园。要充分利用大连、宁波等城市是国内半导体分立器件最大生产基地的优势，加大科研投入和技术改造，引进消化分立器件的核心技术——芯片加工技术，加速发展拥有自主知识产权的GSM、CDMA手机，开发宽带网络终端产品、远程数字图像传输系统、数字集群通信传输系统、数字微波通信传输设备、无线接入系统设备、全球定位系统（global position system，GPS），继续发展目前具有一定优势的电缆交换箱、总配线架等通信配件产品。积极发展光缆、高速调制解调器，延伸开发生产光棒、光纤和光电器件，形成光通信产业链。

（2）数字视听产品。上海、大连、宁波在激光视盘机生产上具有明显的优势，并逐步成为全国重要的出口加工基地。要充分发挥现有优势，用嵌入式软件提升产品的档次，大力推动和引导数字技术在视听产品中的应用，采用模糊控制、变频、节能、网络等新技术，加快家用电器的电子技术应用，实现DVD机芯、激光头、系统软件等关键件的产业化；积极发展数字音响、家庭影院、可视电话；开发数字广播接收机、卫星广播接收机、数码相机、MP3播放机、机顶盒等新的经济增长点，培植一批具有国际竞争力的企业集团，继续引领国内数字视听产品的研发、生产和出口。

（3）新型电子元器件。重点发展具有新结构、新功能、新用途、使整机升级换代的新一代电子元器件，如计算机磁头、交流变频电容器、计算机接插件等；加快开发表面贴装器件（surface mounted devices，SMD）片式三极管、二极管、发光二极管，等离子显示屏（PDP），真空荧光显示屏（VFD），专用集成电路（ASIC），IC卡芯片等其他新型元器件，确保沿海开放城市继续成为国内重要的新型电子元器件产业生产基地。

（4）集成电路。抓住世界范围内集成电路生产布局大调整的契机，积极与国内外大公司合资合作，发展集成电路封装业、专用芯片制造业、集成电路设计业及集成电路产业的一些配套辅助产品。依托现有整机企业，加大设计制造和软件开发，把整机的电路设计和集成电路的设计有机结合起来，开发自己设计芯片，带动整机核心技术的提升，使集成电路成为沿海开放城市又一个新的增长点。

2. 积极发展以应用软件为突破口的软件业

软件业是具有高新技术特点的基础性产业，是信息产业的核心和灵魂，是一个国家或地区社会信息化发展水平的重要标志。软件产业的每一点进步，都会对信息化和社会生产力的健康发展产生深刻的影响。软件产业是沿海开放城市大力发展信息产业的核心组成部分。为此，要重视扶持和促进沿海开放城市的信息产业，特别是软件产业的健康发展，注重发挥好示范、带动作用，从而拉动经济的快速增长。

（1）大力开发以应用软件为主的软件产品。软件产业以人为本，占地少、无污染、附加值高，完全符合新型工业的特点，因此要加快开发以应用软件为主的各类软件产品。依托高校和重点企业集团，以工具软件和应用软件为重点，实施技术创新，打造优势品牌，大力推进产业化和规模化。在抓好软件技术研究的基础上，坚持走以自主开发为主的软件开发道路，形成一批拥有自主版权的商品化软件，重点有 CAD（computer aided design，计算机辅助设计）、CAM（computer aided manufacturing，计算机辅助制造）、CIMS（computer intergrated manufacturing system，计算机集成制造系统）、ERP（Enterprise Resource Planning，企业资源计划）、CAPP（computer aided process planning，计算机辅助工艺计划）、办公自动化、电子工具图书，以及港口、电力、石化等行业应用系统，实现软件业跳跃式发展。

（2）积极实行内联外引。软件园区为软件企业提供了良好的成长环境，在提供各种技术、商业、金融、标准认证服务，培训及培育软件企业等方面发挥了重要作用。要充分发挥大连为全国唯一的“创建软件产业国际化示范城市”的特色优势，以及宁波国际软件园区为“科技部火炬计划软件出口加工实验园”的政策优势，紧紧依托软件产业园的开发建设，广泛吸引各类研发机构人员，集中技术、人才、资金，培育骨干软件企业，建立软件产品开发生产基地。同时，政府要创造良好的环境，吸引国内外软件企业入园，发挥其聚集和辐射作用，带动促进软件产业发展。

（3）加快关键技术研究和软件开发主体培育。依托大型软件企业，联合高校和科研院所，大力推进产、学、研结合，发展一批具有实力和知名度的软件企业，重点支持拥有自主知识产权、应用领域宽广的软件商品化和工程化，推动现代软件开发技术和软件核心技术的广泛运用，促进沿海开放城市软件和系统集成上规模、上水平。同时，健全与国际接轨的商业软件发展机制，推动软件企业开展 ISO 9000 和 SEI-CMM 等国际标准的质量认证工作，提高软件企业的经营管理质量和水平。

3. 推动信息服务业的更快发展

当今世界，信息服务业的发展水平已成为衡量一个国家发达程度和综合国力的重要尺度。它是实现信息资源合理配置和信息资源共享、促进信息经济繁荣的重要行业，是沟通信息制造业和信息消费者的桥梁，也是信息产业实现最终增益目标的经营实体。信息服务业在很大程度上成为推动社会发展的主要动力，成为 21 世纪的主导产业之一。作为沿海开放城市，信息服务业是实现信息资源充分开发利用的关键环节，是信息化带动工业化的重要基础，信息服务业有着良好的发展前景。从目前看，东部地区的信息产业主要关注的是信息设备制造，但是，电子信息产业的投入多、创新难度大、产品标准化程度高、竞争激烈，利润空间也日益缩小。所有的硬件产品市场都有饱和的时候，但是利用它们提供技术服务和信息服务却是永无止境的。在信息社会中，信息资源已成为社会生产力的基本要素，在日趋激烈的国际竞争中，掌握信息资源并使之及时转化为经济技术优势，就等于掌握了生存、发展的主动权。因此，信息资源的开发利用和共享是信息化建设中的核心内容。许多国家为了加强信息资源的开发利用，提高信息资源的开发利用活动的绩效，都像组织大规模工业生产一样把分散的信息活动按照产业化的要求组织起来，形成了庞大的信息服务产业。因此，大力发展信息服务产业是信息产业、社会经济发展的内在要求。我国的信息服务业，特别是基于因特网的信息服务，包括信息中介、信息咨询、信息处理、信息提供、信息传播、技术服务等，规模不大，水平不高，是当前信息产业发展中的最为薄弱的环节，东部地区也不例外。因此，应进一步优化产业结构，大力发展信息服务业，逐步建立起比较完善的社会化和市场化的信息服务体系，为企业提供管理、技术、市场、营销、金融、法律、人才等服务，使公众能够及时获得所需信息。目前的重点是建设好若干种特色明显、社会需求大、经济效益好的数据库。另外，随着企业信息化的推进，对软硬件的需求将会不断增长，信息技术服务也是一个新的增长点。

(1) 加大对信息服务业支持力度。重点支持大型公益性数据库和电子信息服务网络的建设，进一步加强数据库与联机数据库服务的专业化、市场化，以及信息资源管理系统、多媒体技术、电子数据交换技术、数据广播技术等的应用与推广。政府要搞好统筹规划和加强行业指导，积极制定并出台各项相关政策，创造良好的投资环境，引导社会资金积极投放商用数据库和电子服务网络的建设。

(2) 加强信息资源的管理和应用。建立政府各部门之间的信息共享机制，对网络信息资源进行管理，并在保证安全的情况下使政府信息公开利用，实现真正有序的信息空间。广泛开展国际信息资源的开发与利用，利用国际信息资源为国内服务，全面发挥信息资源的整体作用，实现信息资源效用最大化。

(3) 培育信息服务市场，扶持信息服务企业发展。进一步加强信息服务市场的培育，制定优惠政策和相应法规，加强对信息服务行业的指导、检查和监督，鼓励竞争，反对垄断，形成公平、公开、公正的市场竞争机制。引导信息服务企业转变信息服务观念，加强信息技术的综合应用和集成开发研究，推动其广泛、深入地开发潜在的信息服务市场，在市场竞争中逐步进行企业内部和企业之间的优化组合。同时，有关部门通过选择和论证，通过一定的资金投入、给予某些政策保障和优惠发展条件等措施，扶持一批信息服务企业的发展，重点提高研究开发能力，创造名牌产品和服务，力争进入国内外信息服务市场，在竞争中发展壮大。

（二）加快信息产业发展的措施

1. 加大对信息产业发展的政策支持

一是要加大对信息产业的投入。世界各国为发展信息产业都加大了投入力度。20世纪80年代以来，美国对信息产业的投资年均增长20%以上。20世纪90年代美国公司每年仅在计算机方面的投入就增长了14倍，美国企业的信息技术设备投资，在60年代仅占企业设备投资总额的3%，而1996年则提高到45%。通信、保险、投资经纪等一些行业的信息技术设备投资甚至超过设备投资总额的2/3。日本从1990～1996年对信息产业的投资占整个民间企业总投资的比例上升了0.7个百分点，1996年达到14.1%。实践证明，信息产业领域里的创新需要强有力的金融支持，资金投入的强度在一定程度上决定了信息产业发展的规模和水平，建立一个有利于信息产业发展的完善的资本市场体系是许多国家发展信息产业的通行做法。

加大信息产业的投入，促进信息技术创新，尤其是要逐步建立起多元结构的投资体系：首先是政府要从战略高度出发，继续加大对信息产业的投资。政府可以设置信息产业发展基金和风险基金，对符合一定条件的信息企业给予物质鼓励和扶持。其次是多渠道筹集资金，鼓励和支持信息企业通过多种形式、多种渠道依法筹集资金。比如，对企业进行股份制改造，使其可以面向社会和企业内部筹集资金；创办信息产业投资公司，通过发行债券和股票等方式，广泛筹集民间资金。另外，要积极吸收和利用外资。

二是要加大财税政策对信息产业创新的支持力度。为促进信息技术创新及其产业化，政府必须采取优惠的财税政策来扶持其发展。要制定和加强适应新形势的发展信息产业扶持政策：首先是税收上的优惠，其次是信贷支持，最后是财政补贴。为促进信息技术创新并加速其产业化进程，对自主开发、技术领先、产业化条件成熟、市场前景广阔、在国际市场有竞争力的信息技术产品，可采取税收减让或返还的优惠政策，还可为这类产品安排无息或低息贷款。要努力使财政、金融、税收政策与产业、技术政策协调配合。在产业政策上，对科研成果产业化的项目，要在政策上和投资上给予支持；在技术政策上，要把信息技术领域的重大研究与技术攻关项目纳入到本地的高新技术发展规划之中。

三是实施“前期支持”和出口鼓励政策。我国过去对国内产业的保护主要是通过价格补贴、出口奖励、经营亏损补贴、出口退税等措施实施的“后期保护”，现在这些已难以继续使用，因为WTO的有关规则和协议对“后期保护”措施的运用都进行了限制，但可以采取“前期支持”措施。WTO的《补贴与反补贴措施协议》将补贴划分为禁止性补贴、可起诉补贴和不可起诉补贴三类。

禁止性补贴和可起诉补贴属于“后期保护”，不可起诉补贴属“前期支持”，是指非专向性的补贴，以及为资助企业研究活动、促进落后地区发展、资助现有设施改造使之适应新的法律环境要求而提供的专项性补贴。这类补贴只要符合协议规定的条件，成员方就可自由使用。从近年来的国际贸易实践看，“后期保护”因违背了多边协议精神，运用时往往会受到贸易对象国的反倾销和反补贴等方面的制裁。而“前期支持”符合多边贸易规则，有较大的运用空间。从运用效果看，“后期保护”措施的主要作用是便于减轻信息企业的资金负担，提高其出口创汇的积极性；而“前期支持”则可从根本上改善信息企业的经营环境和技术状况，提高其竞争力。

加入WTO后，我国信息企业的出口环境得到改善，但是国际竞争也日趋激烈。根据WTO规则，WTO成员国有权自行制定本国的鼓励出口和税收政策。事实上，世界各国为促进本国企业的出口，都不同程度地制定了鼓励出口的政策。美国早就为本国公司制定了“出口销售补贴协定”，根据该协定，美国长年有2500亿美元的出口产品得到补贴。因此，可以在WTO规则许可的范围内，制定相应的鼓励信息产品出口的政策。主要应采取“前期支持”政策，对面向出口的信息企业的研发、技术引进等活动给予相应的优惠和补贴。同时鼓励软件出口型企业通过GB/T1 9000-ISO 9000系列质量保证体系认证和CMM（能力成熟度模型）等认证，其认证费用可通过设立外贸发展基金适当予以支持。

四是要进一步吸引国内外资金。发展信息产业的最佳选择是能够吸引欧、美、日等发达国家的大型跨国企业到沿海投资，从而将其先进的生产技术和管理经验带到国内，促进信息产业的腾飞。同时，目前内地的民间资本也极为活跃。事实上，苏州对这一问题早有认识，专门制定优惠政策鼓励国内各地各种经济成分的企业、事业单位、社会团体和自然人到苏州投资办企业。外地到苏州投资的企业符合有关条件的，可享受国家和该市有关鼓励技术创新、高新技术成果转化和产业化、软件业和IT产业发展、促进中小企业发展等方面的优惠政策。对投资（经营）规模大、技术含量高、产业带动性强、需要特殊扶持的外地来苏州投资企业，在税收上可依据规定享受政策优惠。凡在苏州工业园区、苏州高新区注册登记的外地来苏州投资企业，可享受国家赋予的特殊政策和“两区”制定的优惠政策。苏州市的这些做法，各沿海开放城市都是可以采纳应用的。

2. 建设人才与智力保障体系，促进信息技术创新

一是要培育高水平大学，加强科技园区建设，促进产学研结合。信息产业是创新活动最为活跃、对创新要求很高的领域之一，而创新要有良好的研究开发基础、宽松自由的学术气氛、大批具有创新精神的技术人才。在信息产业领

域，基础理论研究与应用开发研究之间的时间间隔正在不断缩短，而基础理论方面的研究工作有许多都是由大学完成的，大学培养的各类人才往往是其科研成果转化的中坚力量。事实上，在所有技术创新活动活跃的地区，大学都发挥了主体作用。实际上，一个地区的发达程度不仅受到高等学校数量多寡的影响，更受到有没有一所在人才培养、科学研究和社会服务方面具有广泛影响的高水平大学存在的影响。因此，为了满足发展信息产业和科技、经济和社会发展的长远需要，有必要进一步调整高等教育发展战略，集中有限的资源，加大投入力度，选择各方面条件都较好的高校进行重点建设，力争经过若干年的持续投入，将其逐步建设成科研、教学型大学乃至研究型大学，实现科研成果生产和人才培养的本地化。

同时，为了促进科研成果的转化，还要加强科技园区建设。虽然兴办高科技园区是世界各国的国家信息产业政策中的一个重要组成部分，但许多国家的高科技园区都是以大学、特别是研究型大学为依托自然形成的。世界上有影响的科技园区大多数都建在高等学校附近，这样可以充分利用高等学校的科研成果和人才资源。

二是要优化人才环境、加快人才培养。随着经济的持续快速增长，对人才的需求也在不断增加。信息产业是技术、知识、智力密集型产业，发展信息产业需要大批具有创新精神和勇于创业实践的科技人才，特别是信息技术带头人，迫切需要大批在激烈市场竞争中领导创新和创业的科技型企业家。信息产业是信息社会中带有先导性、支柱性、战略性和全局性的新兴产业，世界各国都在不遗余力地加快发展信息产业，信息产业领域的竞争正从原来的产品、项目、技术转移到高端的人才方面，信息产业人才已成为国内外争夺的焦点。发达国家一方面加强培养国内人才，另一方面又在积极争夺其他国家的高科技人才。一些发达国家甚至不惜重金从国外大量引进信息技术人才。例如，德国为了吸引我国的信息技术人才，专门建立了北京“中德在线”，为希望到德国工作的中国信息技术人才提供服务。目前在美国计算机领域工作的博士 50%以上是外国人，在美国硅谷工作的工程师和科技人员中 33%以上是外国人。

信息产业自身的特点决定了与其他产业相比其人才需要具有更高的综合素质、更长的培养与成长周期。为此，必须采取多种措施，加快信息产业人才的培养。首先，应进一步完善人才环境，让全社会都能尊重科学知识，尊重高级专业人才。要吸引、招募人才，更要留住、用好人才；要提高办事效率，兑现优惠政策，解决后顾之忧，创造专业对口、人尽其才的条件，进一步健全不求所有但求所用的及在流动中用活人才的良好机制，创造出有利于年轻人才脱颖而出、不断发展的环境。上海为了吸引海归人才，推出 5 项配套政策建立上海的“绿卡”制度：“海外人才上海居留证”制度；对以柔性流动方式来沪的国内高层次人才，配套实施“上海市人才居住证”制度；放开兼职；推行自由职业制度；为柔性流动人才提供保障服务。其次，建立健全对信息技术人才的激励机制。要在竞争激烈的全球信息人才市场中胜出，必须在吸引、培养和使用人才方面建立起市场化的人才激励措施，形成新型的分配制度和人事制度。要建立人才评估机制，建立起合理的利益机制。要改革企业的分配制度，逐步建立和完善收入激励制度，将信息科技人员的创新与其收益联系起来，形成以工资、奖金、股票和股票期权为主要内容的薪酬制度，逐步扩大与经营业绩相关的风险收入的比重，打破工资、奖金收入的平均化分配体制，将个人的收入所得与个人的努力程度及对企业业绩的贡献挂钩。要切实保护科技创新者的劳动成果，使他们的私人财产能够得到安全、有效的保护。再者，要尽快出台能充分利用我国海外人才的政策。加入WTO后，我国对训练有素、高度专业化人才的需求不断增加。要注意用各种优惠政策吸引海外留学人员归国工作，从事信息技术开发与创新和科技成果产业化与创业活动，使他们致力于信息产业的发展。我国实施改革开放政策30年来，有大批的优秀人才出国留学，其中许多人熟悉国际风险资金的运作和要求，掌握了最新最好的技术，无语言障碍，熟悉西方人的思维及行事方式，起到中西方沟通桥梁作用，在发展信息产业方面可以发挥重要作用。要吸引国内外软件技术人员来国内创办软件企业。最后，要改革教育培训制度。尽管高素质的信息人才可以从国内外聘请，但更应注重本地人力资源的开发。信息产业人才的培养是一个长期的过程，要进一步加大对教育的投资，以从根本上解决信息产业人才短缺问题。要逐步建立一个有高等学校、商业性和行业性培训机构及企业内部培训机构等组成的不同层次的信息人才培养体系，鼓励高校、企业、社会各方面积极参与信息产业人才的培养。近年来，高等教育规模扩张和发展速度都较快，但专业、层次结构还不尽合理，与信息产业发展密切结合的专业有待继续增加，还不能培养博士层次的研究型人才。因此，为了推动信息产业的发展，必须坚持人才是第一资源的思想，大力发展与信息产业有关的教育与培训活动，加速培养、发掘和造就一大批为信息产业发展所需要的技术人才和管理人才。在大学的专业设置上，应适当增加适应世界信息技术发展所需的院系和专业，比如信息管理、信息技术、信息经济、信息市场、信息工程、电子商务、电子政务等。信息产业部门和信息单位，应通过培训班、专题讲座等形式，对在职人员进行技术、管理、业务培训，以提高其业务素质。

三是要加强“企业孵化器”建设，充分发挥其作用。企业孵化器的概念是由美国的乔·曼库索于1956年首次提出的。世界上第一个企业孵化器于1956年诞生在美国的贝特维亚。联合国开发计划署认为：“孵化器是一种受控制的工作环境，这种环境是专为培育新生企业而设计的。在这个环境中试图创造一些条件来训练、支持和发展一些成功的小企业家和赢利的企业。”企业孵化器是一种以培养成批成功的科技型企业和创新型的企业家为宗旨的科技服务机构，是新生中小企业聚集的含有生存与成长所需的共享服务项目的系统空间。它实行企业化运作与管理，通过为新创办的高科技中小企业提供研发、生产、经营的场地，通信、网络与办公等方面的共享设施，系统的培训和咨询，政策、融资、法律和市场推广等方面的支持，降低企业的创业风险和创业成本，促进科技成果转化，扶持科技创新，提高企业的成活率和成功率。自 1987 年我国第一家企业孵化器——武汉东湖创业者中心成立以来，目前已有孵化器园区共 489 家，绝大多数是服务高新技术产业的基地。但是，真正有规模，孵化机制、政策达到一定水平的只有四五十家，人员结构不稳定、专业性不强已成为限制孵化器发展的主要瓶颈。

信息产业是高新技术产业的重要组成部分，要大力发展信息产业，就一定要为信息产业企业，特别是具有自主知识产权的中小企业创造局部优化的环境，使其由小到大滚动发展，在市场竞争中壮大成为产业巨人。为此，要转变政府部门的认识，改变过去“争项目、抢投资”的工作模式，把重点放到科技企业孵化器建设上，为中小科技企业创造生长条件；要明确企业孵化器是孵化企业和培育企业家而非安排人员或赢利；要完善孵化器的信息基础设施，提高其服务能力和水平；要减少行政干预，多为企业提供优质服务；要分清孵化主体与创业主体，不能造成角色错位；应使企业孵化器的组织模式向多样化方向发展；要吸引企业资金和民间资本进入孵化器领域，逐步使科技企业孵化器建设由过去的政府投入为主向社会投入为主转变；要建立激励机制，对在政府办的孵化器中工作业绩好的员工给予奖励；要通过一流的服务工作，吸引和留住一流的科技创业人才。另外，“孵化器”不仅要孵化出有市场竞争力的新产品，更要孵化出有创新意识、懂管理、会经营的科技企业家。因此，孵化器机构要重点扶持那些有创新思想的科技人员个人而非企业。孵化器机构是培育科技企业家的“幼儿园”，要大胆接受有创新思想的人，为他们提供资金支持，使他们向孵化器机构选定的目标努力，从各方面帮助他们开发新产品，使他们最终成长为企业家。只有把支持信息产业的重点放在源头——开发阶段，且把支持的对象直接落实到科技人员本身，才能使信息产业实现可持续发展。

四是要加强科学研究，推动企业成为技术创新的主体，培育自主品牌。为了引导和鼓励那些对技术革新有重大贡献的研究项目，或风险大但迫切需要而个别机构又很难独自承担的研究项目，使之与政府制定的信息产业发展战略保持一致，政府除直接提供研究经费外，还可以将一些投资大、周转期长的研究项目委托给大学、企业、科研机构等进行研究和开发；建立基于“流动人员制度”的“流动研究体制”，由政府指定的机构负责组织运行，采取定期合同制，以具有革新性的种子课题为研究内容，吸收政府、学校、企业及国外的优秀研究人员参与研究；建立以科研机构为中心的“联合研究体制”，使科技园区附近的大学和研究机构之间形成稳定、长期的合作与协作关系，进行信息和人员交流，共同申报和开展课题研究工作；利用网上技术市场等建立起信息交流网络，加强高校和科研机构与企业界的联系与合作；扩大和加强国际科技交流，与其他国家开展合作研究。

此外，为了提高在信息产业方面的研发实力，必须要创造条件使企业成为信息技术创新的主体。为此，应鼓励有条件的信息企业建立研发中心，为它们提供各种支持和特许权，帮助它们通过相关的资格认证，允许它们自由进口用于科研开发活动的设备、元件和原材料。可考虑为企业研发部门颁发有优先待遇的许可证，提供关税豁免等。要鼓励信息企业和学术界开展合作，尤其要加强信息产业界与高等学校的基础研究机构和国家实验室的关系，要有针对性地积极参加政府、大学和研究机构举办各种会议，加强企业研发部门与它们之间的对话与沟通交流。可以学习印度的经验，对从事研发活动并与大学和国家实验室建立关系的企业可给予一定的税收优惠，包括对与研发有关的各种资源的关税折扣。例如，印度所得税法第 35 条就规定，企业研发机构在研发项目的任何支出都允许扣除。印度政府还决定对公营企业和私营企业征收“研究和开发税”，以鼓励它们将其营业收入的至少 2%用于开发新的商业技术，如果企业已将其营业收入的 2%用于研发就可以不缴税。

五是要加快信息科技创新。科技创新包括科学创新和技术创新，其中科学创新是创造新知识的行为，即通过科学研究获得新的基础科学和技术知识的过程；而技术创新则是指与新产品和新工艺设想的产生、研究开发、生产应用、进入市场销售并实现商业利益和新技术扩散整个过程有关的一切技术经济活动的总和。技术创新始于研究开发而终于市场实现，因而它不是纯粹的技术概念，也不是一般意义的科学发现或技术发明，而是一种新的经济发展观；它体现的是科技经济的一体化。技术创新作为一种特定的技术经济过程，在本质上是特定时空范围内的社会、自然、技术诸多资源的优化配置与合理组合，它离不开科学创新、组织创新、制度创新与管理创新，这些都是技术创新的环境条件与保障。通过它们可以从根本上建立与市场经济相适应，以企业为主体，产、学、研、用相结合的信息技术创新体系，形成企业主动、市场拉动、环境促动和政府推动的创新运行机制。

为了促进信息产业的发展，在全社会真正形成能够迅速将信息技术创新和科技成果向现实生产力转化的行之有效的机制和体制，加快科技创新体系建设，加强信息技术创新。知识创新、技术创新和体制创新在科技创新体系中是三位一体、紧密联系的，只有协调好它们之间的关系，才能有效地利用科技创新资源（人才、知识、信息、资金），促使整个系统向良性方向发展。知识创新是科技创新的基石，其中最重要的是基础研究，高校和科研机构是知识创新的主体。

技术创新是科技创新的核心，它将科技和经济紧密结合起来，充分体现出知识对生产力的促进作用。企业和科研实验室是技术创新的主要推动者，中介组织是技术信息传播的媒介。有条件的信息企业应通过多种形式建立研发中心，加大研发投入，实现市场开拓、技术创新和生产经营的一体化。科研机构和高等院校应进企业，与企业联合开展核心信息技术攻关活动。要坚持“有所为，有所不为”的原则，选准信息技术创新的突破口。要集中有限的资源，在信息产业中的某些核心技术、关键技术方面取得一些突破。

体制创新是科技创新的保障，加强技术创新的关键是要建立起适合科技发展的创新体系和运行机制。以科技创新为基础的高新技术产业的发展，起决定作用的不仅是技术、资金、人才，还包括制度安排、社会环境和文化背景。体制创新为知识创新和技术创新提供制度上的保障，是保证整个科技创新体系最大限度、最有效地发挥创新能力的根本所在。在体制创新中，政府的作用不可或缺，它要制定战略、政策和规则，综合运用行政、政策和法律手段，对市场进行调控，对经济运行进行宏观管理和指导，促进信息产业方面的区域分工与合作。当前信息产业领域里的竞争与合作正在向纵深方向发展，各地都根据国家信息化发展的总体思路，力图结合当前本地国民经济和社会发展的具体情况，编制信息化建设的总体规划，确定总体布局和发展重点。但是各地的信息化规划中有许多雷同内容，有些虽然选准了方向和目标，但是没有很好地结合本地的优势与特色，因而未必能形成取长补短、互补发展的多赢格局。从区域分工与合作的高度，充分发挥本地的技术优势、人才优势、市场优势、地缘优势和产业优势，实现信息产业快速发展。

加强知识创新、技术创新和体制创新，既反映了大科学时代科学技术一体化发展的本质、规律，又体现了当代科学高度社会化的时代特征，突出了科技创新的最终目的——发展社会生产力，实现社会的可持续发展。

3. 加强信息技术应用，创造良好的外部环境

信息化建设与信息产业发展是相互促进、互相推动的互动关系。为此应加快推进信息化进程，大力发展电子商务、电子政务等，为信息产业发展创造良好的外部环境。信息技术及产品只有在国民经济的各行各业中得到广泛应用，才能提高整个社会的生产力水平。反过来，信息技术及产品只有广泛应用于社会化大生产中，才能够得到更迅速的发展及各方面的支持。因此，必须大力抓好信息技术应用及产业化，促使信息技术创新自身的不断发展。

美国联邦政府的实践表明，政府管理只有领先于企业信息化进程，才能在信息时代卓有成效地对贸易进行宏观调控，将政府管理中的人为因素减少到最

低程度，真正实现“公正、公平、公开、高效”，确保企业逐步走上成熟的B2B电子商务之路。要制定科学合理的政府采购政策，保护本国产品市场。可以规定除国内不能生产的商品外，政府部门必须使用国货；在国产信息产品的质量、性能等方面与外国产品相当时，应优先选购国产品。鼓励运用电子采购，带动企业发展电子商务。要大力推进“金关”、“金卡”、“金税”，以及公安、统计、港口、科技、教育、农业、气象等行业领域的信息化建设，在强化各部门纵向网络建设的同时，加强横向相关部门的行业联网，如通过财政、税收、金融、外贸网络的互联，实现业务联动、交叉考核、统一监管、信息共享。

电子商务将政府、企业及贸易活动中的所有环节连接到因特网上，扩大了企业的贸易机会，降低了贸易成本，简化了贸易流程，提高了贸易效率，增强了企业的市场竞争力，产生了全新的贸易方式。

提高市民信息化意识，建立完善的信息化管理体制和法规体系、安全体系和标准体系。要破除行业分割，积极探索“三网”（电话、电视、数据通信）融合。要培育信息内容服务商，促进全社会信息资源的开发，重点是建设中国经济信息网、中国公众多媒体信息网、中国科技网、中国教育网的地区网站。另外，还要按照国民经济和社会发展计划和规划的要求，选择一批合适的机构作为市级信息库的实施单位，建设一批重点公共信息库。要逐步在政府部门、企事业单位建立起信息主管（chief informational officer，CIO）与信息管理制度。

三　路径二：加大信息技术对传统产业的改造力度，提升传统产业国际竞争力

从发展阶段判断，我国仍处在工业化发展中期，沿海开放城市领先全国平均水平，也只是处于工业化中期向后期转化的过渡期，而该阶段的核心任务依旧是加快推进工业化进程。目前，大连、宁波等沿海城市的主导产业都是以加工制造业为主，即使大都市上海也提出“二、三产业并举”发展战略。机械、钢铁、造纸、纺织、服装、化工、家电等仍然是这些城市主要的产业类型。在新的形势下，要克服目前产品结构不尽合理、生产技术水平落后、生产规模不经济、能源利用率低、环境污染严重、产品技术含量低等深层次矛盾，就必须用信息技术改造传统产业，提升产品的技术含量和实现信息产业与传统产业的有机融合，加快产业结构的优化升级，进一步增强传统产业的竞争力。

（一）应用信息技术改造传统产业

首先要应用信息技术改造传统工业。继续加大利用信息技术对机械、纺织、化工、家电等传统产业改造的力度。围绕提高自动化、智能化，积极推广计算

机辅助设计、辅助制造和机电一体化、应用数控系统等技术，努力提高这些行业的技术层次，促进这些行业加快升级。

一是充分发挥传统产业骨干企业（集团）的信息化示范效应。推动沿海开放城市的企业信息化，提高传统产业的信息化水平，生搬硬套别人的经验不是明智之举，应当有选择、有步骤地推进行业重点企业、大型企业集团的信息化，示范和带动同行业其他企业的信息化建设。要充分发挥大型企业集团资金雄厚、人才聚集、信息资源丰富、管理规范的优势，促使大企业集团的信息化先行一步，引导大企业集团成为传统产业信息化建设的先锋队。有条不紊地推进传统产业信息化建设的进程，重点推广应用以计算机技术、网络技术为代表的信息技术，不断提高在产品设计、生产、工艺、管理等环节采用信息技术的应用水平，以纺织服装、模具制造、家电、化工等传统优势产业和骨干企业为重点进行技术改造，加强共性技术、关键技术的攻关，努力改变以传统设计、加工技术为主的现状，加快建设先进制造业基地。

二是运用信息技术手段，加快企业的技术创新。加快传统产业结构调整和产业升级，核心是靠技术进步和技术创新。要鼓励企业积极运用现代化的信息技术手段加快自身的技术创新，不断提高企业的自主创新能力。争取获得更多有自主知识产权的产品和技术，特别是核心技术和关键技术。例如，纺织服装业应以开发、引进印染后整理技术，开发高档新型面料，加强服装设计研究和设计新技术推广为重点，提高生产工艺的科技含量，引进并推广 CAD/CAM 技术、柔性制造系统（FMS）技术、管理信息系统（MIS）技术；模具业应以研究和开发自主版权的三维 CAD/CAM/CAE（computer aided education，计算机辅助教育）软件，推广应用先进的数字化扫描、快速电极制造、表面工程、抛光及模具修复等技术，力争在中等规模（50 人以上）专业模具厂全面推行模具 CAD/CAM 技术、KBE（knowledge based engineering，基于知识的工程）设计系统、PDM（product data management，产品数据管理）模具并行开发系统、WEB 虚拟企业工程等为重点，同时提高大型、精密、长寿命模具的设计水平，争取建成专业特色明显的模具生产基地；机电工业应通过与科研院所联合开发，成果转让，引进先进技术和工艺流程等多种方式，加快发展大型数控注塑机、高压大电流输变电设备、电子化汽车零部件、智能化仪器仪表、医疗仪器、日用小家电等产品为重点；石化工业要加强核心产业，进一步完善现有技术，不断开发绿色技术和新型功能性材料，为发展合成材料和基础化工原料、开发石化后续产品和精细化工产品提供技术支撑，推动石化产品结构优化和提升；造纸业要鼓励开展新产品开发和工艺创新，大力发展液体包装纸、高强度瓦楞纸及防伪、防霉等特种纸板和艺术卡纸等纸制品，形成一批有竞争力的产品，加快纸业产业群体的形成；等等。

三是应用信息技术，实现企业的管理创新和体制创新。传统产业经过几十年的发展，形成了一定的发展规模，虽然曾经对国民经济的增长起到极大的推动作用，但也存在管理效率低、数字混乱、账目不清等通病。要改变这一状况，只有加快信息化，利用信息技术手段提高企业内部的管理效率，通过以财务管理信息系统为突破口，利用财务信息化有效地控制资金流量和流向，从而进一步控制物流，进而控制生产经营的全过程。在财务管理信息系统的基础上，向资源计划管理、开发管理、客户管理、供应链管理、制造管理等领域的管理信息系统扩展，实现企业内部的资金、物资、人才、技术、信息流管理全过程的整合。

在改造传统工业的同时，也要改造传统农业和传统服务业。在改造传统农业方面，要加强信息技术在品种选育、模式化栽培、配方施肥、节水灌溉、水产养殖自动化、自然灾害和农作物产量预测预报等方面的应用，促进集约化、优质高效农业发展。建成覆盖面广的农业信息网络，形成农业产销信息、农业科技信息、农业政务信息、农村经济监测预警四大信息系统，为引导农产品产销、调整农业产业结构和政府宏观调控提供准确、及时、系统的信息。依托现有农业信息网进行各类农业信息数据库的建设，创建网上农业市场，为农业企业和农民的生产经营服务。在改造传统服务业方面，重点抓好信息技术向金融保险、商品流通、交通通信、房地产、旅游等行业的渗透、扩散和辐射；培育信息工程咨询监理业，加速推进金融商业电子化和综合信息网络建设，提高商贸、财税、金融、社会服务等领域的信息化水平。要积极培育和发展信息服务业特别是网络服务业，抢占未来信息服务的制高点。要抓紧制定有关政策法规，采取有力措施推动电子商务发展，推动信息服务商（ISP)、信息内容提供商（ICP）和应用服务商（ASP）的成长，提高企业在市场获取信息和交流信息的能力，参与国际市场的产品和服务贸易。加强对信息的深加工，尽快建立规模较大的各类公共信息库，把静态、独立化的信息源变为网络化、可广泛应用的信息源。要注重应用软件和各种实用信息的开发，积极开拓网上教育、网上媒体、网上营销、网上医疗等信息增值服务的新领域，拓宽信息与知识咨询产业市场。

（二）促进传统工业高科技化战略

现阶段，沿海开放城市传统工业存在着高消耗、低性能、低附加值、产品生产能力过剩的问题，因而，在市场经济的大潮中，造成了竞争力减弱，经济效益下滑的局面。发达国家的实践告诉我们，传统工业高科技化能改变这种局面。但高科技化需要投入大量资本。故而需要研究传统工业高科技化资本运营的模式，采取一些有针对性和有效的策略进行改造、提升和发展。

1. 投资战略

一是建立风险投资公司和风险投资基金。传统工业高科技化发展，关键是如何筹集到创业资本。科研单位与企业的科研成果转化很难有足够的创业资本，而一般商业银行要强调贷款的流动性、安全性和效益性，也很难给尚未形成成熟技术的高新技术项目贷款，更不可能参加创业投资。为了帮助拥有技术成果的科研单位和技术专家创办高新技术企业，帮助其筹集创业基金、物色管理专家、树立企业形象、占领产品市场，必须建立风险投资公司和风险投资基金。风险投资公司的运作方式是网罗一批善于经营风险投资的人才，发行相当数量的风险投资基金，同拥有高新技术及产品的科研单位或研究人员相结合，以参股方式参与创业投资，扶植科研成果转化获得成功的风险企业或风险项目上市，通过股票的升值来收回投资，并给予科研单位和投资者高额的回报。①政府支持。这种特殊方式发展风险投资、培植高新技术产业，需要政府对风险投资公司的扶持：政府直接拨款支持、信用担保和税收优惠。②运作方式。风险投资公司实际是产业风险投资公司。其运作方式是要善于以合适的方式筹集风险投资的企业、金融机构和投资者网络。同时，要聚集两方面人才：一种是懂技术的专家，特别是在某一领域相当权威的技术顾问；另一种是懂市场、懂金融、懂经营的人才。

风险投资公司经营风险投资的资金通常依靠发行风险投资基金来筹集。发行方式有两种：一种是私募的公司风险基金。常由风险投资公司发起，出资1%左右，称为“基本合伙人”；其余99%左右收取各企业或金融保险等机构投资者出资，称为“有限合伙人”，同股份有限公司的股东一样，只承担有限责任。基本合伙人的责权利，一是全权负责基金的使用、经营和管理，二是每年从基金经营收入中提取相当于基金总额2%左右的管理费，三是基金期限一般为15～20年，期满解散而收益倍增时，基本合伙人可以从收益中分得20%左右，其余出资者分得80%左右。另一种是向社会投资者公开募集并上市流通的风险投资基金，目的是收取社会公众关注和支持高新技术产业或项目的风险投资，既满足他们高风险投资的渴望，又给予高收益的回报。这类基金限于高新技术产业或项目的投资基金，风险项目失败率较高，或者回收期较长，风险大。为了分散风险，也可采取与其他风险投资公司联合投资的方法。

二是建立完善风险投资机制，规范风险资本的有效运作。高科技投资是一种高风险高效益机遇共存的投资。投资的风险项目失败率较高，根据我国的现实，风险项目的失败率高达60%～80%，因此，对于目前改造任务很重、资金困难的传统支柱产业来说，尤其要注重投资效益，尽可能地减少决策失误的风险。需要与风险投资公司配合，十分谨慎而严格地选择、决策和经营风险项目。

（1）审慎筛选投资项目。主要是认真选择和确定传统工业中的风险企业、重点项目和关键产品作为投资项目。因为风险投资是一种高风险、高收益的投资资本，选项的准确与否直接关系到投资风险与效益问题。

（2）构造风险投资体系和有效运行机制。首先要确定投资的财务条件和控制条件。财务条件主要是指风险投资基金的投资资金、时间安排与比例；控制条件主要是指投资公司的激励措施和风险投资基金对投资公司的控制。其次要健全金融机构，按照国际惯例建立金融体系。并且要不断进行金融创新，形成不同层次的金融网络，促进产业资本与金融资本的有效融合，进一步拓宽企业的融资渠道。最后要将自主开发与技术引进有机地结合起来，加大科技进步对经济增长的贡献度，强化内部管理，提高企业经济运行的质量和效益，并不失时机地向传统支柱产业渗透，最大限度发挥资产存量的效益，培育一批骨干企业，形成金融、高科技、贸易为一体的集团公司，成为传统支柱产业地。

（3）规范投资监督管理。首先，运用维持期限制，分散支付基金投资、限制利益冲突和强制性分配等政策对基金管理执行制约的机制。其次，运用对基金管理人实行激励机制。因为风险投资基金的标准形式是合伙式基金。因此，投资者可以通过定期报告信息制度，对基金管理人进行激励。如基金管理人除了承诺金额的2%～2.5%年管理费外，还应有相当比例的业绩回报。再者，加强对中介机构的监督和管理。因为中介机构只有在市场中对投资者负责才能生存，其他别无选择。因此，风险投资者应该发挥中介机构的作用，通过对中介机构的监督管理进而达到对企业的监督作用。最后，培育二板市场，分散投资风险。所谓二板市场，即与通常意义的证券交易所进行股票或股权交易的主板市场相对应的市场。因为风险投资主要是以私募形式成立，风险投资机构进行高风险投资的目的不在于对企业股份的占有控制，而是希望在3～5年内把企业培育壮大，通过上市或出售机会获得增值利润变现，进而将资产转向新项目投资以获取继续增值。在这个过程中，一旦发现投资基金和企业项目没有投资价值就立即退出，将风险控制在最低程度。这一市场的上市门槛较低，很适应高科技风险企业及其基金的上市交易。

2. 市场战略

从根本上说，传统工业高科技化是对市场和社会的一种变革。它为使用者创造出更大的收益，为社会增加了创造财富的能力，具有更高的价值或能更大范围内满足需求。由此，高科技化市场战略实际包含着两种市场战略：一种是高新技术的使用或运用市场战略，另一种是高新技术产品市场战略。高新技术使用市场战略是传统产业高科技化的基础，其战略的关键是如何选择传统产业中的重点行业、重点项目、关键产品作为应用、使用、改造提升的市场。高新技术使用的目的是获得经济效益的最大化。要实现此目的，必须要有高新技术产品及其产品市场。而高新技术产品在市场营销中显示出与一般传统产品不同的具有高度的不确定性市场特征。因此，需要根据高新技术产品的市场特征、市场环境、企业实力及竞争对手的分析组合使用，在追求整体最优目标下作出全面的平衡、协调与选择最新的思路、策略与措施。

一是市场定位。市场定位是以取得新市场上的领导权或支配地位为目的，围绕选定的目标市场，全力以赴地创业。高新技术产品市场定位：其一，对研究与开发（research and development，R&D）成果的应用分析，并调查研究确定用此科研成果开发产品的潜在市场和可能使用于某种有发展前景的行业。其二，识别、分析市场机会。识别在某个行业中的潜在的应用。包括市场预测、人员状况、该行业的平均投资回报率及竞争程度等。其三，市场优先评估。对初选出的行业排出优先顺序，将可能赢利最大的行业排在第一位。其四，进一步分析研究市场。把优先顺序靠前的行业中的企业按照规模、赢利及其他特征进行分类和详细评估。对特定的潜在用户群的需求，必要时要修改自己的产品或工艺。其五，选择目标市场，定位过程的最后步骤是要在优先行业中根据行业中的各种细分因素和潜在条件选择具体的目标市场。

二是创造需求。主要是挖掘、培育和引导用户的需求。挖掘需求，是指挖掘识别用户还不知道的需求和难以准确表达的需求，如上海新沪钢铁厂的产品质量多年不稳定，但不知症结何在，后来上海技术物理研究所发现控制质量的关键是要对轧钢在线测量，而轧钢在线测量需要卫星姿态控制技术，此研究所已有此项科研成果，为之找到了市场、创造了需求、开拓了市场；培育需求，是指向人们宣传和示范从未见过甚至未想到过的高新技术产品，让其了解产品的效用。如宣传具有保健功能的微元生化纤维制品，以形成新的消费领域；引导需求，是引导用户潜在的需求。即用户虽有潜在的需求，但不知何种产品能真正满足其需求，这时可以通过免费赠送样品给一些知名人士或名流公司，利用群众的崇拜心理去引导需求，如亚都公司开发的空气加湿器就是这样引导需求、开拓市场的。

三是创造价值。创造价值有三种策略：其一，以价格塑造超值感。即在低档产品上以高质量、低价格为企业闯牌子、打市场，一旦在顾客（用户）中形成了低价超值的形象后，立即可以推出中高档产品开拓市场容量，弥补前期亏损。其二，创造服务的附加价值。即在产品质量、价格不变的情况下，开展与其产品联系在一起的免费服务的策略。其三，创造企业的价值观。创造企业的价值观是创造价值的根本。即对外树立企业经营的良好形象和品牌效应，对内成为全体员工的共识的言行风貌。企业的价值观要保持连续性，才能赢得市场。

四是营销队伍建设。高新技术产品营销队伍建设是一项十分重要的战略。因为在高新技术领域，常常不是市场引导产品的开发，而是要用产品去开发市场。根据联想集团公司总裁柳传志经验之谈：“学会做贸易是高技术产业化的第一步，不把贸易做透，再好的科研产品卖不出去也不是好产品。”联想集团就是让科技人员做销售而发家的例证。因此，建设一支高素质营销队伍十分关键。

策略之一，创造性地招募高素质销售人员。根据岗位需要既要招募偏重技术能力的专家，又要招募偏重市场能力的行家。无论哪种人均要求具备自然科学和社会科学两种专业学历或知识，并善于学习、善于发现人们潜在需求的复合型人才。

策略之二，开展在职培训。缺什么培训什么，尤其要对销售经理进行“用将来完成时策划市场战略”的培训。通过以“将来完成时”的方式来思维或行动，可以使高新技术产品销售经理和营销人员避免失败于经验主义，而立于主动地位。

策略之三，建立销售联盟。高新技术产品在较短时间难以建立自己的销售队伍和销售网络。可以利用贸易公司间联盟关系借船出海，既可完成销售网络的销售、服务、采集信息的一般功能，又可分担部分风险，还可迅速显示实力和企业形象。

3. 制度创新战略

传统工业高科技化，从导致这种高科技变化的原因来说，制度环境影响所起的作用是至关重要的。根据传统产业高科技化发展的实况，制度创新战略主要可采取如下策略：

一是建立新的传统工业高科技化发展机制。传统工业高科技化发展的关键问题是机制问题。历史经验告诉我们，如果机制理顺了，只需很少的外部投入就可以获得很大的成效；反之，如果机制不顺，外部投入再多也很难取得预期效果。因此，有必要建立新的传统工业高科技化发展机制。

(1) 塑造企业主体。通过深化改革，把企业塑造成技术创造的主体。要使政企真正分开，企业成为“四自”的经济实体，进而成为现代企业制度的公司法制的企业。只有这样，企业高科技改造和发展才能成为企业在市场竞争中的压力和自身发展的动力，从而改变企业在高科技改造和发展中的短期短视行为。对于困难企业，要通过企业资产重组、债务核销或转国家资本金等各种途径，解决国有企业由于历史原因形成的包袱，改善企业的资产负债状况，为企业自身进行高新技术改造创造条件。

(2) 科研事业单位要进入市场。在新的传统工业高科技发展机制中，政府与科研机构的关系需要进行重大改革，科研机构应逐步与政府脱钩。对于部分基础研究和重点技术开发研究由政府在财力上直接支持外，其他科研均应进入市场，在市场上找饭吃。可允许科研单位自办成技术开发的企业，也允许和企业联合、兼并，进入企业。

(3) 完善技术市场。在新的机制中，企业和科研机构除了可以互相联合外，更多的还可以通过技术市场进行联系。因此，应完善现有的技术市场，充分发挥技术市场为科技成果向生产力转化的桥梁作用。

(4) 建立传统工业高新技术发展的R&D联合体。所谓R&D联合体，即是产业科技从基础性的科学研究，一直到科研进入应用领域的产品开发和商业化的过程。联合体是政府、企业、科研机构、高等院校相结合的产物。联合体统一规划对大专院校、研究机构的学术资助，以及研究生教育的奖学金，这样使得企业、政府有能力以较少的投入造就更多的人才和研究成果，形成牢固的“智力供应渠道”。

二是尽快制定和完善传统工业高新技术政策。传统工业高新技术政策，包括传统工业高新技术调整、改造、应用和发展等政策，如工业结构调整的高新技术政策。近年来，我国在进行产业结构调整、工业科技进步、工业结构优化升级中做了不少工作，但是，结构矛盾还比较突出，违背科技进步的行为还大量存在，传统产业的一些企业还大量采用落后技术生产高消耗、低性能、低附加值产品。要从宏观上推进科技进步，需要完善现有的产业政策，抓紧制定独立的较完备的传统工业高科技政策，采取切实可行的措施贯彻实施，同时加大执法监督力度，保证政策的有效实施。最近，国务院已转发了由科技部、教育部、财政部等10多个政府部门联合制定的《关于促进科技成果转化的若干规定》，这个规定是政府为创建国家技术创新体系将颁布的10个配套政策中的第一个，目的是推动科研机构、高等院校和科技人员转化科技成果，大力创办高新技术企业，加速我国高新技术产业化进程。

三是建立和完善高科技投入机制，加大高科技投入力度。为促进我国传统工业高科技化进程，政府直接投入是必要的，但必须建立和完善高科技投入机制。如果没有有效的投入机制，不仅投入的来源不能保证，而且投入的产出效益也很难实现。因此，首先应建立和完善高科技投入机制。①科研开发投入。坚持“有所为，有所不为”的原则。基础科研应主要由国家拨款投入，应用科研与开发政府应有选择地重点投入，主要是高、精、尖技术研究等领域。对从事其他应用科研与开发的单位可采用招标的方式解决科研单位的经费问题。同时，要完善重点科技项目攻关制度和联合研究制度等。②科技成果转化投入。主要投资于生产领域，向重点行业、重点项目、关键产品倾斜。科技成果转化投入，实际上是产出的投入。只要决策无误，这种投入是有效投入。因为高新技术产品具有高投入、高风险、高利润的特点，一般企业虽然也想涉足于这一领域，但因风险大，担心实力不能承受。因此，这就需要政府除了加大投入力度外，尤其重要的是要建立规范、有效的风险投入机制。

4. 高科技人才战略

掌握高新技术的人才是传统工业高科技化生产的关键要素。因此，为保证有一定数量的高素质科技人才，迫切需要制定高科技人才战略。

一是吸引高科技人才，保护知识产权。改善人才市场硬件设施，增强信息的辐射功能；建立充满活力的各类人才培养、使用、激励和保护机制，吸引国内外高科技人才和留住本地区科技人才，创造条件好的环境，使本地区成为高科技人才的集聚地；根据传统工业高科技化的需要，重点引进国内外各类专业人才，创造工作的良好条件和生活的优厚待遇；在高新技术企业或科技型企业进行股份制、股份合作制改造中，设立创业股、管理股或技术股（即知识产权），鼓励科技人员带信息、带资金、带技术、带项目为传统工业高科技化做贡献。

二是培养高科技人才。加强高科技人才的培养。每年从财政划拨专项经费，用于高科技人才继续教育和参加国际学术交流活动，由当地政府同有关单位组织实施。科技、人事等部门在科研项目安排、经费使用、职称评聘等方面向高科技人才倾斜；继续通过“晨光计划”培养年轻的高科技学科带头人；结合各项高新技术产业化，支柱产业高新技术化重大项目的实施，培养一批懂技术、会经营、善管理、富有创新和献身精神的高科技企业家。

三是使用高科技人才。如何使用高科技人才是门大的学问。使用得当是一本万利；使用不当，则是“赔了夫人又折兵”。合理使用科技人才，关键问题是要给予高科技人才宽松的工作环境，给予能发挥人生价值的机会。因而需要考虑使用高科技人才战略。

（1）推行高科技人才雇佣制度。雇佣制度有两种：一种是自由雇佣制度，另一种是终身雇佣制度。两种制度均各具优势，应根据需要使用。自由雇佣制度，雇主有权解雇或撤换雇员，雇员也有按照自己的意愿选择雇主的自由，即人才可以流动。这些流动的人才不仅带来了在原公司中获得的技术工艺、生产管理等经验，而且带来了新的产品、工艺和经营思想，因而大大强化了创新公司的技术实力与创新活力。终身雇佣制度，是指除特殊原因外，企业一般不得在退休年龄之前解雇或开除雇员。这种制度下雇员与企业结成命运共同体，在吸引人才、稳定人才队伍、提高雇员素质和劳动生产率方面能发挥重要作用。

（2）建立高科技人才激励机制。激励有两种：一种是精神激励，一种是物质激励。对于高科技人才来说，在雇佣制度下，应重在精神激励。因物质激励在雇佣制度里已包含了大部分。激励的关键在于各级领导要尊重人才、尊重知识，承认他们的工作实绩，肯定他们的成果，为他们创造宽松的科研条件。鼓励科技人员参加国际学术交流、合作研究、技术培训和技术进出口贸易洽谈，简化出国（出境）审批手续，为其提供方便，使其扩大眼界、拓宽创新领域，充分调动高科技人才创新不止的积极性。

（3）建立经营者择优录用竞争上岗机制。拓宽高科技经营者的来源和知识领域，可以吸引来自金融、证券、律师、审计、大专院校、科研院所的许多复合型人才充实到高科技经营者队伍，优化企业领导班子的结构。竞争上岗的主要方式有：从人才市场招聘，职工民主选举，行业内部交流引进及公开评聘，组织推荐和公开竞争相结合等方式。候选人事先经过组织部门资质审查合格，竞聘中必须发表治厂方案，通过专家答辩和考评，好中选优；对竞聘上岗的经营者确定比较科学合理的生产经营目标，防止短期行为，建立与之配套的分配方式，对经营者实行契约化管理；每年对经营者进行严格审计，全面考核，经营者业绩、风险与收入直接挂钩，按契约兑现，对达不到经营目标的经营者给予相应惩罚或下岗、免职。

第二节　重大工程建设

从国内任何一项对策措施的实施情况来看，如果缺乏工程项目的有力支撑，其相关政策往往难以具体实施。重大工程项目建设是区域经济的内生性“增长剂”，是提升城市功能的动力源，更是发展经济的第一突破口。实施信息化带动工业化战略，也必须依托重大工程项目的实施来完成。

一　信息传输网络专项工程

加强信息基础设施建设是信息传输、交换和实现资源共享的必要手段。信息基础设施是城市信息化的载体，要按照“统筹规划、政府主导、统一标准、规范建设、多种主体、适度竞争、互联互通、资源共享”的原则，高起点、高标准地规划与建设，既避免重复建设又鼓励适度有序竞争，继续加快网通、电信、联通、移动、广电主干网的建设，并实现互通互联，同时积极拓宽出口信道，形成具有国际水平的区域性信息高速公路。

（一）重点加快信息网络建设

建立信息网络体系、提高网络容量和传输速度、大力发展高速宽带信息网建设，逐步建立一个与国际国内互联并覆盖跨区域的宽带化、个人化、智能化的信息网络，逐步形成以共用网为主干、与专用网互联互通的区域性信息高速公路。有计划地建设多种形式的宽带接入网，搞好电话网宽带改造和有限电视网双向宽带改造，加强光纤化建设，逐步实现光纤到小区、到路边、到大楼，为企业、社区和家庭信息化提供网络支撑。

（二）加速推进三网合一建设工程

所谓三网合一是指传统电信网、有线电视网和因特网合而为一。三网合一将对区域经济产生重大影响，最重要的是可实现三网资源共享，减少网络重复建设，为用户带来真正实惠，也有利于信息业的产业结构调整。要继续巩固和完善电信的 IP/ATM 宽带城域网扩容及用户高速上网工程 ADSL 和 FIT＋LAN（local area network，局域网）宽带接入工程、IDC 及电子商务通用平台工程；广电的 ATM 城域网升级扩容工程（HFC 双向传输改造工程）和 IP（internet protocol，网际协议）宽带城域网建设工程；联通的宽带城域网、GSM 网络扩容和 CDMA 数字移动网络建设工程；移动的 GSM 网络扩容工程、GPRS 分组无线网络建设工程；网通的 IP 宽带城域网建设工程；铁通的 ATM/IP 双平面宽带城域网和宽带用户接入网工程及统一的集约化管线建设等工程。积极推进 WAP（wireless application protocol，一种手机上网协议）等增值业务，积极跟踪 3G 移动通信网技术。积极发展广播电视网，改造传输网，提高网络档次，逐步形成高速、宽带双向数字网络，逐步开通电视电话会议、视频直播、信息传送服务项目。

（三）努力构建城市公共信息交互中心

以城市的自然、经济、社会资源为对象，通过数字化、网络化、可视化、智能化处理，形成城市信息资源的集成、应用与共事系统。建立涉及经济和社会各个方面，包括地理信息、电子政务、电子商务、公共网络安全和社会公共服务等多种应用相互支撑、公共交换平台，实现各网络平台互联和资源共享。加快信息资源的开发和管理，建成一批公共性、基础性和专业性数据库，并实现与外部相关系统纵向和横向的交互式联系。制定多行业数据共用标准体系，实现信息交换和共享。进一步完善地理信息系统，逐步形成健全的、相当规模的、先进的城市信息化网络服务体系。

二 电子政务专项工程

电子政务是数字城市的重要组成部分，政务信息化是城市信息化的引擎。推进政府部门办公自动化、网络化、数字化，全面实现信息共享，既是提高政府行政效率的需要，也是信息化发展的必然趋势。通过运用信息网络技术，构建一个电子化的虚拟机关，在政府决策、管理、服务等主要领域建成大型应用系统，逐步实现各应用系统的互联互通；加快信息资源开发，结合应用系统建立基础数据库，逐步实现资源共享；加快建设宽带高速政府网络系统，为实现电子政务提供基础保证；推广并运用办公自动化系统，初步实现电子化办公和网络化办公，推动政府部门真正实现决策科学化、政务民主化和办公自动化。

（一）加快构建公共信息管理系统

一是地理信息管理系统。利用地理信息系统（geographic information system，GIS）技术，实现对城市各种管网、线网、路网、水网和地表建筑设施、植物等属性定位，建立起城市统一、完备的地理信息数据平台，建立覆盖区域范围的海量的、多尺度的、动态的空间数据库，为城市供水、供电、供气、供热、通信、治安、消防、交通等运行管理及道路、土地规划管理等提供数字化的基础数据，使城市基础 GIS 成为城市各类信息系统的公共基础平台，以充分发挥地理信息系统在城市规划、灾害处理、旅游导航、环境检测、智能交通等领域的重要作用。同时建立国土资源管理信息系统，为城市的用地管理、地价评估等提供及时、全方位的信息服务，以提高土地管理和土地利用效率，提高决策的科学性，加强国土资源的科学利用和保护，促进城市可持续发展。

二是城市规划建设管理信息系统。实现对城市规划建设管理中相关信息的管理、查询、检索、处理、分析和辅助决策，提高规划建设管理工作的质量和效率，促进城市空间（地上地下）和城市基础设施（建筑设施、管线设施、环境设施）的合理布局和综合利用。

三是城市防灾减灾管理系统。利用 3S① 技术，建设城市防灾减灾管理系统，实现灾害的预测、模拟、评估、实时响应和辅助决策，健全地震监测预报体系，为城市防灾减灾工作提供有效的决策依据。

四是宏观管理综合信息系统。主要内容包括法律法规政策、宏观形势、投资指南和产业发展导向、财政金融及各种统计数据，为政府提供决策信息支持，为投资者提供发展机会。

五是农村经济综合管理系统。建设农村经济综合管理系统，内容包括农业科技、农业标准化建设、农产品检测、农业产业化经营、农业服务体系建设、水利设施和水资源管理、生态农业与环境保护等，为政府和社会提供各种农村经济信息。

六是教育科技人才信息系统。建立城市科教信息系统，开发数字图书馆、学校招生、科技文献、科技专利、科技项目等各类科教信息数据库，实现城市科教管理及服务流程的电子化和网络化，加强科教领域的信息共享，开展网上教育，向企业和社会提供各类科教信息服务。根据城市人才建设和人才需求情

---

① 3S 技术是英文遥感技术（RS）、地理信息系统（GIS）、全球定位系统（GPS）这三种技术名词最后一个单词字头的统称。

况，建设人才市场信息系统，为人才供需双方提供信息登记、查询、交流服务，为人才培养、引进、奖励、使用等决策提供专业化的支持，推进城市人才资源的整体性开发，改善人才服务环境。

七是社会保障信息系统。以计算机管理为基础，实现对职工的全过程状态化管理（包括无业、失业、就业、退养）、个人基金的征缴和发放管理，以及民政事务管理，实现养老、失业、医疗、工伤和生育保险的“五保合一”，方便市民快捷地获取信息并享受应有的社会保障服务，加强对个人账户记账和基金监督的管理，提高社会保险经办机构的工作效率。

八是旅游园林绿化信息管理系统。运用计算机多媒体技术与地理信息系统技术，对全市风景名胜、旅游资源和绿化带、绿地实行数字化管理，为游客和市民提供全面、动态、及时的信息服务。

九是城市公共安全综合管理信息系统。主要依托地理信息系统，建立由“110 接处警指挥调度系统”、“119 消防指挥系统”、“120 急救指挥系统”，以及指纹管理、刑事犯罪案件管理、治安管理、人口管理等系统组成的快速响应和指挥系统，为公众提供生命、财产及生活的安全保障和服务。

十是智能交通管理系统。建设智能交通信息系统，实现事故分析、交通路线安排、交通岗布置规划、各单位管辖区域划分、交通设施建设等模拟、分析功能，实现主要交通路口的电视监控，提高城市交通管理水平和效率，减少交通事故的发生，保障道路的畅通。

（二）整合政府信息资源，建设七个大型基础数据库

打破各部门对信息的垄断和封闭，整合信息资源，推动政府信息资源向社会开放，使之发挥巨大的社会效益和经济效益。结合重大应用系统的开发，加快建设七个大型公共性、基础性数据库，使政府、企业和社会公众都能及时、准确地获取所需的各种信息。并通过市场化运作，充分发挥信息资源的作用，创造更高的信息资源效益。

一是建设市域国土资源空间基础数据库，包括城市基础地理信息、国土资源等方面。这是大型的综合性的数据库，可作为国防、城建、公安、工农业建设所产生信息的共同空间定位基础。

二是建设城市规划建设管理数据库，包括分区规划、控制性详规、城市基础设施（包括建筑设施、管线设施、环境设施）、交通道路、房地产及城市规划建设档案库等。

三是宏观管理信息数据库，可为政府各部门进行宏观管理和分析决策提供基本信息，是城市社会、经济状况的数据化描述。内容主要包括统计数据、政策法规、招商引资等。

四是产业基础数据库，包括工业、服务业等各类企业和产品数据、经贸动态及商情数据，主要农产品、农田、水利等基础数据。

五是科教人才信息数据库，内容主要包括科教文献、科研成果、专利、标准、电子图书馆、网上书店、人才信息等。

六是社会公共信息数据库，本数据库与公众日常生活息息相关，内容主要有天气、海洋气象信息、旅游资源及服务信息（景点、酒店、购物、交通）、娱乐信息、劳务信息、房地产信息、医疗保健信息、股票信息、购物信息等。

七是市民社会保障基础数据库，包括市民的劳动与社会保障、人事、民政、公安、卫生、教育等部门管理的市民个人信息。

（三）加快建设宽带高速政府网络系统

完成党政机关内部局域网改造，通过政府专网实现互联，在政府内部实现信息的交换和共享，内网不对外开放。在公共信息交换中心下，建设公共信息交互平台，作为政府网络系统的外延部分，向社会公众提供可公开政务信息。

（四）加快政府办公自动化建设

改革政府管理模式，优化业务工作流程，全面开展网上办公，提高政府部门办事效率。进一步完善政府网站，通过网站对外公开办事制度和办事程序，增加政府工作的透明度，树立良好的网上政府形象。面向企业和市民的审批、管理业务基本实现网上办理。

三 电子商务专项工程

电子商务是基于电子数据交换（electronic data interchange，EDI）和因特网的电子贸易。电子商务指在计算机与通信网络基础上，利用电子工具如 EDI、电子邮件（email）、电子公告系统（BBS）、条码、智能卡等实现商业交换和行政作业的全过程。电子商务相对于传统贸易方式而言，它克服了地域上和时间上的限制，不仅为企业提供了虚拟的全球性贸易环境，而且大大提高了商务活动的水平和服务质量，以其高效率和低成本成为贸易发展的新趋势。沿海开放城市要以积极务实的态度，通过以点带面的试点工作，全面推动城市电子商务应用和发展。

（一）建设 EDI 系统

EDI 系统主要是指各供应商、零售商、制造商和客户在其各自的应用系统之间利用 EDI 技术，通过公共 EDI 网络，自动交换和处理商业单证的过程。系统将海关报关、口岸管理、进出口收结汇、商品检验检疫、运输、进出口管理等部门联结起来。要充分利用各相关系统的资源，按照《EDI 标准化总体规范》，通过 EDI 建设，降低企业的运作成本，提高时效性，加快与国际接轨的步伐。

（二）选择若干企业进行电子商务的试点

优选商户，组建网上商厦或电子商城，发展网上购物和网上有偿信息服务等网上消费；加快建设物流配送中心，建立以电子身份认证、公共密钥安全体系、条形码技术、电子支付和电子数据交换等为基础的物流信息系统。实现口岸物流信息平台、交通运输物流信息平台和为广大中小物流企业服务三大功能，加强物流信息规范化管理，降低使用公共信息平台的成本；加快推进企业对企业（B2B）、政府对企业（G2B）的电子商务应用，在大中型企业内部和企业产品链，产、供、销等方面，全面实现计算机网络管理，以及网上订单、电子合同、网上支付等商务活动，实现企业经营网络化。

（三）完善电子商务综合服务体系建设

建立电子商务交易平台，推行电子商务安全认证（CA）、电子商务支付网关，完善电子合同、电子票据和支付体系建设，进一步制定电子交易的技术标准，逐步建立健全信用评估制度和个人信用联合诚信体系，完善管理机制。

（四）改善网络经济发展的制度、法律、技术等环境

研究制定与因特网及电子商务发展相关的法规，建设良好的物流环境，健全发展电子商务的投融资机制，发展中介服务市场，创造电子商务发展的相关条件等。

四 电子社区专项工程

利用计算机和多媒体技术，建设沟通灵活、反应快速的社区宽带信息网络，为社区信息化建设提供高速的信息通道，使家庭用户享受教育、医疗、卫生、金融、多媒体娱乐、点播等交互式信息服务。推广住宅和小区智能化管理，建立和完善社区的管理信息系统和网上服务系统，实现社区数字化管理。逐步改善市民生活、学习和工作方式，提高市民素质和生活质量，使市民能充分享受到信息化带来的便利和实惠。

（一）加快智能小区的建设

加快信息基础设施建设，确保光纤到城市每个小区，具备宽带上网的条件，基本达到能够为住户提供快捷方便的信息查询、股票交易、网上教育、远程医疗、网上购物、网上点播、车船票预订、信息传输等服务。在一些试点小区，能够实现家电自动化控制、室内安全防护、家居智能化管理等服务功能。

（二）加快社区服务网的建设

逐步形成以社区为基础、以服务为载体的公众信息服务网络体系，实现城市信息资源和服务资源的共享。依托城市公共信息交换中心建立统一的社区服务中心网站，为各级社区服务网站提供规范统一的信息格式和操作界面，以及站点导航和智能化搜索服务。建立社区服务信息网络，通过社区信息采集员对本社区内交通、餐饮、商店、服务等各种信息进行收集上网并提供给周边百姓上网查询。建设信息触摸式服务终端，在人口居住集中的小区建立信息服务屋，作为社区服务信息接入点，并逐步向家庭延伸，为市民提供全方位的服务。

第三节　企业推进

企业是沿海开放城市实施信息化带动工业化战略的主体。从企业角度推进这一战略的实施，必须加强企业的体制创新、技术创新和管理创新，加大企业人力资源开发，积极拓展企业的融资渠道等。

一　体制创新

根据建立社会主义市场经济体制的要求，以企业为主体，加快推进体制和制度创新，再创沿海开放城市体制先行的新优势，为信息化带动工业化增添新的发展动力。重点从两个方面着手：

（1）破除条块分割限制。由于国家行业条块分割的管理模式，各个行业都建有本系统的计算机信息系统，即使是信息化的运营商，如联通、网通等也在信息基础设施上无法达到资源共享，重复建设、多门管理的现象时有发生，这已成为信息化推动工业化的一大障碍。目前条件下，沿海开放城市也难以打破这种地区性分割的限制，但可以从城市的主要行业入手，加强整合，构建统一的运行平台，实现信息技术和相关资源的互联互通，推动信息技术及产品的广泛运用和普及，提高城市的信息化程度。

（2）推进企业制度改革。沿海开放城市企业有南北的差异，其企业改革的重心也相对有所不同。大连等北方城市重点是加大国有大中型企业的改制力度，加快转换经营机制，规范企业行为，建立企业良好的运行机制，逐步推行现代企业制度，使企业成为真正的法人实体和市场竞争的主体。宁波、温州等南方城市要继续发挥以民营、混合所有制为主体的优势，积极探索股权制、期权制试点，进一步激活企业经营者、科技人员和管理者的创造力，使企业利益与职工利益、经营者利益紧密相连。要紧跟世界信息产业发展的潮流，积极推动电子信息类企业与国际跨国公司的联姻联合，为信息产业结构优化升级创造有利的体制环境。

二 技术创新

紧密跟踪国际最新技术前沿，立足市场，寻找突破口，通过产学研联合等多种形式，加强自主创新能力，走一条原始创新、集成创新，以及引进、消化、吸收、再创新的道路，确立企业技术创新的主体地位，使企业成为采用先进信息技术的主体，推动企业为提高竞争力而广泛采用信息技术，形成技术优势，从而带动产业发展。

（一）确立企业技术创新主体地位

制定和完善支持企业技术创新的有关政策和法规，规范和引导企业开展技术创新活动。大力推进技术服务中心、技术市场等中介服务机构和技术创新信息基础设施建设。企业要根据市场需求，制定技术创新发展规划，提高企业R&D投入经费，大力进行新产品、新技术的研发。加强企业技术中心建设，通过相应的补助政策，进一步健全企业的技术开发机构，切实提高企业的自主开发能力，完善企业自主创新机制，充分发挥企业家和科技人员在技术创新中的核心作用。鼓励企业增加技术开发投入，提高电子信息类企业从产品销售额中提取技术创新费用的比例。

（二）深化科技体制改革

实施重点突破，提高科技持续创新能力，形成符合市场经济要求和科技发展规律的新机制，优化科技资源配置，加强技术集成，促进科技成果尽快转化为生产力。大力推进产、学、研结合，鼓励科研机构和高等院校进入企业，鼓励科研人员和高校师生创办电子信息企业，鼓励应用、开发型科研院所向科技型企业、技术服务中介机构转化，推动信息技术应用及产业化，促使信息技术创新不断发展。

（三）加强与国际合作，推动技术创新

现阶段，沿海开放城市进一步扩大对外开放，与世界各国企业开展合作开发建设，仍是这些城市的优势和经济工作的重点。要借助这一强劲的发展势头，在重点技术发展领域，继续加强与跨国公司合资合作，引进世界著名信息技术企业作为战略合作伙伴，提高对关键性技术、先进管理经验等方面的消化吸收能力，增强大中型企业的创新研发能力、规模经营能力、系统集成能力、综合服务能力。重点扶持一批具有国际竞争力的大型企业集团，迅速提高信息产业的技术含量和档次，确保新一轮经济发展中，沿海开放城市再造技术创新的新优势，赢得发展的主动权。

三 管理创新

经济全球化与网络化已经成为一种潮流，信息技术革命与互联网的发展正在促使工业资本经济向信息经济、知识经济转变。随着信息技术的发展，经济全球化、一体化趋势不断加快。因此，面对信息时代的来临，从企业的角度而言，就必须采取不同的管理模式，对企业的组织管理和经营方式进行改造和创新，用现代信息手段改造传统管理，创造新的管理观念和管理体系，使企业的信息、决策和执行三者集成化，提高决策质量和效率。

（一）经营思想和管理理念的创新

企业经营者的思维方式要从小生产意识向社会化分工协作型经营观念转变。着重加强企业家队伍建设，培育市场意识和对环境与管理的敏感性，强化采取战略分析、战略选择和战略实施等步骤的现代经营决策理念，进一步改进对企业经营管理人员的考评办法，建立企业经营者的激励和约束机制，实现管理的创新。

（二）管理方法和管理技术的创新

推动企业加快引进先进的管理方法和技术，加强重点行业或企业进行相关管理技术的试点。例如，大连继续推进中国华录集团、一汽大连柴油机厂等国有大中型企业进行 ERP 技术应用；宁波以雅戈尔集团、海天注塑等为代表的企业，广泛应用计算机集成制造系统、计算机辅助技术 CAD 和 CAM、物料资源规划等先进技术，促使企业能够运用国际上先进的设计、制造水平，极大地提升企业的国际竞争力。

（三）组织结构和管理结构的创新

公司形态和规模的变化会引起组织结构的变化，需要进行企业管理的系统设计，根据经济发展的信息化潮流，需要根据自身情况，设置简单型结构、职能型结构、事业部结构、控股公司结构、矩阵结构或集团组织矩阵。利用信息共享机制，将垂直一体化管理组织向扁平化、矩阵式管理转化，用信息技术重构过程管理、物流和资金管理，改善成本结构，降低成本，提高经济效益。

四　人力资源开发

信息社会的竞争归根到底是人才的竞争。加速信息产业技术创新，实现产业化，迫切需要大批创新和创业的科技人才，高素质的信息技术人才成为信息化带动工业化发展的重要保障。沿海开放城市要树立起忧患意识和超前意识，在激烈的全球人才竞争中把握机会，力争在培育、吸引和使用人才方面取得重大突破，营造一个有利于年轻人脱颖而出、不断发展的良好环境。

（一）积极开展信息科学技术教育

中小学生要进行计算机、信息化基础知识的普及教育。在更多的大专院校开设信息化相关专业，培养信息技术、网络通信、信息服务、信息管理和信息经济等专业人才，以及多学科交叉的复合型人才。要继续推动大连与日本、韩国等开展高级软件人才培养计划的做法，切实解决现实对软件人才的迫切需求。党校要增设信息管理或信息经济课程，提高各级干部的信息战略意识和信息知识水平。发挥继续教育体系的作用，有计划地对政府公务员、企业经营管理人员、企业信息主管和技术人员进行信息知识培训，定期组织信息产业有关人员参加国内外培训，提高信息化管理水平和信息化素质。组织好计算机软件专业资格和水平考试、计算机应用等级能力考核工作。

（二）努力吸引和使用好人才

建立吸引与培养信息产业人才的良好环境与机制，采取切实有效的政策和措施，努力造就一批具有国际先进水平的学术带头人、具有技术创新能力的中青年信息化建设骨干；大力培养专业技术人才、经营管理人才及各类具有应用能力的复合型人才，形成一支技术和经营结合、专业和应用结合的信息化人才队伍。打破地域、所有制和身份的界限，按照公平、公开和竞争择优的原则，形成能进能出、能上能下、人尽其才和鼓励优秀人才脱颖而出的用人机制。坚持按劳分配和生产要素参与分配的原则，鼓励科技人员以技术、成果入股，对企业经营者和科技骨干实行年薪制，通过奖励企业股权、期权等，充分调动其积极性，为企业信息化做出贡献。

（三）开展国际合作和交流

积极跟踪国际信息化新技术、新趋势，邀请国内外 IT 业专家前来参观、访问，举办国际研讨会和专题讲座，开展专题研讨活动。有计划地派遣优秀人才到国外进修、学习和访问。采取各种联合方式，借助“外力”、“外脑”为企业的信息化服务。

五 融资渠道拓展

实施信息化带动工业化战略是一项涉及企业方方面面的系统工程，解决好资金问题是顺利实施的关键。要按照谁投资，谁所有，谁受益的原则，全面引入有利于竞争、联合、发展的激励机制，充分发挥社会各方面的力量和作用，形成投资主体多元化，积极参与该项工程的建设。

（一）继续加大政府投入

政府要从战略高度继续加大对信息领域创新的投资，筛选出一批重点发展的领域和项目，集中人力、物力重点进行投入和攻关，如重点支持信息网络与信息平台建设、信息技术的研究开发、信息技术的推广应用、信息化带动工业化示范工程。抓住国家支持信息化建设实施的积极财政政策机遇，争取更多的资金支持，如国家正在投入 8 亿元实施制造业信息化工程，以及正在制定的“国有企业导入 ERP 系统可以减税 10%或提供专项资金支持”等政策。建议政府建立信息化带动工业化实施的专项资金，由财政安排一定的预算经费，用于政府部门信息网络建设项目、公益性信息资源开发和维护项目、国际交流和培训项目的补助与贴息。

（二）广泛筹集社会资金

借鉴发达国家信息产业发展的经验，积极扶持和推荐信息产业、应用信息技术的高新技术企业、软件企业发行股票、债券等方式直接融资，甚至推荐优秀企业到国外上市，通过借壳和买壳上市，扩大在证券市场上的直接融资能力。鼓励相关企业采取金融租赁、商业票据、信托等方式间接融资，引导社会资金流向运用信息化带动工业化的企业和项目。进一步完善电子信息类中小企业担保公司和担保体系，以一定的比例对银行发放给企业的贷款提供担保。可考虑直接对商业银行提供该类企业贷款风险补贴，每项贷款由银行和担保基金分担，贷款失败银行只承担一定比例损失。建立担保资金补充制度，将担保资金列入政府年度预算，为担保活动提供稳定的资金来源。继续弘扬上海、宁波等地设立高科技成果产业化种子基金的做法，与科研院所捆绑设立共同建设、共同支持、共同管理的风险性科研扶持资金，按照市场要求采取风险资助、有偿回报方式，项目承担单位权益与责任挂钩，促进信息化企业的规模扩大和经营理念的创新。

（三）探索和建立风险投资机制

从美国的实践看，信息技术创新的发展需要强有力的金融支持，特别是要有一个完善的资本市场体系。沿海开放城市要在实施信息化带动工业化发展战略当中，走在国内城市的前列，有必要尽快推出一批市场化项目吸引风险投资资金，如引入战略投资者作为企业合作伙伴组建相应的风险投资公司，通过发行风险投资基金，吸收海内外风险投资基金，重点对技术创新项目和高新技术成果转化项目提供风险担保和风险投资，促进信息化带动工业化战略的实施和建设。

第四节　环境营造

沿海开放城市实施信息化带动工业化战略，政府起着重要推动作用，其主要职能是加强协调和管理、创造更好的市场环境、加强政策法规体系的建设等。

一　政府的协调与管理

以信息化带动工业化是一项长期的战略任务，具有综合性、系统性和整体性的特点，涉及面广，关系到社会的各个方面，是一项重大的社会系统工程。强有力的组织协调是实施信息化带动工业化发展的重要环节，要充分发挥在社会主义市场经济条件下，政府在该项工作中的主导作用，有计划、分层次、有步骤地实施规划，加强宏观调控，减少部门及企业间的无序竞争，提高资源配置效率，避免重复建设。

（一）加强规划的指导作用

政府宏观管理部门和行业主管部门要把企业信息化作为国民经济和社会信息化的核心和基础加以规划，确定目标和重点，指导企业信息化的发展方向。及时研究制定信息化带动工业化的规划和实施意见，确保信息化带动工业化工作规范、有序推进。要突出重点，集中有限资源，选择一批技术含量高、带动效应强、市场前景好的信息技术项目进行攻关。

（二）制定信息化带动工业化的政策

根据国家有关政策规定，从沿海开放城市实际出发，制定和完善信息化带动工业化企业与项目的优惠政策。在传统产业领域里，经认定的信息化带动工业化的示范企业，可参照享受高新技术企业待遇，重点信息化示范企业的技术开发费占销售收入的比重可以达到5%以上。支持信息技术人员以技术和知识产权作价入股，以科技成果作为无形资产参与项目的投资，实行收入、分配倾斜政策。创建电子信息高科技企业的股东，注册资金不能一次到位的，允许其分三年到位。制定鼓励信息资源的开发和维护，鼓励信息库开发商积极开发公用、商用信息库的政策。加紧研究制定吸引国际、国内大项目、大企业和民营企业投入信息化带动工业化项目示范点的政策。

（三）积极开展组织推介宣传

要充分利用各种新闻媒体，广泛宣传加快推进企业信息化的重要性和紧迫性，明确城市实施企业信息化工程的方针、目标和要求。精心组织各类推介活动，围绕新一代信息网络、电子商务等信息化新理论、新技术和新应用，积极举办企业信息化培训、专题讨论、应用展示、技术推广和现场指导等活动；邀请有关专家学者介绍情况、提供背景、讲授最新信息化动态；邀请信息技术厂商演示最新技术、展示最新趋势。大力培育和宣传推广一批在实施信息化带动工业化方面的成功经验和先进典型，充分发挥典型的示范和引导作用，带动其他企业共同发展。

二 市场环境

着力营造良好的发展环境，加快信息化带动工业化的外部支撑体系建设。遵循市场运行规律，鼓励竞争；规范企业行为，保护消费者利益，在市场准入、互联互通、资源分配、服务标准等方面完善市场竞争政策和机制，从行业入手，打破垄断，逐步建立起公平、公正、开放、合理的市场竞争机制和有序的市场秩序。

（一）建立多层次的提供信息技术服务的网络和组织机构

要充分发挥现有信息和网络服务企业的技术、人才、市场等优势，本着“优势互补，资源共享，服务企业”的原则，大力整合各方力量，为企业提供信息化最新技术和最佳解决方案；组织有关部门、信息技术厂家、企业开展信息化课题研究，解决信息化工程项目建设中的重点、难点问题，为政府决策提供有效的技术支撑。积极培育信息行业的咨询、会计、审计、评估等中介服务机构，大力发展各类信息行业协会和其他社会团体组织及为信息产业发展服务的中介机构，逐步形成良好的行业自律机制。

（二）建立完善的法治环境

大力推进依法治国战略在各城市的贯彻实施，加大依法行政力度，严禁各种形式的乱收费、乱罚款，切实保护企业和企业家的利益，严厉打击一切损害企业和企业家利益的违法犯罪行为。加强综合治理，加大打击假冒伪劣产品，保护名牌产品和知识产权的力度，为电子信息产业的快速健康发展、信息化带动工业化项目的实施创造一流的法治环境。

（三）创造一流的生产环境

要继续加快推进沿海开放城市中具有明显特色和优势的各类信息产品生产基地、软件园区的建设，进一步完善道路交通、电力电网、污水管网、通信网络及配套生活服务设施，创建环境优美、交通发达、信息畅通的生态园区或生产基地，为信息化带动工业化提供有效的载体。也由此来吸引更多的外来资本加入到该项工程的开发建设当中，特别是一些国际软件企业或电子信息企业的进入，极大地拓展现有的产业链，丰富生产环节，带动更多相关产业的发展。

三 政策法规体系

随着我国社会主义市场经济体制的进一步完善，以及我国加入世界贸易组织所要遵循的国际准则，现行的许多政策法规正在逐步清理或废除，新制定的政策法规逐步向国际惯例靠拢。这一准则将成为任何行业制定政策法规的依据。沿海开放城市要站得高、看得远，在依据和遵循国家有关政策规定的前提下，积极向国际标准看齐，逐步建立和完善信息化带动工业化发展和管理中的配套政策法规体系。

（一）抓紧建立地方信息产业法规和规章

制定信息网络工程建设规范、评估、监理、验收等方面管理办法，项目开发厂商资质认定办法，以及信息资源管理、信息安全保密、知识产权保护、信息服务管理等相应政策，确保信息产业及信息化建设健康有序发展。加快安全认证体系、安全支付结算体系、协同作用体系及有关法规体系的建设，为电子商务的发展提供一个安全、便利、快速的网络交易载体。

（二）制定相关的标准体系

以宣传贯彻国家标准、国际标准和推动标准化为重点，有计划、有步骤地推进标准化工作。要就企业信息化工作制定相应的标准和技术规范，以便让企业在实施过程中有所依据，以利于实现更大范围的信息交换、网络对接和资源共享。配合各沿海开放城市信息化建设的需要，制定相应的城市信息化标准化指南和城市信息化标准体系，构筑信息化技术标准框架体系、信息传输网络标准、骨干工程技术标准、网络接入标准及信息资源开发标准体系等，确保各类信息网络的互联互通，并用地方法规和行政方式加以推行。

（三）加强信息安全建设

加强网络安全知识的宣传普及，广泛开展网络安全和防止网络犯罪的法制教育，增强全民的信息安全意识和信息法治意识。建立信息安全机制，认真贯彻国家有关信息安全保密的规定，遵循 ISO 关于安全体系结构的标准，健全 CA 认证体系，实行安全管理，发展安全服务。加强对网络的安全管理，建立健全网络的各项管理制度，加强信息系统建设、信息资源建设、上网工程建设中有关政治、经济等重要领域的信息安全保密工作，从组织、技术、管理、法规等方面落实各项安全保密措施。加强计算机界和法律界的协调配合，互相沟通、融合，培养一批既精通法律，又精通计算机业务的复合型人才，打击计算机网络犯罪。

第二篇　分报告

第五章 城市信息基础设施建设对策研究

第一节 城市信息基础设施的功能和作用

一 城市信息基础设施的定义和基本内涵

基础设施原指军队修建的一些永久的防御工事，后来基础设施主要指社会正常运行所需的基本设备、服务和设施，包括交通、通信、水网、电网、煤气管道及公共机构（学校、医院、邮局等）。目前，人们给了基础设施一个更加宽泛的定义，即人类社会运行所依赖的基本的生产和生活条件都被视为基础设施。

城市信息基础设施是基础设施的一部分，它是伴随着专业企业网络发展而产生和完善的。在因特网的发展初级阶段，信息传输速率慢、带宽窄，难以支持像声音、图像、视频等多媒体信息的传输，也无法满足国家信息化增长的需要。1993 年 2 月，当时美国总统克林顿在国会以“国情咨文”的形式发表了《促进美国经济增长的技术——经济发展的新方向》的报告，提出了一项划时代意义的计划“国家信息基础设施：行动纲领”（简称 NII），通称为“信息高速公路”计划。该报告首次提出信息基础设施的概念，将它与信息高速公路画上了等号。1993 年 9 月，美国政府正式确立这一行动计划，定义“NII 是一个能给用户提供大量信息的，由通信网络、计算机、数据库，以及日用电子产品组成的完备的网络，它能使所有美国人享有信息，并在任何时间、任何地点，通过声音、数据、图像或文字相互传递信息”。报告的第二节又把装备、信息、应用系统和软件、网络标准和编码、人等作为国家信息基础设施的五个要素。通俗地讲，国家信息基础设施是一个以现代计算机网络通信技术为基础，以光导纤维为骨干的一个覆盖全美国的宽带高速信息网。

广义地，国家信息基础设施的基本结构可分三个层面：基础层面、应用层面和支撑层面。基础层面是指国家公用通信网络，是一种交互式和用户参与驱动的运行网路，具有高速、宽带和智能化的特点，是全国各部门专业应用信息系统的通信平台。应用层面是指组建在基础层面（国家公用通信网络）上，面向全社会开放，由各种公共及专门信息应用系统组建的一个层面，包括公共信息系统信息网、“金字”系列工程、各种专网等。支撑层面是指组建国家信息基础设施的环境，包括各种政策、法规、标准、资金、人才等。狭义地，国家信息基础设施主要指电信网、因特网、移动通信网、广播电视网等网络，以及空间信息基础设施等。

电信网是由用户驻地设备或用户驻地网络、接入网、核心网和支撑网等组成。电信基础网包括传送网和接入网，是电信业务网的基础。电信业务网包括固定电话业务网，移动通信业务网、综合业务数字网（ISDN）、数据通信业务网和因特网等。综合业务数字网包括窄带和宽带两种；数据通信业务网包括 X25 分组交换业务网、帧中继和虚拟专用网（virtual private network，VPN）等；电信增值业务包括主叫来电显示、被叫付费、短信息、无线应用协议（WAP）、通用分组无线业务（GPRS）、网络视频广播系统（video on demand，VOD）、会议电视等。通过电信业务网，可以建立各种应用系统平台，如电子商务综合服务平台、综合信息服务平台等；电信管理网负责操作、运行和维护电信基础网和各种电信业务网，电信支撑网是支持呼叫控制的信令网。

因特网是计算机网络，由骨干网、城域网、局域网等组成，它提供了信息传输的线路。一般情况下是由因特网服务提供商提供网络接入服务和平台服务。

移动通信网是采用无线通信的网络，主要有三种接入方式：频分多址接入（FDMA）、时分多址接入（TDMA）和码分多址接入（CDMA）。多址接入是指处于不同地点的多个用户接入一个公共的传输媒介实现各个用户之间相互通信。TDMA 数字移动通信又有全球移动通信系统（the global system for mobile communications，GSM）和数字通信系统（digital communication system，DCS）两种制式。例如，中国移动采用 GSM 系统以及由 GSM 基础上发展出来的通用 GPRS，两者的根本区别在于 GSM 是一种电路交换系统，而 GPRS 是一种分组交换系统，适用于间断的、突发性的或频繁的、少量的数据传输，以及偶尔的大数据量传输。中国联通采用 GSM 和 CDMA 数字移动通信系统，CDMA 系统容量大，是 GSM 的 5～6 倍，且系统容量配置灵活，频率规划简单，用户按不同系列的随机码来区分，通话质量好，声码器可以动态调整数据传输速率，系统在越区切换时采用“先连接再断开”的软切换方式，减少掉话率，能延长手机电池的待机时间，建设成本较 TDMA 低。第三代移动通信（3G），系统频率为 2000MHz，又称 IMT-2000（2000 年国际移动通信计划），能提供高质量的话音和数据业务，能与各种网络，特别是因特网互联，覆盖面广，能够实现无缝漫游，频谱利用率高，有效解决了频率的拥挤问题等。

有线电视网（cable TV）包括电缆闭路电视和宽带有线电视，现在逐渐向宽带有线数字电视演变，传输的节目套数达几十甚至上百套，能传送高质量信号。

空间信息基础设施是从空间数据基础设施发展而来的，也来自国家空间数据基础设施（NSDI）。美国 1994 年 4 月 13 日颁布 12906 号总统令，实施国家空间数据基础设施计划，由内政部长主持的联邦地理数据委员会具体负责 NSDI 计划的实施。NSDI 是协调基础地理空间数据的收集、管理、分发和共享的基础设施，主要由政策、技术、标准、机构组织四部分组成，目的是促进经济开发、改进资源管理及环境保护。从技术上看，空间信息基础设施主要内容包括空间数据标准、基础空间框架数据、空间数据交换网络及元数据等。它首先源于地理空间信息在区域空间上的分布性，具有明显的地理参考，可以根据行政区划、自然地理区域、坐标系统、地名、地址或数码（邮政编码、电话、域名）来识别，具有基础性和综合性的特征。其中，区域空间数据基础设施成为全球空间数据基础设施的一部分。后来，因数据生成信息的决策过程多数由应用进行，产生以信息代替数据，实现结合空间数据和空间信息处理的功能。空间信息基础设施则由通信网络、空间信息资源、空间信息处理服务和用户操作界面构成，它实现了各专业部门对基础信息和处理功能的共享，形成了各专业部门信息和处理功能间的集成和融合的框架。空间信息基础设施的通信网络把空间信息收集平台、空间信息资源数据库、空间信息处理计算机和用户终端计算机连接起来，使空间信息流按照需要在各组成部分间流动。空间信息资源包括各种类型的数字地理信息和空间参考信息，如电子地图、数字遥感图像、三维空间图形和多媒体信息，以及各种统计信息、人口信息等，存储在各种级别和规模的分布的数据库、数字资料馆、数据仓库等，为广大社会群众提供普遍服务及为各个专用部门提供特殊应用服务。

因此，信息基础设施内涵概括说来主要有以下四点：①信息基础设施是一个巨型复杂的社会系统工程。②信息基础设施的核心是组建一个高速、宽带的信息网络，该网络将大量信息装备，有机地组合在一起，构成一个以交互形式为主的开放式的智能化网络。③该网络能覆盖整个国家，所有家庭乃至个人，从而使信息能为社会全体成员服务。④信息基础设施建设是为了推动科技进步、加速国民经济的发展、提高人民生活水平。

城市信息基础设施是国家信息基础设施的重要组成部分，它同样可以分为基础、应用和支撑系统三大部分，包括网络基础设施、网络交换平台、信息服务设施、地理信息系统等。一般来说，城市信息基础设施的主体是城市信息网络，包括以计算机技术、网络通信技术为基础组成的电话网、广播电视网、计算机网、无线网等城市信息传输网络。这些网络有逐步融合趋势，特别是计算机网、电信网、有线电视网三网融合步伐不断加快。作为城市信息基础设施的一部分，城市地理信息系统的建设和完善，对强化城市规划、建设、管理、交通、房地产资源、环保、应急联动、社会治安等职能，提高城市管理和服务水平，发挥着越来越大的作用。城市信息基础设施作为城市信息化的重要组成部分，综合运用地球定位系统（GPS）、遥感（RS）和地理信息系统（GIS）、宽带网络、多媒体及虚拟仿真等设施和技术，提供对城市的地形地貌和基础设施进行信息自动采集、动态数据监测管理和辅助决策服务；利用远程数据的同步复制和重要系统的自动恢复的备份功能，保证信息系统安全稳定运行，提高数据的高可用性，满足城市数字化再现的需要。它是城市信息化的重要载体，是城市信息化带动工业化的基础和前提。

二 城市信息基础设施的功能和作用

城市信息化水平的不断提高，对城市信息基础设施提出了越来越高的要求，城市信息基础设施的功能和作用伴随着城市信息化水平的不断提高而得到不断强化，它为解决海量数据未能充分利用和社会对信息需求迅速增长之间的矛盾提供了坚实的基础，为社会各领域共享信息资源提供了保障，是城市信息化、工业化和国民经济发展的重要基础和前提。

（1）城市信息基础设施建设有利于增强城市综合竞争力，推动城市快速发展。城市信息基础设施的建设，为信息技术在社会信用体系、国际贸易、社会保障、城市交通、金融等领域得到广泛应用奠定了坚实的基础。它促进了各类信息资源的有效整合，将信息化的先发优势转换成先发效应，从而极大地发挥了信息化的规模效益，增强了城市综合竞争力。2003 年，上海市提出建设城市网络信息基础设施，目的就是将分散的信息化资源——计算能力、存储能力、数据资源、应用资源等整合成为一个虚拟的整体，为信息技术提供一个更高的平台，以发挥信息基础设施的规模效应。

（2）城市信息基础设施建设有利于提高城市工业化水平，实现可持续发展目标。建设和完善城市信息基础设施，可以大力推进信息技术在制造、流通和金融等领域的积极应用，大大提高传统产业发展的质量与效益，充分体现信息基础设施的高带动性和高倍增性。同时，城市信息基础设施的建设和完善，可以带动相关服务产业的发展，降低城市对自然资源的依赖，吸纳更多的知识型劳动力，缓解城市就业压力，赋予国民经济发展的技术和文化含量，有效地激发劳动者的创造性，走出一条新型的工业化道路。

（3）城市信息基础设施建设有利于促进电子政府建设，实现政府的高效和廉洁。借助城市信息基础设施，可以整合政府部门的业务流程，加快构建可亲、可信、可靠的电子政务基本框架，最大限度地满足居民便捷办理各类事务的需求；借助城市信息基础设施，可以汇聚与分析各类经济信息，提高政府对宏观经济的调控能力，优化社会公共领域的服务流程，为社会提供便捷实用的公共服务产品。例如，通过建设和完善信息基础设施，上海市人民政府利用中国上海门户网站初步实现政府网站网上办事的功能，政府所有部门都在网上出现，网上办事项目达 148 项，基本覆盖了与公众生产、生活密切相关的各种事项，既使百姓有了更多的选择和方便，也提高了政府的透明度和办事效率。

(4) 城市信息基础设施有利于信息资源的共享，实现服务网络化。建设完备的信息基础设施，可以吸引 ISP（国际互联网业务提供商）、ICP（国际互联网内容提供商）、ASP（应用业务提供商）、HSP（宿主业务提供商）开展各种各样的服务，吸收各类企业开发信息资源和社会信息资源上网，促进信息资源的共享和有偿使用。同时，城市信息基础设施有利于实现信息服务网络化，为建立电子企业园区、电子医院、电子学校、电子商场、电子影院等各种各样的网络社会实体，发展电子商务、远程教育、远程医疗、网上办公、虚拟专用网（VPN）等业务奠定基础。

除了上述重要功能和作用外，城市信息基础设施建设还有利于改善城市的投资环境、增加就业机会；有利于促进经济结构调整、拉动信息消费、提高人民生活质量；有利于促进信息应用项目的发展，为电子商务、行业交易平台、特色网站建设等提供广阔的发展空间，普及远程教学和远程医疗；有利于带动信息产品的设计、制造、生产和销售，推动软件业和信息服务业的快速发展。

三 城市信息基础设施建设的决定要素

城市信息基础设施建设水平主要取决于两个方面：一是城市经济社会发展对城市信息基础设施的要求，城市经济社会发展速度越快、发展水平越高，则对信息基础设施的要求就越高；二是城市建设信息基础设施的能力，这个能力越强，城市信息基础设施的水平就可能越高。具体来说城市信息基础设施建设主要取决于以下四个方面：

(1) 城市的现代化水平。城市现代化水平是一个城市经济社会发展状况的综合反映，它反映了城市经济社会的发展速度和水平。城市信息基础设施既是现代化的基础和前提，也是城市现代化的结果，它们相互制约、相互促进。一方面城市现代化为城市信息基础建设提供了先进的技术、设备、材料，提供了充足的资金，提供了高素质的人才等支持；另一方面现代生产、消费、流通、交流等社会运行方式的变革对城市信息基础设施提出了更高的要求，也为城市信息基础建设提供了广阔的市场。因此，城市现代化水平决定了城市信息基础的规模和水平。20 世纪 90 年代以来，为满足上海市作为国际性金融中心、经济中心、商贸中心的现代化的需要，上海利用中国电信运营从垄断走向竞争的有利时机，依托自己雄厚的综合实力，着力打造上海信息基础设施的系统工程——上海信息港主体工程，全面建设覆盖城市的宽带网络、集约化的信息管线、本地交换的信息交互中心、性能强大的超级计算中心等重大项目，迅速突破城市信息基础设施的瓶颈，有效地整合了资源，为上海信息化的进一步发展奠定了扎实的基础。

（2）信息技术的发展水平。城市信息基础设施是信息技术应用的载体，信息技术的内容和形式决定了城市信息基础设施的内容和形式。当前，信息技术层出不穷，有的昙花一现，有的具有持续更新的生命力，它们对城市信息基础设施不断提出新的要求，要求城市信息基础设施具有扩展性，能满足未来若干年城市发展的需要。因此，城市信息基础设施建设要不断跟踪信息技术发展趋势，满足信息技术的发展要求，既要面向未来、又要面对现实，选择具有代表性的前瞻主流技术，以降低技术风险，提高投资收益率。

（3）市民的信息意识。市民既是城市信息基础设施建设的主体也是城市信息基础设施需求的主体。信息意识是市民对信息的重视和理解的程度，信息意识越强，市民对信息基础设施的需求越大，对信息基础设施建设的热情就越高。实践证明，具有较高信息素质的城市居民，在信息基础设施规划阶段，能积极出谋划策，为信息基础设施规划提供智力支持；在建设城市信息基础设施阶段能顾全大局，舍小家保大家，保证建设工程的顺利进行；在信息基础设施投入使用时，能积极创造条件运用信息基础设施为自己服务，提高信息基础设施的利用效率，促进信息基础设施建设的良性循环。

（4）高素质的信息人才。信息人才既包括信息技术、设施和产品的开发、设计、生产、经营和管理人才，也包括信息技术、设施和产品的应用、规划、实施、维护和建设人才。城市信息基础设施建设离不开这些高素质的信息化人才，需要多种多样的人才，特别是既懂得信息技术，又具备信息管理协调能力的高级人才。他们能尽快掌握信息设备因技术发展而带来的新功能、新作用，灵活创新应用新技术、新功能，优化信息基础设施建设流程，提高建设和运营质量，降低信息基础设施建设和运营成本，提高城市信息基础设施的建设和运营效率。

四 发达国家和地区城市信息基础设施建设状况

自从美国提出国家信息基础设施以来，世界各个国家和地区纷纷效仿，努力推进本国的国家信息基础设施建设，其中发达国家和地区建设速度最快。作为国家信息基础设施的重要组成部分，城市信息基础设施一直是发达国家和地区建设的重点。通过多年的建设，现在发达国家和地区城市信息基础设施取得长足进步，为政治、经济、科学技术、教育、卫生和社会福利事业发展发挥着重要的作用。

新加坡长期重视信息基础设施建设，制定的计划切实可行，具有前瞻性，且随着科学技术发展不断进行灵活调整，信息基础设施方面与加拿大、美国等发达国家一起处于领先地位。1980年由内阁总理领导的国家电子信息化委员会（CNC）颁布了国家电子信息化“五年计划（1980～1985）”，内容就包括了建设信息基础设施，为实施民事服务电子信息计划和实现各部级机构的电子信息化职能服务的内容。在国家“IT计划”（1986～1991）中，要求根据网络技术整合计算与通信技术，更新信息基础设施，完善民事服务电子信息计划（CSCP），构建电子数据交换（EDI）系统，推动政府信息技术体系向私营机构开放。IT2000计划（1992～1999年）的目标是通过信息基础设施建设，促使将新加坡转化成一个信息技术渗透到经济、社会等各个领域中的信息智能岛，并让新加坡公民随时随地都能获得IT服务，享受更高质量的生活。21世纪信息通信计划（2000年至今）和电子政府计划（2000年至今）的目标是建设新一代信息基础设施，让公共部门运用信息通信技术更好地为公众服务，使公民能够享受政府提供的“一站式”服务。

加拿大安大略省是一个陆地面积超过100万平方公里、人口占加拿大公民总数的近40%（约1200万）的人口大省。根据加拿大宪法，省政府履行保健、教育等职能，并向公民提供直接服务。20世纪90年代中期，新的安大略省政府成立后，实施了4项改革：压缩政府规模、进一步关注公民和纳税人、消除垂直式组织和实现平衡预算，以实现省政府转变为以服务为中心的机构的目标。1998年，为了消除垂直式的组织形式，安大略省政府提出了一项信息化计划——第三代电子政务。第一代电子政务主要关注信息管理和基本的在线事务，第二代电子政务主要建立一体化的服务型政府，而第三代电子政务是将政府演变为“网络化虚拟组织”，让政府与各种机构形成共享系统、资源和知识的合作模式。根据该计划，安大略省政府将21个省属部的信息技术部门合并成7个，每一个服务多个部；同时，安大略省在已有信息基础设施的基础上，建立了所有的省属部均可以共同利用的“信息高速公路”；在消费者与商业服务部内设立一体化服务部，改组保健、司法、警察、资源管理和教育部门，改革内部管理，新设立且通过共享服务局改进面向政府雇员的人力资源和财务管理等；建立大案管理系统，运用网络技术实现66个市级警力的同步指挥，实现全方位地进行犯罪调查；开发基于因特网的“早期灭火支持系统”，以便在火情出现时快速确定目标的位置，保护重要目标。通过建设城市信息基础设施，丰富了安大略省政府向公民提供的服务，减少了文职公务员的数量，提高了政府的服务能力，并压缩规模与开支。

美国加利福尼亚州（简称加州）是拥有人口3500万、总财富超过1万亿美元的全球第四大经济区。1999年1月，州长克雷·达维斯提出利用技术优势推动经济增长，改进政府服务，并为全州人民提供同等教育机会的构想。2000年，加州全年总额为970亿美元的预算中的17亿美元用于信息化建设。加州政府通过成立政府革新办公室，下设电子政务办公室，以实现四个月创建州政府的新门户网站的目标。为了实现这个目标，加州建立了强大且可扩展的互联网基础设施，并与主要联邦政府部门建立合作关系，借助思科公司的支持，工作组仅在110天内就开通了新的加州政府服务门户网站及12项服务，现在网上的服务项目已达到54项。加州居民可以在网上获得电子邮件、寻呼机和移动电话三位一体的通信及提醒服务，建立在城市信息基础设施基础上的网上电子业务中心、基于互联网的政府采购系统为企业和居民提供方便。

香港特别行政区作为世界上经济最具活力的地区之一，长期重视信息基础设施建设，并通过电子商务和电子政务拉动信息基础设施建设和完善。例如，1999年开始建设电子服务递送（ESD）系统帮助香港政府通过互联网提供服务，并与商业机构进行电子贸易，使香港的电子商务交易额从1998年的6000万美元猛增到2003年的数十亿美元。现在，政府部门中每两名公务员使用一台个人计算机，建立宽广区域的政府主干网络，把各个部门的网络和公共服务互相连接起来，建立“政府通信网络”及推行政府办公室自动化计划，为政府用户提供计算机设备及电子通信服务。2002年，香港推出了数码政府合署，这是一个促进整个政府内部电子服务及信息发布的内联网平台，通过该平台将政府用户接到这个内联网平台。

第二节　沿海开放城市信息基础设施建设现状

一　总体分析

我国政府高度重视信息基础设施建设，制定和实施了全国信息基础设施规划，取得了明显的成效。在通信能力方面，已经基本形成高速大容量骨干传送，窄宽带相结合、固定和移动方式灵活接入，信息资源丰富的通信网络。在邮政方面，逐步形成反应迅速、准确，运行灵活、高效，服务水平先进，技术装备领先，服务种类综合多样，能满足社会多层次需求的现代化邮政网。

（一）基础传输网

①重点建设光传输网，适当发展和完善微波和卫星网，使其成为光缆传输补充、保护和应急手段。②继续稳步提高传输网的规模容量和技术水平。③继续改进和完善现有长途光传输网络，在挖掘提高资源利用率的同时，考虑到核

心网向轻载网方向发展以适应业务发展需要，继续扩大光缆传输网容量。“十五”期间，新建约20万公里国内长途光缆，长途光缆传输网的光缆长度达到50万公里以上，同时还加大了国际海光缆网的建设力度，扩大了我国拥有产权的规模容量，提高了我国通信网的国际地位。④省际长途光缆网建设重点是光层面，在业务量大的地区建设新型光纤，积极采用DWDM（dense wave length division multiplexing，密集波分复用技术）技术，适时应用光节点设备［如光分插复用（OADM）和光交叉连接（OXC）］，并构架全光网络，形成适应通信发展需要的大容量、高可靠性和灵活的基础传输网；传输系统速率达到T位级，能充分满足社会各界对传输带宽的需求。⑤中继传输网作为本地电信业务的综合传送平台，“十五”期间继续调整网络整体布局优化网络组织。⑥大力发展接入网。以光纤尽量靠近用户为原则，根据业务需求和技术条件，充分利用现有网络资源，因地制宜采用光纤、铜缆、同轴电缆和无线等接入技术和手段，大力发展用户接入网；加快大中城市宽带接入网的建设速度，促进视频、数据、话音等多种业务的综合接入，要在本地接入领域引入竞争机制，逐步开放接入网的建设和经营。⑦统筹规划、优化布局网络资源，避免不必要的重复建设，同时还采取措施，保证拥有传输网络经营许可的企业以合理的市场价格出售出租带宽、波长、光纤、光缆、管道及其他各类传输网络元素。

（二）通信业务网

①固定电话网。固定电话网是实现普遍服务的主要方式，我国电话普及率与发达国家仍有较大差距，固定电话网根据市场需求继续大力发展，重点是农村和中西部地区。同时，充分利用现有网络资源，积极发展增值业务，提供数据接入服务。通过调整和优化本地电话网络，合理解决本地电话网络与不同长途电话运营商网络之间的互联互通，为用户自由选择本地电话网和长途电话网提供灵活方便的条件。根据宽带数据网的建设速度，以及形成本地宽带骨干网络的实际情况，允许一段时间的窄带交换网络与宽带数据网作为重叠网存在于本地网中，部分大城市可以采用集语音、数据、图像等业务交换功能为一体的融合型宽带交换机。②移动通信网。积极推动移动通信业的高速发展，快速发展移动电话用户，提高我国电话普及率，是移动通信网建设的目标。现在我国已经成为全球最大规模和最有增长潜力的移动通信市场，正稳步发展第二代数字移动通信系统，大力发展CDMA和GPRS网络，逐步增加网络的业务支撑能力，积极做好第三代网络技术研发和战略研究，并开始建设第三代移动通信系统。“十五”期末，我国的移动通信网形成第二代和第三代共存的局面。移动通信业务将实现从单一的语音业务向多种类、多速率的综合业务方向演变，向用户提供短消息、移动数据及移动多媒体业务。③以IP为基础的多媒体通信网。

重点大力发展以IP为基础的多媒体网。同时，根据业务需求量和技术的成熟程度，在长途网络上采用IP Over SDH/WDM、超高速（G比特或T比特）路由器及光波长路由器等技术组建宽带IP骨干网络；在城市范围内采用十兆、百兆、千兆局域网（IAN），以及IP OVER SDH/WDM、超高速（吉比特或太比特）路由器等技术组建宽带IP城域网；在信息化小区，做到“千兆进小区、百兆进楼宇、十兆进家庭”；在商务楼，做到“千兆到大楼、百兆到层面、十兆到桌面”，全面形成一个能够提供多种业务的以IP为基础的宽带多媒体网络平台。随着软交换、媒体网关等IP语音技术及全IP第三代移动通信核心网络技术的成熟，在宽带IP多媒体网络平台之上，开放多种具有一定质量保证的IP电信业务，IP电信网络与传统电信（时分复用技术）网络并存，向用户提供分层次服务质量保证的电信业务。

（三）信息和网络安全

①利用光缆、微波、卫星等不同通信手段保证网络安全。②合理优化光传输网络布局，加强传输网路由保护，提高可靠性。③加强卫星定位系统的监测和研究，开展卫星定位系统的应用。④建设并完善国家级网络管理中心，统一监控并可调度全国网络资源。⑤建设和完善党政专网与应急通信网。国家及经济安全的专用网络把安全建设放在了首位，必要的已与公用计算机网络（简称公网）物理隔离，同时也注意在不影响安全的情况下充分利用公网传输资源，避免重复建设。⑥重点加强计算机网络安全的管理，防止计算机网络受到病毒和黑客侵害，防止有害信息的传播。

（四）邮政

①适应市场需求，在保证传统邮政业务发展的同时，大力开发、积极发展物流业务和以电子邮政为代表的电子信息类业务。邮政经营范围由传统的邮政业务扩大到了商贸、货运、仓储、社区服务等领域。同时，利用邮政终端服务网、实物传递网和邮政计算机网的优势，积极做好“三流融合”新业务的开发、应用，逐步形成了以实物传递类、电子信息类、商品营销类、金融服务类等综合业务为一体的全国性邮政业务体系，为社会提供全方位、多功能的邮政服务。②合理优化调整改造邮政实物传递网，建设邮政物流配送网络，提高邮政实物网科技含量和运行效率。③完善邮政综合计算机网络，扩大邮政综合计算机网络规模及应用范围，增强网络系统功能和安全性能，保证网络的稳定运行，提高网络应用水平。④加强邮政客户服务网络的建设，加强邮政客户服务中心、服务终端、基础设施的建设。配合电子商务的发展需要，实现邮件投递和物品递送相互配合。⑤加强邮政通信的安全管理，进一步强化机要通信安全保障体

系。下文表 5-1～表 5-4 分别从多个方面提供沿海发达地区的信息基础设施状况。

表 5-1 2001 年东部沿海主要通信能力

地区	长途光缆/皮长公里	数字微波/波道公里	长途电话/路端	局用交换机/门	GSM 移动电话/户
东部	104 765	100 106	3 288 038	9 887 020	117 487 575
北京	3 522	2 346	196 900	7 398 801	8 115 000
天津	1 704	25 626	81 840	3 485 884	2 870 000
辽宁	11 203	18 705	325 074	9 450 155	9 202 100
上海	2 697	466	307 460	7 282 459	11 116 500
江苏	11 695	10 125	408 650	17 591 858	16 524 375
浙江	18 644	6 600	341 483	12 372 174	17 981 500
福建	15 490	7 934	297 059	7 945 569	9 560 000
山东	16 947	6 956	432 387	14 983 579	12 954 100
广东	22 530	20 781	842 185	17 523 542	27 908 000
海南	333	566	55 000	836 181	1 256 000
全国	434 571	792 600	7 035 769	205 695 477	219 263 175

数据来源：有关省市 2002 年国民经济和社会发展计划执行情况与 2003 年计划草案的报告。

表 5-2 邮政服务水平

地 区	每一邮局所服务人口/万人	每一邮局所服务面积/平方公里
东部	2.17	45.24
北京	1.76	13.99
天津	2.64	27.55
辽宁	2.55	85.63
上海	2.52	10.79
江苏	2.47	34.25
浙江	1.89	42.16
福建	2.06	74.44
山东	1.58	49.34
广东	1.51	36.95
海南	1.51	59.52
全国	2.20	168.00

数据来源：有关省市 2002 年国民经济和社会发展计划执行情况与 2003 年计划草案的报告。

表 5-3　电信通信服务水平

地区	电话普及率/（部/百人）	主线普及率/（线/百人）	城市电话主线普及率/（线/百人）	住宅电话主线普及率/（线/百人）	每百人公用电话/（部/百人）	移动电话普及率/（部/百人）
东部	41.47	20.81	21.24	16.76	0.40	19.30
北京	91.01	37.47	47.34	27.61	0.51	44.67
天津	50.86	27.34	39.77	21.82	0.69	21.53
辽宁	37.92	20.04	20.97	16.75	0.55	16.61
上海	79.91	36.82	41.16	27.75	0.34	36.72
江苏	33.42	18.85	15.45	16.22	0.31	13.80
浙江	48.43	23.96	19.45	18.37	0.49	23.57
福建	39.96	21.56	26.79	18.34	0.50	17.86
山东	25.86	16.30	13.03	14.22	0.27	8.96
广东	48.42	19.74	22.77	14.68	0.38	27.59
海南	25.19	13.41	15.76	8.90	0.41	10.32
全国	25.90	13.90	20.40	11.55	0.27	11.20

数据来源：有关省市 2002 年国民经济和社会发展计划执行情况与 2003 年计划草案的报告。

表 5-4　电信主要财务指标分省情况

地　区	主营业务收入
北京	1 169 851
天津	364 143
辽宁	1 039 601
上海	1 133 393
江苏	1 174 558
浙江	1 324 987
福建	785 991
山东	1 250 877
广东	3 261 761
海南	192 790
全国	36 639 774

数据来源：有关省市 2002 年国民经济和社会发展计划执行情况与 2003 年计划草案的报告。

二 典型案例分析

典型案例1　上海市

上海市1996年启动上海国际信息港工程建设，经过1997～1999年和2000～2002年两个3年的发展，已经基本形成信息基础设施框架。现在，上海城域主干网由1家发展为上海电信、上海联通、上海网通和上海有线4家，交互网接入单位从9家增加到13家，初步形成了集约化通信管线网络，城市信息基础设施达到国际先进和国内领先的水平，基本满足了城市信息化发展的需求。2002年底，国际互联网出口带宽增加到4000兆，是1997年的499倍，占全国的43%；固定电话用户672万，移动电话用户910万，有线电视用户330万，互联网用户420万，家庭电脑普及率达51.2%，分别比1997年增长0.8、11.2、0.3、83、5.22倍；宽带用户35万，比上年增加64%，初步确立亚太通信枢纽地位。到2003年3月底，上海集约化管线累计完成875.2公里，接入商务大楼累计176栋，占全市主要商务楼的44%。基本实现“千兆到小区，百兆到大楼、十兆到家庭”的目标。单2003年3月份，上海网上联网企业达420家，网上报税企业累计32 137家；社会信用联合征信系统逐步完善，3月份已接受信用报告查询68 264次，同比增长142%；建公共交通卡充值网点1136个，销售24.6万张公共交通卡，价值4626亿元。“非典”过后，上海信息基础设施建设步伐加快，数据网、交换扩容和信息平台的建设带动信息服务业进一步发展。同时，2003年建成的投资达7.7亿元的上海信息港主体工程，作为上海发展新经济的基本条件和重要载体，加上以前的信息基础设施，使上海逐步形成集约化信息管线网络，连接国际互联网的国际出口带宽达到1吉以上，城域主干网传输和交换能力分别达到2.5吉比特和40吉比特以上，光纤到大楼、小区的覆盖率大于95%，家庭的宽带接入覆盖率达到50%，本地交互网互联带宽达到100兆以上，从而使上海成为国内网络资源综合利用程度最高、信息传输最快、业务开放度最大、使用最便捷、资费最合理的城市。其中，浦东新区在前几年已形成初步规模的基础上，抓住实施上海市“一号工程”浦东部分的良好契机，以张江新网和重点小区信息接入网建设为抓手，确定用三年时间完善浦东信息基础设施建设，把新区信息基础设施建成设施先进、技术一流、具有国际水平的信息传输大动脉，实现信息基础设施建设集约化、多样化、分层化和网络化，从而形成覆盖新区的立体交叉的信息通信网络，满足新区各行各业信息化应用和各类信息传输的需求。城市信息基础设施建设重点包括张江新网建设、陆家嘴和外高桥接入网完善、超级计算中心和宽带交互中心建设。

总结上海信息基础设施建设的成功经验，其中重要的一条是制度创新。上海的信息基础设施建设，缺乏可以模仿的现成模式，就在具体的建设过程中，摸索规律。在科学调研的基础上，采取先试点、后铺开，先集中突破、后全面应用的做法，降低风险，稳步推进；针对公益性信息基础设施，由政府先行引导，逐步培育市场；既形成承担具体运作的主体机构，也强调以法律法规等作为制度保障。例如，上海社保卡工程和银行卡工程就是政府先行引导组织实施的结果，通过建设政府门户网站和公务网，提高信息基础设施的利用率，降低政府运作成本。

典型案例 2　广州市

广州市作为国际和国内的信息交换枢纽之一，是我国国际长途电信业务的三大出口之一，是全国互联网三个核心节点和国际出口之一，还是国家互联网络三大交换中心之一。通过多年的建设，广州市已经构建了全国领先的覆盖城市的信息基础设施网络体系，构成了广覆盖和安全可靠的通信传输网，包括具有国际一流水平的超高速率、特大容量、广覆盖面的主干宽带网络和 IP 城域网，功能先进完善的基本业务网，高度融合大覆盖范围的宽带接入网等基础网络，以及覆盖全城的有线电视网。同时，广州还完善了互联网交换中心，扩建了中国国际长途电信及国际互联网广州国际出口，目前正在抓紧建设华南海量数据中心。总体上看，广州基本确立了作为华南地区“信息高速公路”主枢纽地位，构筑了“数字广州”总框架。

广州市以重点项目带动信息基础设施建设。广州宽带主干网络项目是广州市政府批准立项的大型信息化基础设施工程，总投资计划约 16 亿元人民币以上，二期项目完工后可使广州宽带主干网的光纤物理网覆盖广州市（10 个区）70%的区域。同时，广州另行开通的 IP 宽带城域网可覆盖面积达到 7434 平方公里，到 2003 年底用户宽带接入已达到无缝覆盖。广州宽带主干网络的目标是构筑广州市信息基础设施，加速推进 4C（通信、有线电视、计算机、信息内容）融合和多网的网际互联。公民可以通过宽带主干网享受到银联卡、医保卡、“羊城通”，以及网上电影、网络游戏等各种宽带服务，并可以收看数字电视。

广州市在进行信息基础设施建设过程中，总结了如下经验：①在建设高速率宽带主干网过程中，广泛应用传输新技术，全面提升网络带宽和技术水平及服务水平，抓紧建设一个以现有电信传输网、有线电视传输网和宽带多媒体网及宽频无线网络为基础，具有国际一流水平的超大容量、技术先进、运行高效、安全可靠和广覆盖面的主干宽带信息网。广州还积极推进现有管网资源的统一整合和综合利用，对新资源进行统一规划与共同建设，采用政府组织、应用驱动、多种新技术支持的模式，促进电信、电视、计算机三网融合、互联互通，加快建设和完善覆盖全市的宽带网络体系（包括移动通信网络、微波通信网络和卫星通信网络)，为广州及华南地区各种信息系统建设和信息化应用提供支撑。积极研发和引进下一代网络技术，建设全光网络及其他先进网络。到2003年，建成本地光纤网络50万纤芯公里，宽带IP网络骨干传输容量达150吉比特/秒，国际互联网直接出口5吉比特/秒，完成具有国际先进水平的高速、宽带、互联互通、接入方便的多媒体主干传输网络和IP城域网；宽带接入网用户市区覆盖率达100%，广播电视覆盖率达到99%以上。②在建设高效率基本业务网过程中，一是推动电话交换网向宽带化、智能化发展，大力发展数据及多媒体传输等增值业务，搞好智能网建设，为综合接入提供良好的服务，全面满足用户对电信基本业务和增值业务的需求；二是大力推动移动交换网的建设，扩展全球移动通信系统（GSM）容量，引入GPRS和CDMA，实现向第三代移动通信系统平稳过渡，满足社会对移动多媒体业务的需求；三是加快推进广州地区有线广播电视网750兆赫双向传输网络的升级改造工作；四是完成环形光纤主干网和分前端的建设，建成数字化、交互式、多功能的广播电视综合网，实现光纤到户。到2003年，电话机普及率超过150台/百人；完成GPRS和CDMA移动通信系统建设，CDMA用户达到100万户，移动通信总户数达到500万户；全部完成有线电视网双向改造并全面覆盖广州十区两市，有线电视用户达到200万户。③在建设高覆盖率宽带接入网过程中，一是充分利用全国开放本地接入的试点政策，在宽带接入领域组织多种类型投资主体参与建设，建立有序的开放与竞争格局，以形成一种活跃的、公平的市场竞争机制；二是采用以太网、XDSL、智能电缆、有线电视网HFC双向接入和无线宽带接入（LMDS等）等多种技术手段和多样化宽带接入设备建设宽带接入网，满足宽带接入的广泛需求；三是加快将宽带接入作为普遍服务和新的经济增长点，推进宽带接入网建设，推进电信网、广播电视网和计算机网的互联互通、业务融合和推动智能建筑建设。到2003年，已建成覆盖面广、接入方式多样、高宽带、高性能、综合性业务的用户宽带接入网络，市区用户宽带接入可达到无缝全覆盖。

典型案例3　宁波市

宁波市信息基础设施建设作为城市信息化的重要组成部分，网络建设规模、技术层次和服务能力处于国内领先水平。宁波电信本地网具备提供固定和移动通信业务、智能业务、数据业务、计算机多媒体业务和图像通信业务的综合服务能力。2001年底，宁波程控电话机总容量超过240万门，电话用户数超过170万户，城市电话普及率达60部/百人，100%的行政村通了电话；加入宁波公用信息网（163/169）和宽带ADSL及LAN的用户数已超过30万户；开始广泛应用数据通信业务、智能业务和综合业务。现在，宁波电信按照“追赶国际先进技术、争取国内一流水平、保持省内领先地位”的总体要求，着力建设“一网、七系统”，即建设完善一个具备“电话、电视、电脑”综合业务处理能力、满足地方经济信息化需求的现代化公众信息网，建设和完善电话交换系统、信息传输系统、数据通信系统、网络支撑系统、接入网系统、信息应用系统和智能业务系统七个电信应用系统，加速宁波电信网向数字化、宽带化、智能化、综合化和个人化信息网方向发展。

宁波市按照统筹规划、联合建设、互联互通、资源共享的要求，推进信息基础设施建设，实施网通宽带城域网二期、移动 GPRS 及有线电视网改造，充分发挥现有中国电信交换、传输、数据、支撑基础网络优势，充分利用现有的网络资源，推进信息基础设施建设，加快建设与全国宽带骨干网连接的宽带城域网，实现光纤到大楼、光纤到路边、光纤到小区，促进电信、电视、计算机三网融合，逐步建设宁波市互联网交换中心，启动建设数据中心、CA 认证中心和支付网关建设，推进电子商务。到 2005 年宽带网络覆盖城镇，已经形成具有国际先进水平的区域信息高速公路。

宁波建设信息基础设施的经验主要有：

（1）制定和完善加快推进城市信息基础设施政策，加大市政建设、财政体制和城乡管理体制的改革力度，强化“经营城市”的意识，多渠道吸引社会资本和境外资本投资城市基础设施建设。

（2）借助信息基础设施推进信息技术的广泛应用，提高信息基础设施的利用效率。例如，通过建设“数字宁波”，推动全社会各个领域的信息化。一是推动企业信息化以改造和提升传统产业；二是推动政府和行业信息化以提高政府工作效率和决策质量；三是推动“金关”、“金卡”、“金税”，以及外贸、公安、统计、港口、城建规划、医疗、社会保障、科技、教育、农业、气象等行业领域信息化建设，加速外贸、海关、商检、税收等部门的联网，降低企业和个人的社会负担；四是推动社会公共领域和家庭信息化，提高全民素质，改善生活质量。

（3）通过信息基础设施建设，完善城市网络公共交换中心、数据中心、电子商务安全认证中心、电子商务支付网关和电子商务交换平台，加快发展以对外贸易、现代综合物流和特色专业市场为主体的电子商务，并以电子商务的收益筹措信息基础设施建设和完善的资金。

（4）依靠城市信息基础设施，发展一批专业从事信息服务的市场主体，加强数据库和信息系统建设，大力发展软件业，建设软件园区，开发具有特色、拥有自主知识产权、以应用软件为主的软件产品，培育规模化的 IT 企业。不断拓展信息服务新领域，大力发展网络信息服务、信息内容服务及各类专业信息咨询服务，促进信息服务业的规模化、专业化和多样化。依托宽带城域网，开发一批宽带信息服务产品。

(5) 制定促进信息基础设施建设的政策和措施，营造公平的竞争环境；加快信息化人才队伍的培养，提高信息基础设施的普及应用程度，强化信息基础设施安全措施。

典型案例 4　深圳市

深圳市在大力推进国民经济和社会信息化、以信息化带动工业化过程中，十分重视信息基础设施的基础性作用，不断加大对城市信息基础设施建设的投入。目前，城市信息高速宽带骨干网基本建成，信息高速公路已粗见雏形，政务信息化、公共事务信息化、企业信息化、社区信息化水平取得长足进步。2002 年，深圳市通过确定以“应用主导、面向市场、网络共建、资源共享、技术创新、竞争开放”的发展思路，加快信息基础网络建设，强化信息网络安全，为加快国民经济和社会信息化进程提供保障。深圳市实现了“十五”发展目标，信息基础设施完善，大容量宽带网络及交换中心和电子商务综合服务平台等初步建成，各类信息网络实现互联互通、资源共享，家庭宽带接入率达到 40%，每百户计算机拥有量达到 80 台，每百人互联网普及率达到 46 户，以以太网方式接入的用户达到 100 万户，满足政府公共服务上网率达到 50%、上网企业数占企业总数的比例达到 50%、电子商务交易额达到 50 亿元的需求；信息安全和网络安全得到保障。

深圳建设信息基础设施的经验有：

(1) 打造一流的信息基础网络。坚持“打破垄断，公平竞争，联合共建，互联互通，有偿服务”的方针，切实加强信息基础网络建设。重点建设超大容量宽带城域全光核心传输网，实现包括科技、广电、邮电、信息、教育网在内的各种信息网络的互联互通、资源共享，切实解决信息网络重复建设、各搞一套、资源分散、网络不通的问题；大力发展多种接入方式的宽带接入网，重点建设光纤接入网；建设数字电视体系的基本框架，完成国家数字电视试播的试点工作。

(2) 建立统一的通信管道管理模式。按照“统一规划、统一管理、联合建设、有偿使用”的原则，加强通信管道的规划、建设、管理和使用；开展全市通信管道现状调查，明晰通信管道产权，加强通信管道资源的合理配置和有效调控；强化对通信管道的建设、使用、管理和监督，提高通信管道的使用效率。

(3) 鼓励和支持拥有通信经营权的企业参与宽带城域网建设。保护和支持多家网络运营商竞争发展的局面，形成市场推动机制，促进网络快速发展。采用政府投资引导、自筹资金和银行贷款等多种融资方式，联合社会保障、城市管理、网络教育、金融证券、商业物流、公共交通、企业等部门，鼓励网络接入商、房地产开发商和物业管理公司投资信息基础设施建设。

(4) 以政务信息化带动信息基础设施建设。建设和完善全市统一的党政机关系统专网和党政机关内部办公网，充分利用现有管道网络资源，加快建设党政机关宽带网络，建成连接省、市、区、镇（街道）各级领导机关和各部门、各单位的专网平台，加快实现市委、市人大、市政府、市政协和市纪委机关之间、市与各区镇（街道）之间、市直机关之间办公网络互联；同时，组织各相关部门共同建立城市应急指挥信息系统，使公安、“三防”、安全生产、环保、城管、气象、交通、电力、卫生、防疫和国土等有关单位信息互通，运转协调，形成全市统一的的应急指挥工作机制，并依托专网建立市委市政府视听会议系统，逐步开通专网平台上的多媒体应用系统，提供电视新闻、视听资料等多媒体服务。

(5) 完善电子政务服务平台。加快建设党政机关计算机宽带网络互联平台，全面扩容党政机关互联网出口，为政府公众服务平台提供高速宽带的互联网接入服务；建立健全党政机关信息交换平台，完善数据备份体系、网络安全体系和数字认证体系，为党政机关信息系统提供安全、稳定、高效的运行环境；建立电子政务综合服务平台，集中整合利用机房资源、服务器资源和政务信息库资源，使各级党政机关在环境、设备、数据库、应用服务等方面共享资源，为公众提供集中的服务目录、信息查询和业务办理等全方位的服务。

(6) 建立和健全信息基础设施建设和完善的政策法规体系。制定促进信息基础设施的优惠政策，加快制定与之配套的信息工程管理规定、通信管道管理规定、网络安全管理办法、计算机信息系统集成资质管理办法及规范互联网管理。

(7) 切实加强对信息基础设施建设的领导。实施“一把手”工程，各级党政负责人亲自带头抓好信息基础设施工作，及时定目标、提要求、作决策。各部门、各单位和各资产经营公司负责人对本部门、本单位和本企业信息基础设施工作负总责。对信息基础设施建设中出现的突出问题，“一把手”都能深入生产和工作一线，现场调研，主动协调，切实解决。同时，完善领导体制，调整充实信息化委员会和信息基础设施建设小组，负责信息基础设施工作的领导、决策和协调。信息基础设施建设小组充分发挥组织、协调、管理和把关作用，加强城市信息基础设施统一规划、统一建设、统一标准和统一管理，搞好资源整合，发挥整体优势。各个相关部门认真做好信息化建设和信息系统维护工作，配备必要的信息工作人员，改善工作条件和工作人员待遇，建设高素质的信息基础设施专业人才队伍。

典型案例 5　南京市

南京市是从城市功能定位出发，按照信息化建设要求建设信息基础设施的。南京信息化建设的指导思想为：适应江苏省省会城市和长江下游中心城市的功能要求，坚持国家信息化建设的“统筹规划，国家主导；统一标准，联合建设；互联互通，资源共享”的 24 字指导方针，加快信息基础设施建设，加强信息资源的开发利用，充分发挥信息应用在经济宏观调控和城市管理决策中的作用，大力推动应用信息技术改造传统产业的步伐，促进电子信息产业和信息服务业的发展，从而推进南京经济结构调整和产业升级，加速实现经济体制和经济增长方式的根本转变，为南京经济建设、社会发展、科技进步、对外交往和提高人民生活质量提供先进的信息服务。2001 年初，南京已经呈现邮电通信网、有线电视网和计算机专用网三网并存的格局，初步形成了南京信息基础设施的基本框架，成为全国八大通信枢纽之一。光纤网络、多媒体通信网、宽带 IP 城域网、广播电视宽带综合信息网、网络增值服务等方面均获得快速发展。南京正在建设公用信息平台和 10 个涉及经济调控、社会发展、城市管理和公众服务所急需的重大信息应用系统工程：政务决策信息系统、经济信息系统、科技信息系统、金融财税信息系统、商贸信息系统、公安信息系统、城建信息系统、教育卫生信息系统、劳动和社会保障信息系统和社会公众信息系统，建设具有国内先进、省内一流水平的信息基础设施，实现公网与专网的互联互通和信息共享，以发挥带动信息基础设施建设的作用。

根据南京信息化建设的总体目标，近几年南京城市信息基础设施内容主要是：①建设完善的信息网络基础设施；充分利用现有的公共电信网、专用通信网、广播电视网、计算机互联网等信息网络资源，积极推进三网融合，为信息化提供全面覆盖、结构合理、高速宽带的数字化、网络化环境；对政府和工商大厦，实现千兆到大楼，百兆到层面，十兆到桌面；对住宅小区，实现千兆到小区，百兆到楼边，十兆到家庭。②构筑统一开放的公用信息业务平台；为达到信息有效开发、交换和共享，由信息交互中心和各类数据库组成统一开放的公用信息平台，形成联机检索系统和多种信息业务支撑系统；各类信息通过公用信息平台合理调度和使用，做到本地信息同城交换，实现信息资源合理共享，保证信息的合法性和权威性，提高信息的标准化和质量水平。③重点建设市级机关政务信息网络系统，提高城市管理决策水平，促进政府信息资源开发利用，实现政府部门的信息共享和政务公开，为社会提供更加方便、快捷、公平、公正的服务；大力推进人口管理、环境保护、科技教育、医疗保健、公共交通、社会保障、社区服务等公共领域信息化进程，通过一批经济调控、社会发展、城市管理和公众服务所急需的重大信息应用系统工程的组织实施，为社会提供优良的信息服务，使城市信息化扎根在广大市民的日常生活和工作之中。

典型案例 6　大连市

经过多年的努力，大连市已经具备了国内领先、世界一流的通信基础设施和通信能力，建成了长途电信枢纽大楼、卫星通信地球站等世界先进水平的基础设施，形成了以光缆为主，数字微波、卫星、海缆为辅，多种媒体传输手段、多重备份、宽窄带兼备、覆盖全市城乡的立体化通信网络。大连电信的本地用户光缆网实现了城市光缆到路边、到小区、到大楼，农村光缆从乡镇延伸到村屯。大连市内共建成了 28 个用户光缆环，城乡光缆总长度近 10 000 皮长公里。大连数据网的传输中继速率达到 155 兆比特/秒，大连至省网的出口带宽由 155 兆比特增至 2.5 吉比特，在国家一级干线传输网中，大连位于连接北部京沈哈、北延边干线和南沿海干线的枢纽，是国家长途骨干网中的省际汇接局。宽带、高速的干线传输设备，不仅将大连与世界通信网络紧密联结在一起，而且让大连拥有了充足的干线资源，为未来各种带宽的长途通信业务发展提供了广阔的空间和强大的接口能力。

目前，大连市本地网内有两个长途交换局，总容量 5 万路端；市话交换机总容量 190 万门，本地电话网交换设备全部程控化；国际长途电路 500 余条，可与世界 220 多个国家和地区建立通信联系。大连市各大通信企业加快信息基础设施建设进程。辽宁电信大连分公司新建接入局 218 个、模块局 24 个，实施接入网扩容工程 80 多项、传输单项工程近 60 项，全市交换机总容量达到 190 万门。中国网通大连分公司投资建设通信枢纽中心和城域网络一期工程。大连数码科技股份有限公司建成宽带试验网，辽宁电信大连分公司面向全市用户推出宽带接入业务。中国联通大连分公司、辽宁移动大连分公司、中国铁通大连分公司等全国性通信企业也在信息基础设施建设方面做了大量投入。与此同时，信息基础设施的应用水平不断提高。2002 年，联通公司正式运营 CDMA 移动通信网，移动公司推出 GPRS 业务。同时，大连有线电视的 550 赫兹 HFC（综合数字服务宽带网接入技术）传输网光缆总长度达 900 皮长公里，已覆盖市内四区 95%以上的面积，并完成了与外围县区的并购，用户总数达到 70 万户。如完成双向多媒体改造，大连有线电塑网可以具备高速因特网接入、网上多媒体等服务能力。

2002 年大连市重点建设城市高速宽带网络。以数码科技公司“宽带大连”项目为切入点，整合现有网络资源，推进城市高速宽带网络建设，促进三网融合。实施“1234”工程。完成党政专网平台一期工程建设；推进市委、地税局、统计局等十个电子政务示范工程和一汽大柴、瓦轴集团、机床厂等 10 个企业信息化示范工程；启动互联网数据中心、空间数据资源研究中心、呼叫中心建设工程；建设现代口岸物流信息系统、农业现代化信息系统、社会劳动保障信息系统和社区服务信息系统。2002 全年完成邮电业务总量 57.7 亿元（2000 年不变价格），比上年增长 20.3%。完成函件总量 6000.1 万件，增长 23.6%；特快专递 140.8 万件，增长 7.7%；邮送包件 84.9 万件，增长 8.6%；邮政储蓄年末余额 53.6 亿元，比上年末增长 7.4%。截至 2002 年年末，全市拥有邮政局所 224 个；城乡电话交换机总容量 248.5 万门，比上年末增长 10%；城乡固定电话用户 179.9 万户，增加 26.6 万户，其中住宅电话 141.9 万户，增加 17.4 万户，平均每百户居民拥有固定电话 72.9 部，比上年增加 6.1 部。全年新增移动电话用户 31 万户，增长 22.4%；国际互联网用户达 69.8 万户，增长 53.2%；数据通信总用户 70 万户，增长 52.7%。2002 年，通信枢纽中心和城域网一期工程建成投入运行，电子商务支付网关和地区金融登记注册中心投入使用，公众信息多媒体查询及政务信息系统等信息化应用项目建成。2003 年，大连市进一步注重基础设施和环境建设，在进一步加强城市信息基础设施建设的基础上，重点加速宽带网络建设，建立资源共享的数据中心。同时积极推进党政机关电子政务和大中型企业电子商务各 10 个示范工程，完成互联网数据中心、空间数据资源研究中心、呼叫中心建设工程，建立现代口岸物流、社会劳动保障、农业现代化、社区服务等四个信息系统，为“数字大连”添砖加瓦。

典型案例 7　青岛市

青岛市信息基础设施建设起步早，1998 年正式启动建设青岛市信息网络互联中心（www.qdix.net），经过市电信局、市广电局、吉通公司青岛分公司、海洋大学、市委市府计算机中心、市科研信息研究所、市信息中心的共同努力，实现了电信公众多媒体通信网、有线多媒体综合业务网、吉通金桥信息网、海洋大学校园网、政务信息公众网、金科信息网、经济信息网等七大信息网互联互通。一期工程，互联中心依托公共骨干传输网络，采用先进的 ATM（asynchronous transfer mode，异步传输模式）技术实现网络互联，提供宽带高速信息传输、交换、路由服务和流量统计功能，运行稳定可靠，使同城信息互访带宽提高了 200～3000 倍，在解决传输瓶颈、降低通信费用、提高安全性和促进信息资源共享方面取得明显成效。同时，互联中心的网络互联平台具备进一步吸纳本市和周边地区信息网络进入网络互联，达到建成区域性信息网络互联服务中心的能力和条件，是青岛市信息化建设和信息产业发展的一个标志性工程。二期工程于 2000 年完成，在一期的基础上，扩大投资，利用先进的 ATM 网络交换设备和光纤通道，进一步扩大交换处理能力，交换端口增至 12 个 ATM 单模光纤口、8 个 ATM 多模光纤口和 24 个 100 兆比特字节快速以太网口，提高了传输速率，实现各网络间的快速漫游和信息资源共享。利用一整套专业化的

IX管理软件，提供较为完善的服务功能。同时能够广泛吸纳周边地区的信息网络入网，形成区域性信息网络服务中心，为青岛乃至山东的信息化发展提供了一个高速的交换平台。到2002年，青岛市全年完成邮电业务总量47亿元，其中电信业务总量42.9亿元。网络信息技术不断普及和提高，2002年互联网用户使用时长达到11.34亿分钟。通信能力进一步增强，全市市话交换机总容量达149.9万门，市话用户数达到113.58万户，全市移动电话用户发展到205.2万户。

沿海发达城市信息基础设施在取得快速发展的同时，也存在一些不可忽视的问题。

(1) 信息网络资源浪费问题。在电信体制改革过程中，各地形成了多个经营主体经营的局面。运营商为了各自的需要，建设一些平行的基础物理网，造成经济上的极大浪费，而且对通信网正常运行也带来干扰。例如，大连至潘阳铁路沿线的多条微波干线线路，曾经使邮电公用通信网和铁路微波通话质量都下降。

(2) 资金不足，资金链连接困难。由于各个城市都在进行大规模城市建设，信息基础设施建设资金投资大，虽然预期收益看好，但回收速度较慢，导致资金链连接困难，造成部分信息基础设施工程进度也延迟，甚至成为半拉子工程。

(3) 项目实施的前期准备工作不够充分。一些城市信息基础设施项目受多个电信运营商竞争，片面抢市场，同时由于政府形象工程因素的影响，对先期可行性研究不够深入，盲目决策、盲目投资，不可避免出现决策失误和资源浪费。同时，由于通信行业发展很快，新技术不断涌现，规划人员、设计人员、实施人员和决策人员往往不能很好把握技术的发展方向，缺乏网络之间的融合和协调，影响信息基础设施建设进度，甚至造成资源的浪费。

(4) 有关政府部门主动服务意识不强，政府部门之间、政府与企业之间协调不到位。部分地区由于没有制定和出台有关地理空间信息建设的政策法规和标准体系，各有关单位在建立自己的地理空间信息基础数据库时缺乏政策依据，标准不统一，影响了信息资源的共享。有的城市基础测绘尚未纳入国民经济和社会发展年度计划，因此缺少足够投入，造成部分地区地理空间信息基础数据、地形图与实际情况有较大的差距。

(5) 领导信息意识问题。当前影响和制约信息基础设施建设的突出问题，既不是物质方面的问题也不是技术方面的问题，主要是部分领导信息化意识淡薄、观念陈旧，过多强调客观困难，缺乏开拓进取精神。事实证明，哪个地区、哪个部门重视，第一把手亲自抓，哪个地区、哪个部门的信息基础设施建设就搞得好。因此，解放思想、转变观念，增强紧迫感和责任感，善于创新、勇于跨越，是建设好信息基础设施的根本保证。

第三节　城市信息基础设施建设的目标、原则和任务

一　城市信息基础设施建设的思路和目标

（一）城市信息基础设施建设的指导思想

城市信息基础设施建设要根据国家信息化发展战略、总体部署及城市国民经济和社会发展的实际需要，以提高城市综合竞争能力和集聚辐射能力、提高生产力水平和人民生活质量、加速城市国际化现代化进程为根本目的，坚持以信息化带动工业化，以工业化促进信息化，走新型工业化道路，坚持“勇于创新、先行一步，发挥优势、重点突破，精心组织、形成合力，服务社会、便利群众”的方针，通过大力加强信息基础设施建设，为推进信息技术应用和信息资源开发，创新发展信息产业，带动传统产业优化升级，完善信息化建设环境，实现城市信息化并通过信息化带动工业化。城市信息基础设施建设的内容应以大容量光纤传输网络为主体，以宽带多业务交换网为核心，以多元化综合接入网为基础，支持端到端语音、数据、图像、多媒体、互联网和各种增值业务。

（二）城市信息基础设施建设目标

1. 总体目标

城市信息基础设施建设的总体目标是通过信息基础设施建设推动信息化，完善城市服务功能，提高城市管理、城市环境和人民生活的质量，并为政府信息化、企业信息化和社会信息化发展提供良好的环境。我国现阶段城市信息基础设施建设的主要任务是，根据城市信息基础设施规划，完善信息网络基础设施，创造良好的政策环境，推动信息资源开发利用，推进电子商务发展，促进政府信息化，提高企业信息化，加快家庭信息化，强化信息化意识和人才培训，加强信息和网络安全建设，提高城市竞争能力，全面有效地推进城市现代化建设。从长远看，城市信息基础设施要达到国际一流水平，信息基础设施利用率达到国际先进水平，实现信息传输网络化的格局，信息产业总体水平位居全国领先地位并具有较强的国际竞争能力，形成有序竞争、鼓励创新、促进发展、具有吸引力的社会和市场环境服务。

2. 具体目标

城市信息基础设施建设的目标之一是要建成并完善超大容量、技术先进、

运行高效、安全可靠和经济适用的信息基础设施，基本满足城市国民经济和社会发展的需要。通过建设长距离的集约化通信管线，与原有管线互联互通，形成覆盖城市的共享型通信管线网络；建成以电信主干网为主体、以宽带信息交互中心为枢纽、各大基础网络互联互通的高速、宽带、多媒体主干传输网络平台；城市中心区基本实现多种方式宽带接入到户，实际使用率达到20%以上；固定电话和移动电话用户数再上新台阶。

城市信息基础设施建设的目标之二是能有效促进信息技术应用和信息资源开发。通过建成并完善政务、企业、电子商贸、农业、城市建设和管理、社会公共服务、金融、社区等信息服务系统，形成较强的城市信息化综合服务能力。

城市信息基础设施建设的目标之三是满足政府电子政务需要，满足企业应用电子商务需要，满足支撑城市农业的信息服务需要，满足城市建设和管理，以及教育、卫生、广播影视、新闻出版、旅游、金融等公共服务领域信息化需要，使各类中等及其以上学校、乡及其以上医疗机构、区级及其以上图书馆宽带上网率达到100%，满足信息化社区普及需要。

城市信息基础设施建设的目标之四是到2007年，初步建设起满足以“信息资源数字化、信息传输网络化、信息技术应用集约化”为主要标志的“数字城市”基本框架的先进信息基础设施，满足广泛应用信息技术、丰富信息资源总量、便捷电子政务服务、活跃信息消费市场、优化信息产业结构、有力保障信息安全、有序发展信息经济的需要，为信息化带动工业化、促进现代化、提升城市形象、提高人民生活质量、实现国民经济的跨越式发展和社会的优质运行提供坚实的基础作用。

二 城市信息基础设施建设的原则

城市信息基础设施建设应充分体现与时俱进的系统观，以人为本的人文观，讲求实效的效益观，具有鲜明的时代特色。城市信息基础设施建设应遵循统一规划、突出重点、整合资源、统一标准、保障安全、促进应用等原则，继续建设宽带高速传输网络，为实现资源共享提供便捷的、必需的基础条件；重点推进城域网、接入网建设，逐步改善网络传输和用户接入条件，推动家庭上网；进一步提高农村固定电话、移动电话、广播电视的覆盖率和城乡邮政局所的电子化水平，提高通信普遍服务水平。

（一）统一规划的原则

全面规划，分步实施。信息基础设施建设是一项跨部门、跨行业、跨地区的综合性的复杂的系统工程，必须统一制定一个长远的、有权威的、有指导意义的总体规划，同时又必须根据需要和可能，确定各年度的阶段计划和阶段目标，在预定的期限内逐一地组织实施，最终实现总体目标。

从城市的实际情况出发，制定信息化发展战略，再制定信息基础设施建设战略，并因时制宜、分步推进。通过打造城市信息基础设施的系统工程，引导协调建设覆盖城市的宽带网络、集约化的信息管线、本地交换的信息交互中心、性能强大的超级计算中心等重大工程，突破信息基础设施的瓶颈。坚持把信息基础设施建设纳入城市国民经济和社会总体规划和建设之中，加强统筹规划，将长途通信网、移动通信网、国家数据骨干网、本地传输网及周边城市传输网进行宏观协调，综合考虑各项通信业务的需求，使网络具有良好的扩展性，适当超前发展便于多种通信业务的灵活接入和统一管理的通信网络，满足各种不同层次质量和安全可靠性要求，确保建设质量，认真贯彻实施规划，保证规划目标的顺利实现；政府各部门、各单位要根据总体规划制订规划实施方案，经专家委员会咨询评议和论证、审定批准后组织实施。

（二）突出重点的原则

突出重点，示范先行。信息基础设施建设是一个相当长的发展过程，在建设的各个阶段，都要从实际出发，突出重点，选定有限目标，取得经验，以点带面，逐步推广。城市信息基础设施建设应抓住市场经济规范化过程中的突出问题。例如，社会信用，可以探索服务于建设信用诚信体系的信息基础设施；社会保障和户籍制度改革，可以建设服务于社会保障卡系统的信息基础设施；城市交通需求，完善智能交通系统的信息基础设施等。

（三）整合资源的原则

通过利用现有网络各种资源，包括管道、光缆、传输设备、机房、电源等，整合和优化资源，提高投资收益率。同时，充分利用社会资源，拓展网络建设渠道，降低建设成本和运营成本，加快建设进度。上海根据金融中心建设及其银行卡发展需求，整合金融信息基础设施资源；根据航运中心建设需要，整合经贸、港航和航运三个 EDI 数据采集与外部集成中心，建设口岸通关数据处理平台和长江流域集装箱多式联运 EDI 系统；围绕经济和贸易中心建设，以信息基础设施建设拉动高附加值的信息产业发展，既推动“信息化带动工业化”的实施，又为信息产业的发展找到用武之地。

（四）统一标准的原则

通过采用国家标准和国际信息基础设施标准，为实现信息网络互联互通和信息资源共享提供依据。通过统一标准，可以促进互联互通，有利于制定合理的资费政策和优良的服务标准，加快形成社会信息资源的充分利用和有效共享机制，提高社会公共服务水平。同时，城市信息基础设施建设，还应充分考虑产品设备的成熟程度和技术发展的主流趋势，避免发生重大技术变更影响城市信息基础设施运营。

此外，要加快适应WTO规则，抓紧修订和制定地方性信息基础设施法规、规章和措施，推进满足城市基础设施、公共建筑、现代物流、安全、产业等方面的信息基础设施标准化工作，加快形成信息化建设方面的社会中介机构和行业协会等组织。例如，惠州市通过统一标准建设覆盖全市的信息基础设施，进而建立全市统一的数据库，构筑一个包括电子政务、电子商务和公众信息在内的统一平台，实现互联互通和资源共享的“惠州电子e城”。公众借助市区主要交通枢纽、旅游景点、宾馆酒楼、商业网点、工业区及居民小区、公共汽车站、公共电话亭等处设置触摸屏就可以获得有关政务、交通、旅游、医疗、教育等与群众生活息息相关的信息，实现网上交费、购票等。同时，通过无线宽带网络、电信网络或有线电视宽带网络等连接到各部门、单位的办公室和千家万户的电脑，市属各部门、单位通过网络向“e城”系统管理监控中心不间断、全方位地提供有关惠州党务、政务，以及工业、农业、商业、教育、卫生、医疗、保险、旅游、交通等领域的信息，“e城”的采编人员对来自各行业的数据资料进行整合处理后，再向遍布惠州各公共场所的多媒体信息终端和互联网用户发布。此外，结合移动和电信、银行、供水、供电等有关部门的业务，终端机还可建成多媒体电话亭和逐步实现在网上缴水、电、煤气费，购买彩票、车票、机票、门票和在网上炒股、网上办公等功能。

（五）保障安全的原则

城市信息基础设施建设，应相应建设并完善信息安全管理支撑体系，形成信息安全快速响应机制，提高信息安全保障能力，确保国家、企业和公民的信息安全。城市信息基础设施建设，应强化信息基础设施安全工作。高度重视计算机网络安全，坚持“积极建设，顺应发展，加强防范，确保安全”的方针，努力提高全体公民的网络安全意识，建立有效的信息网络安全系统，确保安全利益不受影响；建立目标明确、设置合理、反应灵敏、行动迅速、打击有力的网络安全体系，重点保护党政机关内部计算机网络安全和党政机关在互联网上建立的公众网站，确保党政机关内部网络与外部网络数据交换的绝对安全；大力发展网络安全技术，建立和武装网络安全警察，培养高学历、高素质的反网络违法犯罪、反计算机病毒危害的专业人才；广泛推广使用防杀病毒软件，鼓励使用国产加密软硬件设备，及时公布各种计算机病毒特征，做好恶性病毒预警，防止各种网络违法犯罪分子的窃密活动，防止敌对势力干扰计算机系统；不失时机地广泛开展计算机信息网络安全教育，加强对普通市民的计算机信息网络安全知识的教育，普及计算机病毒防治基础知识，对重点部门、重点单位和重点行业，要有计划、有组织地邀请信息安全和网络安全专家传授有关安全知识，选派专门人才接受全面系统的学习培训，开展经常性信息安全和保密监督检查。要强化公安、保密等部门的计算机安全监察职能，充分发挥网络互联管理中心的管理作用，加强网络、数据库、信号传输与处理的安全技术和装备研究，从行政制度和技术手段两方面提供防范措施，以保障信息资源有效、可靠、健康地利用。

（六）促进应用的原则

城市信息基础设施建设在统一规划的基础上，可以采取以业务为导向，服务广大客户，边建设边收益，滚动发展，大力推广信息技术的应用，以信息应用带动信息产业发展，以信息应用和信息产业的发展推动信息基础设施的加速建设。

三 城市信息基础设施建设的任务

城市信息基础设施建设，要以完善市区、发展郊区为重点，逐步拓展到整个行政区域，通过加大信息基础设施投资和建设力度，实现城市信息基础设施建设目标，为信息资源开发利用、推进信息技术在重点领域的应用、发展具有比较优势的信息产业、改善信息化发展环境服务。同时要加快完成农村电网改造，实行城乡同网同价，为城市信息基础设施建设提供便利。

城市信息基础设施建设的主要内容应是建设超大容量、技术先进、灵活高效、安全可靠的信息基础设施，建成一个融语音、数据、图像为一体的宽带、高速的公共信息网络，全方位、多层次地满足社会各个阶层对基本通信业务和各种宽带多媒体业务的需求。

城市信息基础设施建设，近期应是建设好由信息基础设施平台、信息处理公共平台和信息应用公共平台组成的城市信息化框架体系。具体地说，就是要加快城市宽带网和用户接入网的建设，促进以 IP 技术为核心的“三网融合”；抓好重点数据库的建设和管理，强化信息资源的开发利用，促进信息资源的共享；全面推进信息技术在各行各业的应用，加速传统产业结构和素质的提升；开展多种形式和多种层次的培训工作，全面提高城市居民信息化的意识和应用信息技术的技能；发挥各城市自身优势，加速发展有特色的信息技术、信息产业和信息服务业，提高信息化装备、系统集成和服务能力，为全面推进国民经济和社会信息化打下良好基础。

第四节　加快城市信息基础设施建设的对策建议

城市信息基础设施建设，需要不断提高科技创新能力，就必须建立起充满活力的信息产业发展的技术创新体系。通过不断地技术创新、观念创新、体制创新，从税收、财政、金融、人才、教育、文化等各方面建立起有利于科技创新和信息基础设施发展的环境，为城市现代化建设提供强大的动力。

城市信息基础设施建设，既要采用国际先进技术，学习国际上的先进经验，也要从中国的国情出发，闯出一条具有中国特色的城市信息基础设施建设的路子；要转变思想观念，充分发挥各方面的积极性，要“有所为，有所不为”；要真抓实干做实事，让老百姓切切实实地享受到信息基础设施和信息化带来的成果和好处；要充分利用现代信息网络，使城市管理由纵向管理向扁平管理转变，提高城市管理的效率和效益；借助城市信息基础设施，逐步建立政府、企业与公众之间的信息共享和良性互动，协调、和谐人与环境的关系，特别要在改善城市交通、教育、医疗、治安、社区服务等方面发挥积极作用，促进城市经济与社会的可持续发展。

当前，城市信息基础设施建设已经形成蓬勃发展的局面，成为推动我国信息基础设施建设的重要力量和不可缺少的组成部分，为全面推进国民经济和社会信息化起到了示范带头作用。城市信息基础设施是 21 世纪城市发展的新主题、新动力，必将促进经济发展、社会进步和人们生活质量的提高。

按照“数字城市”、“智能城市”对城市装备现代化的要求，抓紧推动信息基础设施建设，不断提高信息基础设施对经济和社会发展的综合服务能力，充分利用现有信息基础设施资源，建设电信多业务智能平台、互联网数据中心、数字集群电话和集约化通信管线等一批新一代的信息基础设施，不断提高城市信息基础设施建设的总体水平。特别地，通过进一步加强统筹规划和政策引导，制定一批适应城市现代化发展需要的信息基础设施的功能性标准，加强现代物流、信息安全、信息产业等方面的信息化标准工作，对基础设施、公共建筑等的信息基础设施建设要做到同步规划、同步设计、同步施工、同步验收，使新建的基础设施、公共建筑等都具备信息化和智能化能力。

（一）制定统一发展规划

城市信息基础设施建设要符合信息化发展规律、适应城市发展要求，使信息基础设施的综合配套服务能力得到提升，有效促进信息网络资源的综合开发和利用。要加快建设超大容量、技术先进、灵活高效、安全可靠的信息基础设施，建成一个融语音、数据、图像为一体的宽带、高速的公共信息网络，全方位、多层次地满足社会各个阶层对基本通信业务和各种宽带多媒体业务的需求。城市信息化领导小组要根据国家和各省信息化办公室的部署，从整体利益和长远目标出发，组织编制信息化建设规划，并将信息基础设施建设作为当前工作的重点。信息基础设施建设必须坚持全面规划，分步实施的原则，实行统一规划，分步、分工实施；要协调一致，调动多方面的积极性联合共建，充分考虑现有的信息基础设施，发挥已有的网络、设备和资源的作用，防止重复建设，避免浪费。事关城市的重大信息系统项目，不论资金来源如何，都必须纳入城市信息化工作领导小组办公室的统一管理。要从大局出发，确保地区和部门的信息化建设和国家、省的信息化规划相衔接，以实现国家资源的合理配置和有效利用，保证信息化建设的健康、有序发展。

在完善城市中心区信息基础设施的同时，要加快郊区和农村信息基础设施建设。通过制定统一发展规划，整合现有各种电信网、有线电视网、计算机互联网等信息基础设施，加强互联互通，提高资源综合利用率，通过政府的协调指导作用，引入市场运作机制，共同推进郊区和农村信息基础设施建设。

此外，在城市信息基础设施建设过程中，要加强法制建设，强化基础性工作，建立健全涉及信息基础设施建设的法律法规和标准规范体系，推动信息基础设施的地方立法，如有关电信网络、有线电视网络、计算机网络的法规，保障信息基础设施的安全，推进“三网融合”，并建立健全信息基础设施规划、实施、运营的管理体制，完善专家决策咨询制度。

（二）多渠道筹措建设资金

城市信息基础设施建设要以企业为主，政府引导，适度吸引国际资本投入，形成“联合投资，专家管理，风险分散”的投资机制。同时积极探索城市信息基础设施建设和完善的有效形式，破除行业垄断，推进不同所有制经济的相互融合。对政府建设的项目，要建立严格的政府投资项目管理机制，完善财政性投入的重大项目的稽查制度。

加大城市信息基础设施建设资金的投入要深化改革、更新观念，依照市场经济规律多渠道筹措信息基础设施建设资金。一是充分调动各级政府的积极性，加大政府对信息化建设的投资力度，建立信息基础设施建设基金。二是各级党委、政府要根据国民经济和社会信息化建设的实际需要，将党政信息基础设施建设和维护所需各项经费列入同级政府财政预算，由同级计划和财政部门给予解决。三是各部门、各单位要把信息基础设施建设和维护经费列入行政经费预算，专款专用，以保证信息基础设施建设的连续性。四是鼓励部门、企业及国外资金参与信息基础设施建设。对于直接为政府服务的信息基础设施工程和为社会公众服务的公益性信息基础设施项目，要科学论证信息基础设施投资项目，坚决执行政府集中招标采购制度，提高资金使用效果，并采取政府导向投入和市场机制运行的方式逐年投资建设完善。对于商业经营性的信息基础设施，政府通过制定市场规则和鼓励政策，引入竞争机制，本着谁投资谁受益的原则，放开由社会各方面投入发展。要实行市场准入和以市场换技术的策略，吸纳国内外资金；积极推行信息基础设施建设企业的股份制和股份合作制试点，促进社会资金转化为信息基础设施建设资金，努力形成多元化的投资格局；积极吸引和争取国外大财团、大公司以建设合作和资金投入等方式参加城市基础设施建设、信息产业发展项目建设和信息资源的开发利用。

（三）加快基础设施与信息产业联动发展

优化城市信息基础设施建设环境，形成并完善促进城市信息基础设施建设的管理体制、创新机制、政策环境和社会氛围；形成全社会关心、支持、参与城市信息基础建设的良好氛围；建立统一、精干、高效的信息基础设施管理体制，基本落实政府和企事业单位的信息主管制度；初步形成良好的信息基础设施建设法制和政策环境，按法定程序出台一批地方性法规、政府规章和规范性文件，制定一系列促进信息基础设施建设的配套政策；完善信息基础设施建设人才培养机制，为信息基础设施建设提供人力资源保障。

（1）要以信息基础设施建设为龙头，促进信息资源的综合开发和应用。加快基础设施与信息产业的联动发展，以信息化促进企业产业结构的调整和升级，提高生产、管理水平和产品附加值，通过信息化应用积累建设资金，推进新一代信息基础设施建设与完善。

（2）培育信息市场。要以市场为导向，创造有利于公平、有序、适度竞争的环境，鼓励社会各界充分开发和利用国内外信息资源，实现信息基础设施与信息市场互动发展；要加强信息市场的建设和管理，推进商品市场、金融市场、物资市场、科技市场、劳动力和人才市场等各种专业市场的信息交流与联网，建立以供求和价格信息交流为主的实用、实时的市场信息系统，促进信息产品的商品化、产业化；要制定适合现阶段中国国情和地方实际的信息利用资费政策，鼓励和引导信息消费，以利信息市场的发育和成长。

（3）要积极发展信息服务业。鼓励企业利用宽带网络和电子商务综合服务平台，大力发展信息服务业；重点开发面向社会的经济、教育、科技和公众领域的信息资源，提高企事业单位内部信息资源开发能力和水平；突出开发商用信息资源，组建商业性、关键性、综合性和基础性信息库；增加信息库的种类，扩大信息库的规模，提高信息库的质量；利用宽带网络交换中心实现信息资源共享，推动信息资源开发利用的规模化和商业化；鼓励企业开展各种网络接入、网络信息、网络应用及其他网络增值服务，积极组织内容服务商搞好信息资源开发，开展数据交换、在线数据处理、网络交易、在线数据库存储与检索等；重点建设企业及产品、产业发展、金融证券、商业流通、交通旅游、人力资源、科技信息、影视节目、图书资料、投资项目等数据库。

第六章 电子商务促进企业管理模式创新研究

电子商务的飞速发展，其特殊的经营模式，必然会改变传统的管理模式和管理理念。电子商务的概念、内容、特征和作用决定了它对企业制度的深远影响。互联网的功能造就了企业电子商务战略格局；企业战略管理通过互联网集成实现战略目标。由此，互联网赋予了战略管理发展新的机遇，成为企业管理实践中的制胜法宝。

第一节 电子商务的应用及发展趋势

随着管理软件的发展，企业内部管理中的冗余成本逐渐趋向于零。人、财、物、供、产、销的管理都会集中在一个共同的平台上，不仅会给企业的决策提供集成、准确的信息支持，同时会堵住传统管理中不完善的地方，使整个企业的流程越来越合理，也减少了管理费用的巨大开支。这种发展趋势与电子商务的开展具有很好的衔接性，使管理中的数据与电子商务的数据进行交换，使企业的资源更好地得到优化，管理模式的设计及时地得到修正。如果没有这种基础，很多跨国公司的定期结算几乎是不可能的。

一 企业电子商务的沿源

显而易见，企业电子商务产生的根本原因是信息技术的发展和管理软件的应用所至。

（一）电子数据交换（EDI）的应用

EDI即电子数据交换，它是电子商务发展早期的主要形式。EDI最初应用于美国运输业中票据传送的电子化。20世纪60年代末期，美国运输业的许多公司联合成立了一个运输数据协调委员会（TDCC），研究开发电子通信标准的可行性。这个委员会提供的方案形成了EDI的基础。1970年，美国银行协会（ABA）的一个研究委员会开发了无纸金融信息传递的美国全国结算系统，并提出了行业标准。1972年美国第一个自动票据交换系统成立。1975年TDCC发展了第一个EDI的标准。1978年美国全国性EDI委员会——XIZ委员会成立，并出版了第一套 EDI 标准。1989 年美国公布了重新修订的《统一法典 4A 篇——资金划拨草案》，规范了电子商务的资金划拨问题，EDI 的应用逐渐成为现实。

1987 年联合国公布了 EDI 运作标准 UN/EDIFACT，并且每年进行修订。1990 年 3 月正式推出了此标准，并被国际标准化组织（ISO）正式接受为国际标准 ISO 9735。联合国还为此成立了联合国贸易网络组织。1996 年 12 月 18 日，联合国贸易网络组织中国发展中心（CNTPDC）在北京成立，同年 12 月 24 日北京海关与中国银行北京分行在我国首次开通 EDI 通关电子划拨业务，并成为联合国贸易网络组织的成员。尽管这样，EDI 应用发展速度还是跟不上当今社会信息化发展速度。因此，随着因特网的迅猛发展，使 EDI 的应用模式将逐渐发生改变。

（二）因特网商业的发展

自 20 世纪 90 年代初期，因特网越来越得到社会的承认，并且在世界上的使用数据按曲线增长。2000 年，全球上网人数已达到 2 亿多；2005 年，世界人口的 1/5，即 10 亿人口使用了因特网。如此众多的使用者，为电子商务的广泛应用奠定了良好的消费群体基础。因此，因特网商业的发展也就伴随着因特网用户的急剧增加而迅速膨胀。

根据 IBM 公司主管欧洲、中东和非洲网络电脑营业部的副总裁汤姆逊预测，因特网将发展成为全世界最广大、最深厚、最快捷和最安全的市场，在因特网上实现的购物和服务交易额将不下于 1 万亿美元。一家名为 Input 的民间调查公司预测，网络购物将以 200%以上的年增长幅度上升，企业间电子商务交易额将占全部交易额的 9%以上。目前，电子商务已经获长足发展。伴随着呈几何级数发展的现代化技术，电子商务必将取得更大更快的发展。

（三）电子商务应用领域

根据电子商务的服务范围，电子商务可分为 B2B、B2C、B2G（business to government，企业对政府机构）、C2G（customer to government，个人用户对政府机构）和 C2C（customer to customer，个人用户对个人用户）五种应用领域。

B2B 即企业对企业，也称商家对商家或商业机构对商业机构的电子商务。商业机构对商业机构的电子商务是指商业机构（企业或公司）使用因特网或各种商务网络向供应商（企业或公司）订货和付款。商业机构对商业机构的电子商务发展较快，已经有了多年历史，特别是通过增值网络上运行的电子数据交换，企业对企业的电子商务得到了迅速扩大和推广。公司之间使用网络进行订货和接受订货、合同等单证和付款。

B2C 即企业对消费者，也称商家对个人客户或商业机构对消费者的电子商务。商业机构对消费者的电子商务基本上等同于电子零售商业。目前因特网上已遍布各种类型的商业中心，提供各种商品和服务。

B2G 即企业对政府机构的电子商务。在企业与政府机构方面的电子商务可以覆盖公司与政府组织间的许多事务。目前我国地方政府已经推行网上购物。

C2G 即消费者对政府机构的电子商务。政府将会把电子商务扩展到福利费发放和自我估税及个人税收的征收方面。

C2C 即个人用户对个人用户，这是一种易趣个人物品的竞标网。我国于 1999 年 8 月开通，此网为所有想买卖个人物品的用户搭建的免费竞标平台。每个人可以免费创建自己的网上店铺，尝尝当老板的滋味。

二 国外电子商务的应用及发展

目前，世界各国的电子商务的应用，从近年来起了爆炸性的发展，应用面遍及各行各业。电子商务的商业信息，主要是通过因特网形成了各国商业信息社会的“神经系统”。在世界发达国家中，电子邮件已经在很大程度上取代了信件、电话和传真；信息发布功能已经取代了一部分报纸、电台、电视台的新闻发布功能，几乎所有重要的报纸都有了免费的电子版本供查阅。许多日常工作，尤其是情报信息的收集，通过一个鼠标短时间内就可以完成，免去了出差、长途电话、传真、邮寄等过去是必需的动作，特别是美国、日本、新加坡等发达国家，这些已经产生了不可估量的社会效益。

（一）美国电子商务应用及发展状况

美国电子交易的推广程度极其广泛，现有 8000 万 16 岁以上的人上网。上网人数中，42％使用电子交易方式，64％的人从网上挑选过想要购买的物品，目前约 20％的产品销售通过电子商务完成，估计今后几年会增加到 45％。2000 年，全美国电子商务营业额已达 1 万亿美元，其中 70％在企业与企业之间进行。

美国上网交易的业务种类有：①企业间从事购销、人事管理、存货管理、处理与客户关系等，营业额约占 90 亿美元，但发展速度十分快。②有形产品零售。这种零售先在网上做成交易，然后送货上门，如书籍、花卉、汽车、服装等。③通过数字通信在网上销售无形产品和服务，使顾客直接得到视听和感受，目前主要销售的是音乐、电影、游戏等产品。④银行、股票、保险等金融业务，目前全美约有 2 万亿个网上金融交易账户。⑤广告业务。全美国网络广告收入已达 100 亿美元以上。⑥还有交通、通信、卫生、教育等服务，其收入也十分可观。

美国政府将发展因特网和电子商务作为战略性支柱产业的重点方向，并积极为其开辟全球市场铺平道路。1996 年美国财政部颁发了有关《全球电子商务选择税收政策》，它支持电子和非电子交易间的“税收中性”目标。美国财政部认为：没有必要对国际税收原则做根本性的修改，但是要形成国际共识，以确保建立对电子商务发展至关重要的统一性、非歧视性税收，明确了对电子商务的管辖权，以避免双重税负。1997 年 7 月 1 日，美国总统克林顿发布了“全球电子商务纲要”，号召各国政府尽可能地鼓励和帮助企业发展因特网商业应用，建议将因特网发展为免税区，无形产品（如电子出版物、软件、网上服务等）经由网络进行交易的，无论是跨国交易或在美国内部进行的跨州交易，均应一律免税；对有形商品的网上交易，其赋税应按照现行规定办理。1998 年 5 月 14 日，几经修改的因特网免税法案在美国参议院商业委员会以 41 票对 0 票通过，为美国本土企业铺平自由化的发展道路。

美国为了使领先世界的跨国公司在全球加快推行电子商务，抢占有利市场，美国政府在多边贸易体制内提倡包括电子商务在内的信息产品贸易自由化。在美国推动下，世贸组织在 1998 年底达成了电信市场自由化协议，同年发表了世贸组织部长的讲话，讲话要求占世界信息技术贸易 80%以上的欧盟和其他 13 个国家在 2000 年前取消此类产品的关税，世贸组织并就与电子商务密切相关的服务贸易总协定进行了谈判。为美国跨国公司在全球加快推行电子商务奠定了基础。

（二）日本电子商务应用及发展状况

日本推崇电子商务。过去，日本的计算机信息化主要用于生产过程的优化及在公司中工作效率的提高。然而，后来的经济结构已经不适应经济的发展，泡沫经济破灭后，日本的国际竞争力大大削弱了。由此，日本迫切需要改变现在的系统，作为这种结构性改变的工具之一，故电子商务被日本政府和私人机构推到了显要地位。

在这种环境下，根据企业界的要求，日本政府及其国际经贸部积极同私人机构合作，在日本经济的每一个商务活动中开展电子商务的促进计划。日本国际经贸部对电子商务进行了分类，把商家和客户之间电子商务称作客户电子商务，把商家和商家之间的电子商务称作公司电子商务。曾在 1994 年，就准备了 2.5 亿美元的资金，为 26 个公司电子商务项目分配了 1.7 亿美元的预算。

在客户电子商务方面，日本银行采用安全电子商务环境（SECE）协议。在开放性网络如因特网上进行电子交易必须做到安全可靠。SECE 实现了在一个虚拟的世界中进行日本式的商务活动。在公司电子商务方面，日本已经发明了一项称为 CALS 的计划，以实现从研究发展部门到生产部门之间的过程数字化。

在这个计划中，大量书面工作和商业过程被计算机的程序所代替，降低了费用、缩短了时间。1997 年 10 月，由富士通、日立和 NEC 联合成立了日本认证服务有限公司，以提供这种颁发电子认证的服务。1996 年，日本还成立了电子商务促进委员会（ECOM），有 251 家公司和机构参加了该组织。此后，ECOM 在诸如电子授权认证和电子预付款或“ECOM”现金等领域制定了规划和模型协议。这个授权认证规划得到了美国国家标准和技术研究院（NIST）及经济合作发展组织（DECD）的高度评价，并指定为共同的全球规划的主要基础。因此，电子商务计划通过一些私人机构的努力得到了较大的发展。

日本的电子商务促进计划采用了以下规则：首先，知识产权由发起这个计划的政府和公司共享。其次，对参与公司的选择是一个开放过程，一些外国公司实际上已经参与进来。再者，零售商通过提供系统服务支持这个计划。最后，每一个计划有两年的时间框架。通过以上这些规则，使日本的电子商务促进计划取得了很好的实际效果。

（三）新加坡电子商务应用及发展状况

新加坡电子商务的应用主要围绕电子交易和市场推广，其中以 EDI 和网上广告为主。而电子邮件及网络是它们在因特网上宣传的主要工具。另外，网上智能卡缴款及电子转账服务也已成为企业信息技术发展项目。网上银行服务也已成为企业界不可缺少的服务，不少大银行不仅有网络，而且还有提供网上转账和查询账户的功能。而零售及娱乐事业大量应用网络从事订购服务，如大型超级市场、花店、唱片公司等。在商务方面，贸易商也利用因特网进行交易及相关工作，使因特网 EDI 活动逐渐成为工商业的信息科技应用发展趋势，并取代传统的 EDI 网络和服务，与此同时，金融投资也在网上进行电子交易，这样简化了交易程序和增加了市场信息的透明度。

新加坡企业发展电子商务是为了提高客户服务质量及企业竞争力，而对增加收入、降低成本考虑甚少，因而在网络上提供服务及产品信息，有助于客户方便地掌握更多的资料。当然，也有助于提高工作效率及突破时间和地区界限。至于成本降低及收入增加与否，要看应用电子商务的策略和营运效果。关键是要有一个熟悉电子商务的专业人员带领，使之可灵活运用软、硬信息技术及人力资源发展网上业务。事实上，大部分公司认可维护及后勤系统是电子商务的最大开支，其次便是保安措施。因为电子商务依赖网络服务器，甚至需要公司的因特网相配合，涉及的软硬件不少，而除了硬件的保养成本外，维持网站运行的人力及管理资源和不断的服务改善工程也是一笔主要的花销。因此，在进行电子商务前，项目管理者、供应商和管理层应有充分的沟通，并且做好计划预算以便在电子商务发展时能在技术及成本关系中得到最大的效益。尤其是要考虑网络连接上公司因特网或数据库时，在技术工作中所费时间甚多，而且可行性往往是最难的关。一旦预算失败，应用不了现有的信息技术资源，就有可能损失不少的资金和时间。因此，这已经成为新加坡发展电子商务的企业经验。

三 我国电子商务应用及发展状况

我国电子商务的宣传声势和兴起比国外晚两三年。1998 年 11 月，中国电子商务发展战略国际研讨会（E-commerce CHINA'98）在北京举办。此次会议研究了中国电子商务发展战略和中国发展电子商务配套体制等问题，探索一条适合中国国情的电子商务发展模式。为推动电子商务的发展，中国在 2000 年 2 月颁发了《中国电子商务发展战略纲要》，此纲要已成为中国企业利用国际网络进行电子商务活动的指导性文件。2000 年 4 月，北京举行了中国风险投资与互联网/电子商务国际研讨会。这次大型国际研讨会由美中经济合作集团北京控股有限公司、清华大学企业集团、国家信息中心和中国经济信息网集团四方联手举办。这次高水平、高层次的研讨会活动，研究了国际上最新电子商务的发展模式，极大地促进了创业文化在中国的传播，推动风险投资机制在中国及早建立与完善，促进了中国高新科技产业的发展。

中国政府和企业敏锐地意识到信息化及电子商务对经济增长和企业竞争力的巨大影响，相继实施了“金桥”、“金卡”、“金关”等一系列金字工程。此外，国内一些企业和部门大胆尝试，成立了中国远洋运输集装箱信息系统，中国商品交易网、中国商品订货系统等网络。特别是 1997 年 10 月 28 日由国家经贸委批准成立的运用计算机信息网络的商品交易中心正式开通，力求把全国所有企业的商品交易通过因特网统一管理起来。1998 年 4 月，北京海星凯卓计算机公司和陕西华星进出口公司利用在因特网上运行的中国商品交易系统进行了首单电子交易。满载价值 166 万元 Compaq 电脑的货柜车从西安顺利抵达北京，这标志着我国电子商务从此正式开始了实际运行。同时，外经贸部的网上“中国商品交易市场”开通，客户可以在网上寻找信息，在网上加密的谈判室进行谈判，签订合同。国家国内贸易局有网上商品交易中心。几个部委联合成立了网上中国库存商品调剂中心。还有各省市的网上商品交易中心和电子商务中心等，都已开展了网上交易业务。但是，美中不足的是，网上商品交易中心基本上只是在网上完成电子商务的部分过程，而没有完成从寻找信息到电子支付的全过程。由于货款经过一次中转，商家要上缴两次税收。银行、法律和税收等问题使那些想要上网的企业心存顾虑、望而却步。因此，近年来，银行、外贸、商业、邮电等部门已经着手解决电子商务需要解决的有关问题，税务、工商、法律、海关等部门也在研究相关问题。我国沿海各大城市政府都非常重视信息化建设和企业电子商务的应用。

上海已建成全国最大的本地高速数字数据网、本地分组交换网和高速同步数字网（SDH）。高速、宽带的异步传输模式（ATM）交换网已实验成功。上海家庭电脑普及率已经超过 80%。在此基础上，上海相继发展促进电子商务的五项重点工程，即上海信息交互网、上海社区服务网、上海国际经贸电子数据交换网、上海金卡和收款系统和上海社会保障网。其中，社区服务网把计算机和社区服务有机结合起来，为市民提供各种丰富多彩的服务。国际经贸电子数据交换网把上海海关、港航、外经贸三个分中心联通，实现了无纸化贸易，增加了上海企业参与国际贸易的机会。如东方国际集团丝绸进出口有限公司等企业已通过 EDI 的出口订单系统与国外大型企业进出口商建立了电子贸易伙伴关系。上海社会保障网通过计算机网络，在全市范围内实行养老、医疗、工伤、生育、失业等保险业务的“五保一卡”，市民只需持有一张社保 IC 卡，便能享受相似的社保服务，初步实现了保险业的电子化和网络化。

第二节　电子商务促进企业制度改革和创新

一 电子商务对企业生产经营的作用

（一）电子商务的启示

当今世界的“电子商务”一词，人们并不陌生，顾名思义，即利用高速电子传递信息的功能形成多功能的电子网络进行商品交易的业务。这就是电子商务。电子商务由两个核心内容组成；一是有载体——互联网；二是有在互联网上进行商品交易的客体——用户或部门。

互联网不等于因特网。后者是词汇“Internet”的音译名，是特指目前最流行的一种国际互联网；而前者是指一个网络的类型，不特指某个网络。

互联网是由两个或两个以上的物理网络互相联结而形成的更大范围的一种网络，其作用范围往往是一个非常广阔的、动态蔓延的区域。互联网有三个方面的主要特征：

其一，基于协议互联而成的虚拟网络。互联网技术的关键是采用一种“网际协议”将互联网中的所有网络在某个层次（一般是在网络层）“串联”起来，以达到端到端的协议连续性，从而创建任意端系统之间的互通环境。由于这种环境是靠协议体系在逻辑上的联结而建立的一种虚拟的互通环境，所以这种网络属于一种虚拟网络。

其二，组织结构复杂可变的整体互联网络。参与互联的各个体网络对于整体网络的接入是动态可变的。任何一个部门级或用户级网络，只要经过有关管理机构的许可并遵守有关的规定，并且使用相同的互联协议体系，就可以通过互联设备接入到互联网的就近节点上而成为互联网的一部分。如要脱离互联网，更是随时的、自由的。由于个体网络的类型不受限制，这就导致互联网的内部组织结构级形成的作用范围复杂和可变，形成一种“网无定网，界无定界”动态布局的整体互联网络。

其三，具有全局的、独立于个体网络的高层的协议体系。互联网络中各个个体网络之间的异构性，只限制在互联层次以下的范围内，对于网络的应用来说，这种差异已被网际协议掩盖起来了。互联网的互联层以上的部分，在统一的高层协议作用下，所形成的环境是全局的、同构的互通环境。用户的应用系统所接触的正是这个全局环境，并独立于下层的个体网络异构环境。

由此，互联网是企业进入电子商务的基础源，有了互联网，才会有企业电子商务交易平台，才会有企业电子商务交易活动。

（二）电子商务对企业生产经营的作用

因特网的发展，引起一场覆盖全球的新经济革命，从一般消费品的生产和交易开始，全面改变工业经济的利润模式与经济运行模式，悄然而至形成了当今的电子商务时代。对工业企业的生产经营产生了巨大的影响，发挥了积极作用，致使众多的企业都争先恐后地积极创造条件进入电子商务。

从理论上讲，电子商务能给企业生产经营带来极大方便，借助现代网络通信技术提高工作效率、降低成本，并能使传统企业从繁杂的经营活动中解脱出来：

(1) 降低企业生产经营成本，提高销售利润。企业入商网后，企业间在互联网中的营销模式趋于扁平化，买卖双方直接产销见面。减少了流通领域中间环节各种交易费用，对于买方来说，可以买到批量的优惠价格。若是生产产品的原材料，这就降低了产品生产成本。对于卖方来说，可以减少讨价还价能力的损失，大大提高了销售利润。在时间上，根据传统方式的经验数据，价格信息反映到最终用户要 6 天时间，而电子商务的价格信息，可以不经过总代理部、分销商而从厂家的网站上直接看到。互联网中，信息转换的过程是以分钟计算的，这个成本在美国一些机构的估算中，大约会下降 13%～38%；

(2) 拓宽企业营销市场，增强企业竞争的公平性。互联网的覆盖和作用范围很宽广，其网络组织结构复杂可变。它是“网无定网、界无定界”的开放式的大市场。参与的企业很多，无论是远距离还是近距离，均可在网上磋商，货比三家、不废口舌成交商务。这就大大拓宽了企业的营销市场，增强了企业竞争的公平性。实际上参与电子商务是当代企业最科学的营销战略选择之一。

(3) 加快技术交流和创新，提高产品质量。互联网中，参与的企业五花八门，各种商业机密、客户群体、技术制高点，全呈现在你眼前，浮现在你脑子里。这样的信息，对企业技术创新，提高产品质量十分有利。

(4) 零库存，加速企业资金周转。电子商务的经营模式是以客户为中心的"个性化订单—产品限量生产—送货"模式，没有库存。企业能做到有计划地购进原材料、有目的地组织生产、有目标地销售、有计划地回笼资金，大大加速了企业资金周转和企业的发展。

(5) 企业经营机构和职能简化，运转流畅迅速，效率高。企业经营机构包括原材料供应和产品销售两大部门，在传统企业中，这两大部门机构庞大，人员众多，几乎占企业总人数的5%～30%，占用了大量的活劳动成本。而且企业组织机构模式为矩阵型组织结构，特别是大型企业，职能经理和经营单位（或产品）经理具有重叠，而且经常是矛盾的权利和责任，这就使得成员接受双重领导，当两个部门意见不一致时，就会使他们的工作无所适从。进入电子商务后，一是可简化一个部门的职能，二是凭借互联网上的数据说话，可以解决矛盾的权利和责任，使机制运转流畅、迅速，提高效率。

二 企业进入电子商务具备的基础条件

根据电子商务互联网是基于协议互联而成的虚拟网络的特征。为了适应组织机制及生存环境，虚拟企业将实行数字化管理。即企业以电子计算机及网络通信技术为基础，企业管理活动通过基于0和1的数字流实现虚拟化，信息化管理。这就是企业进入电子商务具备的基础条件。

（一）企业经营模式的改换

企业进入电子商务前一定要将传统的产品研究开发、产品生产和市场营销三项管理中只重产品生产管理的橄榄形经营模式，改换成现代的重视产品研究开发和市场营销两头的哑铃型经营模式。因为电子商务要求的是以客户为中心的"个性化订单—产品生产—送货"的新经营模式，即电子商务模式。在这种模式下，生产产品的能力和规模不再是决定企业兴衰的关键，而更重要的是如何构建客户与企业之间的直接联系，以使客户可以按他们需要的方式定制产品、按时按质供货，这是企业经营的核心。对于产品生产能力不够者，可以对外委托。所有订单及其交易再不需要传统企业那种庞大的销售体系，而是通过互联网使所有相关伙伴企业联机监控，从订单、材料采购、生产、交货到支付的一切环节。所以企业经营重点是产品的研究开发和市场营销的研究开发，也就是电子商务的研究开发，其目标是如何生产客户需要的又快又好的新产品。

（二）企业管理体制的改换

（1）领导管理体制的改换。传统企业的总经理负责制要改换成公司治理结构体制下的首席执行官（CEO）负责制，即现代公司的委托-代理制。根据电子商务互联网具有全局的、独立于个体网络的高层的协议体系的特征。为适应这种环境，企业必须又安排或组织结构性的内在逻辑的制度来制衡和实现对管理者的约束与激励，以最大限度的满足公司利益和企业目标的实现。而公司治理结构的委托一代理制，就是一组规范与法人财产相关各方的责、权、利的制度安排。其中包括股东、董事会、管理者和职员，或者说它是法人财产制度的组织结构形态。企业这种组织结构形态是电子商务操作中必备的。

（2）管理运行机制的改换。传统企业的经济责任制或承包责任制考核机制要改换成电子商务业绩运行机制，或凭计算机记录的数据考核机制。显然后者是真实、合理和科学的。在电子商务中，现代公司的委托-代理结构下，委托人关心的是如何选择、监控、激励经营人员，特别是CEO。对此，米勒教授曾经提出："怎样才能确保企业经理得到正好为其所需而不是更多的资金以完成有利可图的项目？经理应遵循怎样的准则来经营企业的业务？谁来判断经理是否对公司的资源运用得当？如果运用不当，谁有权决定替换？"看来，这一系列问题只有由电子商务业绩运行机制来回答了。因为电子商务业绩运行机制可以解决企业内在的两个基本问题。一是激励问题，即在给定产出是集体努力和个人贡献难以度量的情况下，如何促使企业的所有参与人努力提高企业的产出？二是经营者选择问题，什么样的机制能保证最有企业家能力的人来当经理。

（3）建立保持高度变化能力的柔性管理结构。在电子商务中，由于客户的个性化订单，也就是客户成为产品的部分设计者，因此，无论是工艺设计，还是组织生产，或是组织送货，都必须考虑客户需求、产品开发和生产条件的环境变化对企业管理组织能力的挑战。也就是当环境条件发生变化时，应通过管理结构的快速调整，创造性地建立新的适应环境变化，能发挥市场优势的管理结构。如一个企业的技术中心、经济发展中心、用户服务办、委办等机构可以建立保持高度变化能力的柔性管理结构。这种柔性的管理结构，将使企业在虚拟伙伴关系中保持足够的灵活变化能力与伙伴共同对客户提供最有服务的能力，以有效地抵御市场风险。

（三）建立企业自己的信息集成技术系统

信息集成技术系统是企业进入电子商务的必备条件。在电子商务时代，互联网中所有环节都相互依赖、相互联系，特别是在同一产品制造链中，相关企业的生产和服务被网络连接在一起成为高度协作的系统，不同企业的管理标准、品质标准、技术标准的统一和竞争，将促进和加强产品联盟的团结。与之相反，也可能削弱与破坏这一联盟。因此，企业必须通过互联网建立自己的信息技术系统，并将企业的各类标准和市场策略融入进去，进行管理集成，在保持对产品联盟整体的信息技术系统良好支持的前提下，然后将企业的商业模式通过互联网进行保护和利用。

三 电子商务时代企业制度改革的重点

根据电子商务对企业制度的作用、影响和要求的分析，电子商务时代，企业改革的首要任务是建立中国特色的现代企业制度。为什么现代企业制度要谈中国特色呢？因为中国企业制度里存在着“老三会”和“新三会”的协调问题。“三会”的对应关系是：工会和监事会、职工代表大会和股东代表大会、党委会和董事会，三组关系如何协调和集成问题是关键。无论怎样，必须遵循电子商务的规律及要求，对传统企业制度进行整合集成改革。

（一）建立企业和部门的CEO制度

CEO是企业行政系统的最高执行官，是公司治理结构的核心代理人，它拥有企业生产经营管理的最高、最大的权力，也是我国企业界人士常说的公司“一把手”。这个CEO由企业内谁来担任？董事长、总经理，还是党委书记？这就要根据企业的实际情况和需要而定，总之，改革的原则是首席执行官只有一个，不能多头，这是电子商务的各网站司令官，只允许一种指令。根据发达国家企业管理的经验和教训，结合中国的实际。在中国，市场控制要受到各种因素的制约。董事会、经理班子之间的制衡力度，不能通过市场控制来加强，所以学术界和企业界均认为，在中国企业应取消法人代表，分设董事会和总经理，由总经理任CEO较适宜。

（二）建立委托-代理的领导体制

委托-代理的领导体制对于国有企业来说，委托人是国家政府部门、国有资产管理部门，而代理人就是企业CEO。目前，我国企业虽然经过多轮改革，但是关系仍不明确，企业总是把董事长看做是权力至高无上的一把手，总经理总是在董事长领导下管理具体的生产经营活动。其二者的权利和义务并未分清，董事长或总经理，所谓的企业的一把手，总是由国家政府任命，尤其是特大型国有企业，“一把手”简直毫无企业经营职业风险，完全是国家官员。缺乏对企业“一把手”的监督和激励机制。尽管现在大企业中也有监事会、监察室、工会、职代会等监督机构，但均在一把手的全权领导下，形同虚设，尽管企业也在试行“年薪制”的激励机制，但由于责、权、利并不对等，故无激励效果。相反，会造成管理者与职员之间的矛盾。因此，在电子商务时代，首要问题要彻底进行企业领导体制的改革，这也是一项国有企业害怕触及的产权革命，即必须真正建立委托一代理制的领导体制，建立企业控制权和剩余索取权分配的一套法律、文化和制度，才能选择、监控和激励各级经理人员，特别是各级CEO，才能在集体努力的结果和个人贡献难以度量的情况下，激励企业的所有参与人去努力提高企业的产出，为实现企业使命而努力奋斗。只有这样，在电子商务中，企业才能替代市场，即通过组织行为和市场控制来代替价格机制配置企业内部资源，以降低市场交易费用。这一替代的代价是代理人的出现及由此产生的约束激励的成本，显然，这种约束激励成本远远少于市场交易的降低成本，这是一本万利的改革。

（三）建立以客户为中心的经营管理模式

以客户为中心的经营管理模式的建立，同时也是企业改革的目标，这一目标要求企业基于因特网组建柔性的生产与管理结构，以保持对市场（客户）的高度适应能力。电子商务时代的企业改革计划正以试验的方式在全球展开，虽然它不局限于一种或几种模式，但一些基本的原则和技术手段却比较清晰。因此，企业必须进行全面而协调的改革，而改革的基础是建立以客户为中心的经营管理模式，并依靠因特网实施改造自己企业的计划。

（1）应基于企业的市场优势进行企业发展定位。在企业的市场优势的鉴别中确定自己最擅长干什么事情，也就是自己在哪些方面可以为用户提供有价值的服务，如产品种类、包装、规格、质量、品牌、信誉、技术、运输、组织管理等服务方面，以此定位为基础，实施以客户为中心的各项改革。

（2）分析企业的现有资源优势和可扩展的资源优势。通过企业的现有资源优势的分析，找出可扩展的形成市场优势的资源，然后通过现有资源的扩展形成和扩大市场优势，以取得对客户的吸引力，以便在某一产品制造网络链中找到最有利的位置。以此分析为依据，实施以客户为中心的各项改革。

（3）实施企业的生产组织结构、研发能力和市场分析判断能力能最大限度地适应市场的改革。在知识经济社会，不断地创造需求将能赢得客户的消费，但这是一种互动的关系，与客户需求的变化相比，企业的生产资源将以较大代价的方式保持这种跟随状态，因此，生产组织结构的可变性高低，决定着企业的利润和成本。通俗地说，研发能力高的企业，应尽可能保持简约的生产结构，以便将别人能做的事情委托出去，对不具备研发能力的企业，需要建立以固定资产和单一产品为主的生产结构。

第三节 企业电子商务运作及其组织模式

企业电子商务运作及其组织模式，不仅仅是一个技术和经济性问题，而且是一个具有丰富内涵的综合性管理问题。我们必须纠正一个认识上的偏差，即把企业电子商务简单理解为信息技术对传统企业的装备、工艺及其手段等方面的改造的单纯技术性问题。不可否认，电子商务在工作操作层面的运用是一项基础性工作，是电子商务运作中不可缺少的一个重要组成部分。但他并不构成企业电子商务运作及其组织模式的全部内容，而是在其应用整个过程中，相反，综合性管理问题却始终处于其重心的位置。

一 企业电子商务组织的由来

企业电子商务组织的产生源于时代的要求，他按照社会演变形态，从 U 形、H 形到矩阵形、再到网络形。这些模式的演进都源自更好地服务于顾客和社会的要求，这就是当今的电子商务组织模式。

企业电子商务现象在 20 世纪 70 年代末 80 年代初，随着社会进步和经济的发展，在发达国家就已萌芽并开始推行。当时美国的企业界以“外购”的方式开创了企业网络化之风。日本的企业界则以“精益生产”来联结外协厂，从而有力地推动了企业网络的建立与发展。但是，企业网络化成为一种基本的组织运作方式，则是 20 世纪 90 年代初伴随着网络技术的发展而逐渐兴起的。由于企业间跨越时空的合作业务只有在网络技术的帮助下才能高效运作，这就使得企业网络可以借助技术平台的支撑，把一些规模更大、更加分散的公司以较低的运作成本纳入到一个网络体系内。通过对整个网络［包括客户和其他初始设备制造商（origin equipment manufacturer，OEM）或原始设计制造商（origin design manufacturer，ODM）］系统的协调管理，增大主体企业的价值与实力。在网络符合成员企业经济利益时，企业可以随时加入；同样，在网络不能带来足够的价值时，企业可随时“下网”。加入网络意味着采用一种共同的结构、技术或彼此认同的一套标准，这为网络成员的商业运作提供了共同的平台。例如，计算机行业的公司若采用 PC 结构作为其产品或服务业的基础，加入微软或因特网的企业大多遵循一套技术标准，授受共同认可的技术规范。运作手段和技术水平及运作规则构成了实现相互协作的技术平台，运作平台的相对一致性正是保证整个网络正常运转的基础。技术水平的变革及经营方式的变化导致了不同时期企业运作平台水平的差异，这就是网络化运作模式产生演进的基础，也就是企业电子商务组织的由来。

二 企业电子商务运作的组织模式

企业电子商务运作的组织模式种类繁多、千差万别，主要是根据企业内外环境变化的条件而定。从企业网络化运作方式上，通常可以采用以下四种：

（1）企业业务外包网络。企业业务外包网络，即企业间的商务合同网络，它是源于“巨无霸”型企业运作困惑而出现的一种企业运作方式。这种现象最先在美国的工业界反映出来，20 世纪五六十年代，美国工业界经过几次纵向一体化浪潮后，出现了如通用、福特、杜邦公司等巨型企业“恐龙”。这些“庞然大物”为了控制市场的需要，几乎生产一种产品的全部部件，它们各自都形成了自己独立的“帝国”。这些企业崇尚“大而全就是好”的经营哲学，不但零部件全部由自己生产，而且原材料也由自己生产，如不少钢铁企业有自己的矿山。除此，不少企业还有自己的销售网络直接面对消费者，企业是供、产、销一体化整体。对外界企业无依赖性或者依赖性甚小。至 20 世纪 70 年代初期，这些巨无霸企业管理效率低下的问题日益显露，从而出现了规模不经济的现象。一些企业开始反思“大而全就是好”的经营哲学。它们逐渐认识到，合理地借用其他企业的力量，可以更有效地进行生产经营，并提高运作效率。于是这些企业开始转向其他企业采购一部分零部件。美国工业界也不再奉行大而全的做法，而是倡导“小的是美好的”经营理念。于是，一些大型企业开始把效益不佳、自己生产不合算的零部件生产剥离出去，外包给其他厂商，自己只专注于产品的最后装备与调试，并自制一些核心部件，其余部件则通过选择一些零部件供应商作为其长期合作伙伴而建立一种合作网络。在这种企业网络中，中心企业与供应商之间通过长期的契约联合起来，各种零部件企业则按契约要求，按时提供符合质量标准的零部件，中心企业则按契约规定进行验收。中心企业对供货商提供技术指导和质量把关，并对一些供货商的技术更新换代提供贷款，从而建立更为牢固的网络关系，这种网络关系是企业电子商务的开端。它突破了传统的市场上临时寻求“卖者”，或通过招标形式自由采购的方式。因为核心企业与供应商之间有着稳定互补的关系。例如，丰田公司在日本与其供料者之间维持了三层网络：其一，网络中有数以千计不同规模的厂家；其二，供应商网络中许多厂商所拥有的大部分市场都掌握在丰田手中；其三，大部分厂商在财务、技术和其他业务方面都受母公司控制或影响。这种组织模式不同于以大企业控制相关市场为前提的计划生产系统，而是沿着厂商网络所进行的垂直分解过程，它取代了在一个公司结构中各个部门的垂直整合。这种网络允许生产单元中劳动与资本的高度分化，它既能保证技术创新的实力，又能在灵活的运作中明确责任。

（2）企业同步生产协作网络。同步生产协作网络，即企业内母子公司间生产协作网络，它源自日本丰田汽车公司的“精益生产”方式。丰田公司在生产效率和竞争能力上取得的巨大成功，相当程度上应归于其运作方式的变革。因此，在许多文献中，“丰田主义”被认为是优于“福特主义”的一种有利于适应经济全球化和弹性生产系统的新的制胜器。日本企业这一同部生产协作网络运作模式已被许多国家大公司所仿效，实践证明它是一种能极大地提高效率的运作方式。一方面，通过“看板”管理系统，生产所需要的特定物料在准确的需要时间，直接由供料者送到生产基地，从而成功地避免或大幅度降低库存成本。另一方面，在生产过程中，通过团队合作，分权式的主动提案、工作现场的重大决策自主性、团队表现的奖赏，以及网络化的平行管理层级等，这样有利于消除生产和流通过程中的重大停滞，因为它是基于组件零瑕疵、机器零故障、零库存和零文书工作预设的。这种运作方式唯有依赖各工作环节的有效联结与网络化的及时交流，才能保证运作持续进行。这种生产协作方式的关键是及时的，即及时采购原材料供零件制造、及时制造零件供组件装配、及时装配组件供成品装配、及时生产和运送成品上市销售。其实，在这种运作方式下，不仅企业内部实行“看板”管理，而且外部也实行“看板”管理，它把外协厂家有效地组合起来，形成一种强大的企业生产协作网络。在这种网络中，主机厂的发展有赖于协作厂的发展，协作厂的产品质量、制造成本和管理素质，最终会反映到主机厂的质量和成本上来。因而主机厂和协作厂之间通常建立有相互依存的协作关系。主机厂作为整个网络的核心企业，一般用互助协作会的形式把协作厂组织起来，定期召开会议来交换意见并发布有关信息，帮助协作厂培训干部、提高产品质量、降低成本，并为其提供低息贷款，改善经营管理。主机厂还可以派高级管理人员到协作厂任职，派高级科技人员到协作厂技术指导。同时，对主要的协作厂家还可以采取参股、控股等方式，以资本为纽带，来联结和控制整个生产协作网络，从而实现主体企业正常而高效地运转。

（3）企业技术协作网络。技术协作网络，即企业内外技术协作网络，它由企业内外两大部分组成。内部网络由产品项目组成的模块实现联结，每个模块除专注于某一产品的研究开发外，还与其他产品项目进行沟通与技术协同合作，从而保证产品的配套开发与升级换代。这一网络的运作始终以发挥研究开发人员的首创精神为指针，以技术创新为宗旨。企业可与国内外大公司或高科技产业进行定期的技术交流、人员互派及合作研究，依赖这一内外联结的技术网络，保证公司的技术创新走在世界的前沿。如安科公司与美国 Analogic 等国内外公司进行技术协作，建立技术协作网络，使其技术创新保持在较高水平，获得国家级、省部级新产品及技术创新奖 45 项。其中，核磁共振、CT、彩色超声等产品的研发、生产均首开中国医疗器械行业的先道，填补了国内空白，实现了零的突破。

(4) 企业商业网络。企业商业网络，即企业营销及售后服务网络，实际上也就是企业的用户（客户）网络，这是企业电子商务的直接网络。这种网络的运作模式是与企业战略管理中的营销策略配套进行的模式。首先，企业建立的营销及售后服务网络要覆盖全国甚至世界每一个希望提供产品服务与技术支持的角落。其次，由销售分公司和售后服务站组成专业营销网络，有效保证产品的快速传递和使用运行。售后服务人员能在收到服务通知 24 小时之内快速赶到现场服务，服务质量实现预定承诺。再者，建立企业先进的物流控制系统，与门店联网管理，与供货方 EDI 信息联网，有效地缩短供货周期，控制采购成本，提高管理效率。最后，根据企业营销及售后服务网络信息，按照先通路后品牌，先满足需求后创造需求的原则，可选择成本领先、差异化、集中化等战略或组合战略。在管理模式上可采用橄榄形与哑铃形相结合的模式，或逐步形成完善的橄榄形结构，把企业做大、做强、做深、做透，走出国门，走向世界。

三 我国企业电子商务应用模式

信息化技术在我国企业的广泛应用，推动了企业新工艺、新产品的迅速发展。特别是以及时、高效、服务周到为目的的广域化计算机管理系统的广泛应用，使企业从单个工艺流程到整个生产系统，从企业到国内外流通领域，最终用户、税务、海关等相互联网。在企业内外形成了 EDI 格式一体化的广域网络系统。CIMS 和 ERP 的广泛应用，对企业的供应链系统与生产加工系统的物资流、产销系统的信息流与资金流的优化协调，提供了可能。一些大型企业以高效、高产、优质为标志的局部工序实现无人化。在企业自动化工程应用中，传统的计量、电子、仪器之间的分工界限已经不再明显。计算机技术的应用已经深入到各个领域，特别是检验和执行设备的技术进步带来了先进的工艺参数检测仪表和检测手段，使过去许多不能检测的参数得以解决。在现代生产工程控制中，电控系统、仪控系统和通信系统正在被回路调节、顺序控制、传动控制和多媒体的一体化系统所代替。信息技术在我国大型企业生产各个工艺环节、各个工序、各个职能部门得以广泛应用，促进了我国工业企业流程和商业企业物流的全面数字化，形成了各自电子商务的应用模式。

（一）海尔的“一流三网”模式

所谓“一流三网”，“一流”是信息流，即以订单信息流为中心；“三网”分别是全球供应链资源网络、全球用户物资网络和计算机信息网络。“三网”同步运行，为订单信息流的增值提供支持。海尔集团与 SAP 公司合作，在进行企业业务流程重组（business processing reengineering，BPR）后，又搭建了BBP采购平台。企业的一切活动都是围绕客户需求订单进行，订单是企业管理和业务活动的驱动源。建立获得客户订单的信息网络，是开展一切业务活动的基础。企业获得订单以后，迅速向采购、生产、组装、配货、装运等各个环节发出需求指令，制造和供货过程得以启动并进行。在以往的计划推动模式下，这一系列过程都是按企业计划来进行的。由于不能确定产品销售去向，因而不可避免地出现大量的仓储及仓储费用居高不下，大量占用资金。海尔的这一定单牵拉模式则在很大程度上解决了这一问题。

（1）通过即时（just in time，JIT）采购、JIT配送和JIT分拨三个标准化，实现同步流程；通过BBP采购平台，使所有的供应商均在网上接受订单，并通过网上查询计划与库存，及时补货，实现JIT采购；货物入库后，物流部门可根据次日的生产计划利用ERP信息系统进行配料，同时根据看板管理四小时送料到工位，实现JIT配送；生产部门按照B2B、B2C订单的需求完成订单以后，满足用户个性化需求的定制产品通过海尔全球配送网络送达用户手中。

（2）在企业外部，客户关系管理（customer relationship management，CRM）和原材料网上采购（BBP）系统电子商务平台的应用架起了与全球用户资源网、全球供应链资源网沟通的桥梁，实现了与用户的零距离。

（3）在企业内部，计算机自动控制的各种先进电子商务设备不但降低了人工成本，提高了劳动效率，还直接提升了电子商务过程的细化水平。计算机管理系统搭建了企业内部的信息高速公路，能在电子商务平台上获得信息迅速转化为企业内部的信息，以信息代替库存，达到零营运资本的目的。

（二）宝钢生产经营流程的信息化模式

宝钢的信息化建设开始了一种新的产业化模式。宝钢把信息化软件开发部门分拨出来独立发展，并通过买壳上市，收购了原上海钢管厂股票代码为600845A股和900926B股，并更名为宝信股份。这样就打通了宝钢信息化建设的融资渠道，建成了宝钢发展钢铁信息化软件产业的产权平台，为宝钢信息化建设的研究开发，提供了一种可持续的外部输入资金的支持模式。

（三）武钢自动化产销资讯系统模式

武钢以市场为导向、以合同为主轴、以冶金规范为桥梁，建立了统一完整的物流编码系统的产销资讯系统。首先，实现了武钢财务系统与整体产销系统的对接统一，在生产、销售、技术质量与财务环节实现了总部一级管理；其次，武钢的产销资讯系统建设是建立在规范的基础管理工作之上，机构重组和管理流程再造是其配套工程，主要包括客户档案管理、行业规范与产品规范、标准成本管理、存货物位管理、人事档案管理、物资供应系统、设备产能系统、能源计量系统、信息化工程的基础培训、二级至四级机的通信网络建设、办公自动化、设备运转率、品种命中率、编码系统、主干网的配套改造、电子商务等16项配套系统工程模式。

四　企业如何实现网络营销

企业电子商务运作及其组织模式灵活多样。从理论上说，网络营销可沿着一个或多个题材层面展开，如管理、技术、产品、理念、方案、服务、社会责任（如对环境、健康的保证）、顾客等。企业建站时应根据自身长处与特点，找准切入点，以一至几个层面为重点，将主导栏目做深、做透，以形成本网站特色与竞争力。网站建设最重要的是定位准确，各层面脉络与结构清楚。在当前站点规模不大、功能尚不很完备的现状下，能向访问者系统地提供企业与产品基本事实，展示其长处与强处，并在服务营销、知识营销方面作出有益尝试，为网站今后的发展与充实预留广阔的空间。企业作为网络营销的主体，要想从这种不受时空限制的、即时反馈的最新营销形式中获得效益，势必要从以下四方面入手：

（1）首先要针对本企业特点，制定企业网络营销策略。对其网络规模基本功能和运作方式进行系统规划，追求本企业独特、鲜明的个性化特点。

（2）确定网络营销的具体目标，如树立企业形象、展示产品、拓展企业市场空间、调查用户反应和改进售后服务等。

（3）建立专门队伍，并与外包项目相结合。企业自身的专门队伍或人员负责企业内部的协调和与外部的联系。企业将网站建设等具体任务，外包给具有网络技术和营销技巧、经验丰富和有资质的网络营销策划顾问公司，同时选择良好的网络服务商，以得到可靠的网络层和应用层的支持。网络营销的多次服务，包括信息发布、商机搜索、商务沟通、网上客户管理、网上市场信息管理、技术分析及咨询服务。

（4）根据自身情况逐步实施网络营销功能。可以从一个主页开始到经营企业网站，从做产品广告到建立客户关系，从发电子邮件到建立产品供销链，方式灵活多样。

网络营销作为电子商务的一部分，政府在制定电子商务发展规划中，应制定宽松的宏观经济环境，鼓励和指导企业建立网站与上网，先从网络营销着手，使企业从网络营销中获得更多的增值，推动电子商务在我国企业界迅速开展。

第四节 互联网与企业战略管理

20 世纪 90 年代，美国新经济横空出世，全世界都为之疯狂。究竟是什么造就了美国对信息技术的高额投入？其中一个重要原因在于美国运用信息技术促进了工业经济向知识经济的迈进。在今后若干年内、美国还将投资 1000 亿～5000 亿美元，用于富有竞争力的信息处理模式及互联网的扩张与升级。

一 互联网造就了企业电子商务战略格局

互联网是由两个或两个以上的物质网络互相联结而成的更大范围的一种网络。互联网的作用范围往往是一个非常广阔的、动态蔓延的区域。互联网是基于协议互联而成的虚拟网络其形成企业间商务协议互联体系。

互联网是组织结构复杂可变的整体互联网络。如前文所述，参与互联的各个体网络对于整体网络的接入是动态可变的。由于个体网络的类型不受限制，这就导致互联网的内部组织结构级形成的作用范围复杂和可变，形成一种“网无定网、界无定界”动态的整体互联网。这就促进了企业网络战略的形成。

互联网具有全局的、独立于个体网络的高层的体系。互联网络中各个个体网络之间的异构性，只限制在互联层以下的范围内，对于网络的应用来说，这种差异已被网络协议掩盖起来了。互联网的互联层以上的部分，在统一的变层协议作用下，所形成的环境是全局的、同构的互通环境。用户的应用系统所接触的正是这个全局环境，并独立于下层的个体网络异构环境。

由此，互联网是企业进入电子商务的基础源。有了互联网，才会有企业电子商务交易活动。有了电子商务活动，传统的交易市场就会发生翻天覆地的变化，这样对工业企业的生产经营活动会产生巨大的影响和冲击，致使众多的企业争先恐后的积极创造条件进入电子商务。根据互联网是基于协议互联而成的虚拟网络的特征、企业为了适应组织机制及生存环境，虚拟企业将实行数字化管理。即企业以电子计算机及网络通信技术为基础，企业管理活动通过基于 0 和 1 的数字流实现虚拟化、信息化管理，这就促进了企业电子商务战略格局的形成。

二 互联网促进了企业集成战略管理

互联网复杂可变的组织结构形成了企业战略管理的动态过程。企业战略管理是企业确定其使命，根据组织外部环境和内部条件设定企业的战略目标，保证目标的正确落实和实现进行谋划，并依靠企业内部能力将这种谋划和政策付诸实施，以及在实施过程中进行控制的一个动态过程。所以说战略管理的第一个特点是动态管理，它是一种崭新的管理思想和管理方式。这种管理方式的特点是，指导企业全部活动的是企业战略，全部管理活动的重点是制度战略和实施战略。而制度战略和实施战略的关键都在于对企业外部环境的变化进行分析，对企业的内部条件和素质进行审核，并以此为前提确定企业的战略目标，使三者之间达成动态平衡，从而实现战略管理。而互联网正是组织结构复杂可变的整体互联网络，参与互联的各个网络对于整体网络的接入又是动态可变的，随时帮助企业进行内外部环境分析，这与战略管理的特点不谋而合。

互联网具有全局性的特点符合企业战略管理这个全局的环境系统。因为战略管理的第二个特点是具有全局性。企业的战略管理是以企业的全局为对象，根据企业总体发展的需要而制定的。它所管理的是企业的总体活动，所追求的是企业的总体效果。虽然这种管理也包括企业的局部活动，但是这些局部活动是作为总体活动的有机组成部分在战略管理中出现的。同时，战略管理不是强调企业某一事业部或某一职能部门的重要性，而是通过制定企业的使命、目标和战略来协调企业各部门的活动。再则，战略管理的主体是企业的高层管理人员。战略政策涉及一个企业活动的各个方面，虽然它也需要企业中下层管理者和全体员工的参与及支持，但战略决策最终由企业高层管理人员作出。因为他们能综观企业全局，了解企业的全面情况，而且更重要的是他们具有对战略实施所需资源进行分配的权力。对此，互联网也具有全局性的相同特点，而且是独立于个体网络的高层的协议体系。企业的应用系统所接触的正是这个全局的环境系统。

互联网是基于协议互联而成的虚拟网络集成了战略管理的功能。因为战略管理的第三个特点是涉及企业大量资源的配置问题。企业的资源，包括人力资源、实体财产和资金，或者在企业内部进行调整，或者从企业外部来筹集。在任何一种情况下，战略决策都需要在相当长的一段时间内致力于一系列的活动，实施这些活动需要有充足的资源作为保证。因此，这就需要为保证战略目标的实施，对企业的资源进行统筹规划，合理配置。而互联网是基于协议互联而成的虚拟网络。它是靠协议体系在逻辑上的联结而建立的一种虚拟的互通环境，这就形成了企业间，部门间商务协议互联体系。这就集成了战略管理的功能，为之服务。

互联网帮助和促进了企业战略管理中的战略实施和控制。战略管理第四个特点是具有长远性。战略管理中的战略决策是对企业来说较长时期（5 年以上）内，就企业如何生存和发展等问题进行统筹规划。决策以企业外部环境和内部条件的当前情况为出发点，尤其需要考虑企业外部环境中的诸多因素。现代企业都存在于一个开放的系统中，它们影响着这些因素，同时也被这些因素影响。因此，在未来竞争性的环境中，企业要使自己占据有利地位并取得竞争优势，就必须考虑与其相关的因素，这包括竞争者、顾客、资金供给者、政府等外部力量，求得企业可持续发展。从这一点上来说，战略管理也是面向未来的管理，战略决策必须以企业CEO所期望或预测将要发生的情况为基础。在迅速变化和竞争性的环境中，企业要取得成功必须对未来的变化采取预应性的态势，这就需要企业作出长期性的、准确的战略计划。这一切均需计算机和微电子信息技术的互联网的帮助和专一化、个性化的服务才能实现。

综上所述，现代企业战略管理实际上是由互联网信息技术构成的企业集成模式。也就是说，互联网的迅速发展，实际上为企业战略管理提供先决条件。在BPR理念和实施ERP过程中，必须要更充分地应用互联网。如“学习型组织”概念的提出及广泛推广，企业文化和人力资源开发与管理普遍受到重视，创新成为企业发展的推动力等，有关案例、经验信息，帮助企业及时变更战略和实现战略目标，这些都深刻反映了互联网对现代企业管理的影响和提升。因此，企业集成模式下的战略管理将进一步显示出企业运作的有利性和复杂性。

三 互联网给企业战略管理带来发展新趋势

1999（财富）上海会议发现，世界500强企业虽然行业分布广泛，各企业之间差异较大，但它们几乎都认真高效地实施了战略管理。战略管理虽然研究较早，但到了20世纪60年代才开始出现于美国，70年代形成一度热潮，80年代不断回落，而进入90年代以来，随着科学技术、经济理论、管理理论和企业管理的发展，伴随着知识经济、信息经济的冲击，使得市场竞争日益激烈，战略管理重新成为企业管理实践中的制胜法宝。特别是互联网的出现、扩展与开放，给企业战略管理带来了一些新的发展趋势。

（一）企业战略管理中企业理念的更新

首先，企业战略管理中先进科技手段的广泛运用。随着互联网的广泛使用，企业战略管理面临的因素越来越多，要解决的问题越来越复杂，迫使企业必须采用先进的科学技术手段进行战略管理。如各类数学分析模型、统计调查方法、电子通信设备、电子计算机，特别是因特网、内部网（Intranet）等网络技术、电子商务技术等，被企业广泛应用于战略管理。这就给企业的组织结构带来了深刻的影响和改革，促使传统的以直线职能式信息传递为基础的金字塔或矩阵型企业组织结构模式正在向以网络化信息传递为基础的扁平型、松散型的弹性组织结构转化。由此，必然带来企业战略管理中企业理念的更新。企业目标及理念将由获得最大利润的发展与满足客户个体化最大限度的需要转向以客户为中心的服务。毫无疑问，获取最大利润仍然是企业战略管理中考虑的首要因素。但是，从互联网与企业战略管理的特点出发，追求利润是在企业的短期目标与企业的长期发展目标相冲突时，越来越多的企业家考虑的是长期目标。为了实现企业长期发展目标，许多企业不惜牺牲眼前利益，而善于放弃、大胆取舍、牺牲局部、追求发展，已经成为企业战略管理决策中的普遍现象。

（二）企业战略管理中企业领导体制和经营模式的改换

首先，企业领导体制将为委托一代理的公司治理结构体制，实行企业行政系统的各级 CEO 制度，将取消法人代表，分设董事长和总经理，由总经理任 CEO。根据互联网具有全局的、独立于个体网络的高层的协议体系的特征。为适应这种环境，企业必须安排或组织结构性的、具有内在逻辑的制度来制衡和实现对管理者的约束与激励，以最大限度地满足公司利益和企业目标的实现。在这种战略管理的组织结构形态中，将取消企业法人代表，权利至高无上的是 CEO。其次，企业战略管理中经营模式的更改。企业产品生产与产品经营将分开，产品生产将成为企业经营公司的委托生产分公司、子公司和关联公司，即企业集团化战略发展。因为互联网的出现，造就了企业的电子商务战略。其战略目标是如何生产客户需要的又快又好的新产品，它要求企业基于因特网组建柔性的生产与管理结构，以保持对市场的高度适应能力。

（三）企业战略管理中的专业化倾向和国际化倾向

一方面，由于互联网的作用，战略管理在企业管理中的地位日益提高，越来越多的企业配备了从事企业战略管理研究的专业人员或设置专门化的战略部门，协助企业家进行战略管理。他们的主要工作是为企业家充当参谋的角色，调查研究、分析趋势、提供依据、制订方案，供企业家选择和决策。由于战略问题随着企业经营环境的演化而日趋复杂，这种专业人员和专业机构的智慧作用也变得更加重要。这就导致企业战略管理中的专业化倾向。另一方面，随着战后国际资本的扩张和跨国公司的膨胀，世界经济活动中国际交往日益增多，不同国家和企业之间互相渗透的现象日趋明显，尤其是因特网、互联网的渗透作用，越来越多的企业在积极地拓展海外业务。这样，国际化战略在企业战略管理中的地位变得越来越重要。向海外发展已经成为大中型企业战略管理的重要内容。

第五节　电子商务与企业管理模式创新

进入21世纪的人类社会正在经历一场深刻的变革。国际互联网的出现和迅速普及，不仅仅改变人类信息传输和交流的方式，其深远意义更在于它已经引起整个社会组织架构和制度安排的深刻变革。传统的产业经济模式正在动摇、重组和消失，一种新型的经济模式——网络经济正在崛起。美国麻省理工学院经济学家、《创造财富》一书的作者莱斯特把网络经济称为人类历史上的“第三次革命”。据统计，2001年因特网给美国经济注入3220亿美元的产值，并使130万人就业。因特网19年来发展所创造的价值，几乎与汽车工业100年所创造的价值相当。电子商务自1997年出现在中国以来，就以迅猛的速度改变着人们的一切，特别重要的是改变了传统的企业管理理念及模式。

一　电子商务对企业管理的影响

所谓电子商务，即指买卖双方利用现代开放的电子技术的互联网络，按照一定的标准所进行的各类商业活动。在由工业社会的产业经济向网络经济转变的过程中，电子商务是一种非常重要的、关键的手段和措施。它是传统经济通向网络经济的桥梁，是企业由传统管理跨入网络管理的必由之路。因此，电子商务对企业经营环境及企业管理的影响是直接、深刻和全方位。

（一）电子商务对企业生产经营环境的影响

（1）市场模式。网上交易将代替产销直接见面。电子商务的普遍应用，将促使经济由迂回经济向直接经济过渡。由依靠中间物分离生产与消费、浪费资源为特征的工业经济向依靠电子网络使生产消费直接见面，人、资源、环境可持续发展为特征的网络经济过渡。其实质是减少中间费用、库存和流动资金，使生产“直达”消费，如果买卖双方都使用电脑网络，那么从电脑上可以看样、谈价格、签合同、付价款。

（2）商业结构。网上购物将代替中间商场。传统商业存在的全部基础就是生产者和消费者在时间和空间的距离，商场的作用就是充当其中间的桥梁。商场是物资流（货物）和信息流（价格）汇聚的中枢。在工业经济中，离开了传统商业作中介，生产和消费就会既不方便又缺乏效率。但在网络经济下，商场存在的根本理由被动摇了。越来越多的厂家拥有了自己的网上主页，大量地发布产品及价格信息。中介业将大批消亡，新兴产业将产生和兴起。

（3）行业结构。行业进入者将变得多而迅速，促使企业管理跨国化。电子商务对行业结构的影响，主要表现在两个方面。其一，以服务为主的新行业产生，如网络交易中心、电子商场、电子商务咨询服务公司、电子商务应用软件开发公司等。其经营人员的特点是年轻化、高素质、跨学科、跨专业，且大都是工商管理、金融财经、信息管理、计算机网络专业的综合性复合型人才。其二，跨国管理成为现实。由于电子商务系统的建立，使得大规模的跨国集团、跨地区的商业活动成为可能。一些著名的零售业纷纷扩大营业范围和规模，组织跨地区、跨国界的商业活动，以降低成本和抢占市场份额。一些大的连锁巨商，如西尔斯、麦当劳、沃尔玛等，都在网络上创立了自己的虚拟商店，调整传统的商业结构和布局，以适应新的管理模式。

（二）电子商务对企业管理模式的影响

电子商务对企业的经营环境产生的影响，使企业的整个生存环境发生了变化。这就要求企业作出相应的整体战略和策略上的调整，以适应企业经营环境的变化。

（1）组织结构。电子商务给传统产业的企业组织形式带来了猛烈的冲击。它打破了传统职能部门依赖于分工与协作完成整个任务的过程，而形成的并行工程的思想体系。在电子商务的构架里，除了市场部与销售部和客户打交道外，其他职能部门也可以通过电子商务网络与客户频繁接触。这样使原有各工作单元之间的界限被打破，重新组合成一个直接为客户服务的工作组织。这个组织直接与市场接轨，并以市场的最终效果来衡量流程的组织状况。企业间的业务单元不再是封闭式的金字塔层次结构，而是相互沟通、相互学习的网状结构。这种结构使业务单元广开信息交流渠道，共享信息资源，增加利润，减少摩擦。在电子商务的模式下，企业的经营活动打破了时间和空间的限制，出现了一种类似于无边无界的新型企业——虚拟企业。它打破了企业之间、产业之间、地域之间的一切界限，把现有资源组合成为一种超越时空、利用电子手段传输信息的经营实体。虚拟企业可以是企业内部的几个要素组合，也可以是不同企业之间的要素组合。其管理由原来的相互控制转向相互支持，由监视转向激励，由命令转向指导。

（2）管理模式。在电子商务构架下，企业组织信息传递的方式由单向的“一对多”到双向的“多对多”转换，信息无需经过中间环节就可以到达沟通的双方，工作效率明显提高。这种组织结构的管理模式被称作“第五代模式”，即21世纪的管理模式——信息型管理模式。这类模式的主要特点：①企业内部构造了内部网、数据库，所有的业务单元可以通过内部网快捷地交流，管理人员之间沟通的机会大大增加，组织结构呈分布化和网络化。②中间管理人员能获得更多的管理信息，在企业管理决策中能发挥更大的作用，使整个组织架构及管理幅度趋向扁平化。③企业管理由集权制向分权制转换。电子商务的推行，使企业过去高度集中的决策中心组织改变为分散的多中心决策组织。从而使传统的单一决策下的许多缺点，如官僚主义、低效率、结构僵化、沟通壁垒等，都在多中心的组织单元模式下逐渐消失。企业决策由跨部门、跨职能的多功能型的组织单元来制定。这种多组织单元共同参与、共当责任、共享利益的决策过程，增强了职员的参与意识和部门的决策能力，提高了企业管理水平。

(3) 生产经营。电子商务对企业生产经营的影响主要表现在4个方面。

其一，降低企业的交易成本。首先，电子商务降低企业的促销成本。根据国际数据公司的调查，利用因特网做广告媒体，进行网上促销活动，结果使销售额增加10倍，而费用只是传统广告费用的1/10。其次，电子商务降低采购成本。利用电子商务采购系统，企业可以加强与供应商之间的联系和合作，将原材料采购与产品制造有机地结合起来，形成一体化信息传递和处理系统。如通用电器公司采用电子商务采购系统后公司的采购费用下降了30%，其中人工成本降低了20%，原材料成本降低了20%。

其二，减少企业库存。如IBM个人系统集团从1996年开始应用电子商务高级计划系统。通过该系统，生产商可以准确地依据销售商的需求来生产，这样就提高了库存周转率，使库存总量保持在适当的水平，从而把库存成本降到最低。

其三，缩短企业的生产周期。网络技术的飞速发展为产品的开发与设计提供了快捷的方式。因为开发者可以利用网络快速地调研方法，了解最新的需求；可以利用信息的传播速度迅速收集产品的市场反馈，随时对开发中的产品重新改良；可以利用网络了解到竞争对手的最新情况，从而调整产品结构。

其四，增加企业交易机会。网络的开放性和全球性使得电子商务不受时空的限制。促使企业必须连续不断地为世界各地的客户提供技术和销售服务，这种不间断的运作方式给企业增添了许多不可估量的交易机会。

二 电子商务创新了企业管理新概念

电子商务正以其蓬勃的发展速度席卷全球，它的虚拟商业行为改变着人们的生活方式、工作方式及世界经济与社会秩序。企业运用电子商务这一新世纪的竞争新利器，将其作为一种企业能力，提升自己的竞争优势。企业决策者面对网络经济的到来，管理理念将会发生何种变化？如何调整？1999上海《财富论坛》的启示是：网络改变了竞争，改变了企业的经营模式和管理理念。

(一) 电子商务标志着现代企业市场营销新概念

电子商务B2C是一种企业与顾客间的电子商务。顾客可由网上充分了解产品的相关信息，用信用卡购物，再由配送系统负责送货，甚至以网络来运送信息产品或服务。

(1) 电子商务彻底改变和改善了交易的选择和服务。例如美国联邦快递公司（Fedex）借由公司的网站来回答顾客的查询，并且使顾客可以在任何时候轻易地透过其网站，精确地追踪自己的包裹所在位置，这样的流程不只比以前更有效率、成本更低，更让顾客能独立完成一些原本靠职员来协助完成的工作。这样减少了在人员服务上的开支。

(2) 电子商务使消费者和企业透过互动的过程，使消费者能主动决定生产产品规格、品质与价格。美国戴尔（Dell）电脑公司的网上商店，打破了自20世纪80年代个人电脑产业诞生以来所有营销手段、流通模式与既定观念。当传统的电脑营销通路均墨守成规，遵循着制造、流通、经销分层负责的同时，Dell电脑彻底将此定律脱胎换骨，重新打造了一个成功的商业模式，其独特之处在于完全透过网络邮购及电话中心来进行订单及生产工作，即所谓接单后生产模式（build to order，BTO），有效地去除了流通领域的中间利润，使得Dell的库存成本即使控制在接近零的水平，依然能保持高效率的运作。企业将此新的营销方式引入，实际上是一种运作流程再造。

(3) 电子商务可以更快更准确地捕捉顾客光临网站的各项数据信息，从而了解顾客的偏好，预期新产品概念和广告效果，最终使顾客参与到产品的设计中来，使得高质量的、个性化量身定做的产品不再是富有人的专利。而且，电子商务不受时空限制，全球化、全天候的服务使交易更加便利，同时，对于运用电子商务的公司来说，它的最佳效果是强化了可与客户间建立一对一的服务关系，运用信息科技强大的资料管理、计算及互动功能，协助顾客不必多费力气便能买卖成功。

(二) 电子商务标志着现代企业战略管理的新理念

电子商务的出现，已使现代企业竞争逐渐弃去了规模、资金、技术、人才、管理等传统概念上的竞争，取而代之的是企业战略管理竞争的新概念。即开放式的环境信息和平等透明的竞争条件的战略管理个性的竞争。这一切正是电子商务提供的平台。

(1) 电子商务B2B是企业上下游供应链之间的关系，利用电子商务连接供销双方，使合作更加紧密。同时，它也是企业竞争中五种竞争对手（力量）创造平等竞争、互相促进、共同发展的平台。电子商务它能应付繁忙的业务和处理大量的竞争信息，在公司业务量繁重时，只需增加网络的频宽、加快电脑的处理速度及存储空间即可，这就可以拥有大量的信息、时间、精力和资金投入到参与市场竞争的战略分析、战略选择和战略实施。

(2) 电子商务不只是一种营销通路和方法，而是进入了一种新的商业模式，一种新兴市场。伴随电子商务出现了许多虚拟企业、虚拟市场和虚拟贸易团体。对大企业来说，它使企业拥有更有效的方式来面对竞争的市场；对中小企业而言，排除了许多进入领域的障碍，得以迅速成长，美国硅谷中许多中小企业利用电子商务改变管理理念而创业成功即是明证。

(3) 电子商务环境下产生的虚拟组织不再需要地理上的销售渠道，不需存储清单，也不需大量的办公场所，就可实现全球化业务，企业失去地理疆界优势，竞争已无地域限制。因此，企业在构建网站、提供网上交易、实施电子商务营销策略时，其意义绝非仅是网上交易，它的费用也绝非购置电脑软件、硬件等直接费用，而是涉及企业内整个战略管理流程的再造，以及对企业经营者、管理者，乃至企业组织成员的价值观、理念所产生的新概念。即企业经营基础不是传统的“客户满意”的概念，而是让顾客觉得“自己做主”的新概念。也就是说企业经营者要从协助顾客成功的角度，站在顾客立场审视企业所提供的产品或服务，并致力于建立全员协助顾客成功的共识，视顾客为主人，注重网上顾客与企业互动时的新鲜感、方便性、速度、价格及服务，尽力协助顾客成功。

三 电子商务与企业管理模式创新

网络时代的企业竞争将是全球化、全方位、高科技竞争。企业想要用逐步改善环境的方法来赢利已不现实。运用电子商务会改变企业内的信息传递方式，使其由阶层型变为水平型的开放式结构，分工细化的管理组织已不能适应电子商务发展的需要。因此，企业内部上下要达到共同目标，必须对企业的生产、服务管理流程进行再造，迅速建立变革的管理程序和适应电子商务所需要的内部管理机制。

(一) 构筑电子商务的企业竞争优势

电子商务作为一种全新的现代商务形式为社会经济发展带来了勃勃生机。中国企业市场范围已从原来的局部区域市场向全国市场乃至全球市场扩张，同时企业面临的竞争也越来越激烈。由于因特网应用在中国的迅速发展和IT企业的积极推动，市场竞争已经从现实世界迅速蔓延到由国际互联网构筑的电子空间。在这种形势下，电子商务将不再是高科技的时髦，它将作为21世纪的一种基本商务形式被广泛采用。因此，借助电子商务构筑企业竞争优势，已经成为具有敏锐战略眼光的企业家们的首要选择。

其一，构筑管理沟通优势。基于国际互联网的电子商务为企业的商务活动提供了快速、高效、成本低廉的商务沟通手段，在全国特别是全球业务中，优势将更为明显。因此，运用电子商务的企业应主动提供更多的客观信息。而且在网上营销的产品信息必须客观、中立，避免过度广告和包装。这就需要管理者在企业文化里导入“务实”的价值观，力求表里如一、名副其实，使组织成员在产品生产和营销过程中建立顾客对企业的信任和信心。

其二，构筑管理效率优势。由于信息传递的快捷、方便，企业在获得廉价商务沟通手段的同时，业务活动效率将得到前所未有的提高。因此，导入电子商务后，企业内部运用信息科技，要使工作流程自动化，各部门经整合后的信息交换加快，工作效率将大为提高。很多工作将由电脑来替代，企业管理者应重新确立人力资源的价值，关注员工的创新能力，并培养员工拥有数字科技所无法取代的能力。另外，管理者应将员工视为顾客那样尊重，有研究显示，未来知识竞争的时代，员工拥有的知识即是财富，因此，越来越多的员工今后只是忠于自己的专业，而非企业。企业只有把员工当成顾客，以维持客户的态度与方法对待员工，员工才能被激励，才能愿意贡献自己的专业与智慧，与企业一同成长，才能达到构筑管理效率的优势。

其三，构筑与客户接触优势。借助电子商务活动，企业可以在因特网的竞争空间建立门户，从而直接面对全国以至全球客户。企业可以快速、准确地向全球客户传达产品和服务的最新的有效信息；企业可以突破时间与空间限制，与客户建立直接有效的联系，从而实现更有效地为客户服务。

其四，构筑技术创新优势。借助因特网，嗅觉敏锐的企业可以迅速获得最新的商业发展趋势的信息，找到企业发展的新机遇，从而以最快的速度设计出满足市场需求的产品和服务，并适时地提供给客户，同时借助电子商务，出差人员随时可以获得公司资源的支持，从而为客户提供最佳服务；再则，电子商务的应用可以使企业与协作单位（如原材料供应群体、科研群体、客户群体等）之间建立电子协作关系。良好的协作关系可以快速高效地传递业务数据和信息，从而发挥整体协作群体的优势。另外，电子商务依存于网络科技的发展，相关的法律法规、金融电子化的发展水平及计算机的应用普及率等因素，它的关键是网络化及金融电子化的成功。只有这样，才能构筑技术创新平台及优势。可以预测，未来企业的竞争不是大吃小和质量、成本的竞争，而是快吃慢速度的竞争。

（二）设计开发电子商务的商务沟通形式

因特网作为电子商务的基础设施，具有多种商务沟通形式。主要包括电子邮件、网站广告、公司主页、EDI 等。北京开思软件技术有限公司推出的产品——全面企业电子化管理方案（TEEMS）认为，电子商务是指基于现代信息技术的商务活动，包括贸易行为、市场交易活动及企业的日常经营管理活动，电子商务的参与者包括政府、企业和个人。电子商务并不局限于网上交易，而是涉及整个商业活动领域。基于以上认识，企业应设计开发电子邮件解决方案、办公自动化解决方案、ERP、主页信息动态发布、在线商务、一体化电子商务等。

开思软件技术有限公司的 TEEMS 已为企业提供了全面的电子商务应用解决方案。不仅支持 B2B、B2C 的电子商务应用与传统的企业内部应用 ERP、办公自动化（office automation，OA）及知识管理（knowledge management，KM）进行了无缝集成，避免了应用之间形成新的信息孤岛。同时，企业还可以根据实际情况，在经营管理活动中灵活地引入电子商务应用。

（三）在企业经营管理中选择合理的电子商务战略

电子商务应用方式及手段是多种多样的，事实上，在电子商务应用飞速发展的今天，其应用方式已经是层出不穷。对于企业而言，每个企业由于自身所处产业价值链位置、行业市场竞争地位、经济能力及人力资源等因素的不同，对电子商务的应用需求、投资能力及应用能力也不相同。基于这样一种现实，应该强调企业在应用电子商务的过程中，根据企业自身的实际情况确定一个合理的电子商务战略。

（1）企业电子商务应用战略时应避免两个盲目：一是避免认为自己的企业条件很差，电子商务离现实还很远，退避三舍。这种盲目的后果是缺乏进取，企业不去适应电子商务时代的企业经营环境，丧失商机，最终被市场抛弃。二是避免人云亦云，不考虑自身实际特点，盲目投资。这种情况的后果是无效投资，甚至得不偿失。

（2）企业的决策者在进行有关电子商务项目的决策时应考虑的因素：明白什么是电子商务和电子商务的应用方式；不同电子商务应用方式对资金、技术、人员等方面的要求；不同的电子商务应用分别能解决企业什么问题；应用电子商务需要企业具备哪些条件；企业应用电子商务在经营管理方式上需要做哪些改变；眼睛向内分析企业自身经营管理存在问题，并寻找解决方法，其中哪些问题可以通过电子商务的应用解决；眼睛向外看看业界先行者是怎么做的，是否解决了企业的问题，有什么经验和教训可以借鉴；分析自己的产业地位，找出企业在最终产品价值链中的位置及其上下游协作伙伴的业务特征等，从而确定和选择一个合理的电子商务形式及战略。

（3）企业的决策者需要正确了解电子商务在企业应用的意义。因为这是决策者能够作出理性决策的知识基础。电子商务在企业的应用不仅仅是软件或技术的应用，最关键的是将引起企业经营管理方式的改变，这种改变可能是局部的，也可能是全局的。电子商务的应用在给企业带来一系列优势的同时，也将给企业的经营管理带来新的挑战。例如，企业运用电子商务，将直接面对国际市场的客户，这就要求企业必须能够适应国际市场的竞争规律，按国际惯例行事。由于电子商务的应用，企业的市场会“豁然开朗”，可能会面临大量的订单，在这种情况下，企业的生产能力、产品质量及客户服务等是否能满足客户的要求。考虑到电子商务应用的复杂性，有必要强调咨询服务在电子商务应用中的重要性，并将其列为首要因素。开思软件公司提出的“TEEMS＝咨询＋方案＋软件”的公式说明，软件在企业的电子应用中是一个重要因素，但不是第一位的。关键是企业如何制定一个科学的、切实可行的应用战略，这就需要咨询顾问为企业决策者提供专业咨询服务。通过现场咨询服务，咨询顾问帮助企业找出企业经营管理的突破点和电子商务应用的着手点，在此基础上为企业设计提供相应的应用电子商务解决方案和相应的软件及其实施方案，并在企业实施或应用电子商务过程中随时为企业提供相关的 BPR 咨询服务，帮助企业建立起适应电子商务经营环境的业务体系，确保企业成功应用。

第六节　企业信息化与其价值增值实证分析

随着信息化水平的迅速提高，信息技术已经成为企业提高竞争能力的关键和企业增值的战略性资源。信息化是否能给企业价值增值带来真正的促进作用，一直没有明确的结论。需要从理论和实证两方面进行论证。

一 信息化对企业价值增值作用的理论分析

企业信息化对企业价值增值作用可以从不同的角度去观察。例如，按显现性划分有潜在价值作用和现实价值作用；按程度划分有最优、次优和一般价值作用；按时间划分有短期价值和长期价值作用；按结构划分有单指标价值和综合指标价值作用。综合运用上述划分方法来观察它们之间的关系，便可获取它们之间关系的全面认识。

（一）信息化对企业价值增值作用机制

信息化对企业价值的作用具有上限和下限之分。企业信息化因有诸多因素限制而不可能达到上限至最优，而只能选择次优。企业信息化满意度若低于下限，企业生存将会遇到障碍，则对企业价值产生负面影响。企业价值从根本上说是由企业赢利性和竞争力决定，信息化对企业价值的下限作用（保本作用）则会使企业产生发展危机，低于下限则会导致企业生存危机。事实上，上述两种情形在现实中都是存在的。正是因为存在企业信息化达不到对企业价值的最大作用，才使众多企业加快信息化的投入与发展，力求借助信息化之力构造企业可持续发展“平台”，也正是因为许多企业信息化低于对企业作用的下限（保本）作用，才导致不少企业前进艰难，甚至濒临破产。

（二）信息化和企业价值之间关系模型

按信息化对企业价值作用的结构划分来看，有单项指标企业价值和综合指标企业价值，其中综合指标企业价值由各单项指标企业价值之和构成。结合企业信息化与非信息化因素综合考虑，得出企业价值和企业信息存在如下模型关系：

$$\mathrm{TQZ} = \sum_{i=1}^{n} \mathrm{PQZ}_i(I,J)$$

其中，TQZ 为综合性指标企业价值；PQZ_i 为第 i 项单项指标企业价值；I 为信息化因素；J 为非信息化因素。

此模型说明了企业价值与企业信息化之间还存在非信息因素这一变量，所以不能简单将企业价值的增值归结于信息化因素。理解这一关系对研究企业信息化与企业价值作用的关系至关重要。

（三）信息化对企业价值增值作用的评价

企业信息化对企业价值增值作用的评价主要从三个方面来分析：一是企业信息化水平的评价分析；二是企业价值的评价分析；三是企业信息化水平与企业价值对应指标之间的相关度分析。

1. 企业信息化水平的评价

信息化水平主要通过企业信息化的信息设备装备程度、信息设备利用程度、信息人员配备程度和信息化综合配备程度来体现。

其一，信息设备装备程度。根据企业目前的实际情况，我们选择电话机、传真机、计算机、电子信箱、网络、信息机构与信息系统等六种设备。信息设备的装备率有信息设备单项装备率和信息设备综合装备率两种衡量指标。

（1）信息设备单项装备率。由电话机等上述的 6 项指标，其计算公式如下：

$$\mathrm{ZBL}(i) = \mathrm{QT}(i)/\mathrm{QT}_z \qquad (i = 1,2,3,4,5,6)$$

其中，ZBL（i）为各单项装备率；QT（i）为各单项装备的投资费用；QT_z 为企业信息设备投资总费用。

（2）信息设备综合装备率。这一评价指标全面反映各种信息设备综合装备的程度，它等于信息设备投资总费用与企业全部设备投资总额之比，其计算公式如下：

$$TSL = QT_z / QQ_z * 100\%$$

其中，TSL 为信息设备综合装配率；QT_z 为信息设备投资总费用；QQ_z 为企业全部设备投资总额。

其二，企业信息化设备利用程度。此程度是通过信息化设备利用率来反映的，其中有信息化设备单项利用率和信息化设备综合利用率两大类指标。

（1）信息设备单项利用率：

$$LY(I) = QY(i)/QC * 100\% \qquad (i = 1,2,3,4,5,6)$$

其中，LY 为各种设备单项利用率；QY（i）为企业一年内使用第 i 项设备管理费用（元）；QC 为企业一年内管理费用（元）。

（2）信息设备综合利用率。这一指标全面反映了各种信息设备综合利用的程度，它等于各种信息单项利用率的加权之和，其计算公式如下：

$$TL = \sum (DIV_i * I_i) \qquad (i = 1,2,3,4,5,6)$$

其中，TL 为信息设备综合利用率；DIV_i 为第 i 种单项信息设备的利用率；I_i 为第 i 种单项信息设备的重要系数。其中电话机、传真机、计算机、电子信箱、网络、信息机构与信息系统等 6 种单项信息设备的重要系数分别为 0.1，0.1，0.3，0.15，0.15，0.2。

其三，企业信息化信息人员配备程度。主要是专职人员比例。专职人员比例是指企业一年内专职信息人员与企业全体职工人数之比，计算公式如下：

$$Pip = IR/R * 100\%$$

其中，Pip 为专职信息人员比例，IR 为企业专职信息人员数，R 为企业全体职工人数。

其四，企业信息化水平的综合应用程度。为了全面反映企业信息化水平的高低及发展的速度，使用信息化综合指数对企业信息化水平进行综合分析，计算式如下：

$$QXS = QXZ = \sum_{i=1}^{3} (ZX_i * Y_i)$$

其中，QXS 为企业信息化水平，QXZ 为企业信息化综合指标，ZX_i 为第 i 种指标的重要系数，Y_i 为第 i 种指标的数值。如信息设备装备率、信息设备利用率、信息人员比例的指标的重要系数 ZX_i 分别为 0.3，0.4 和 0.3。

2. 企业价值的评价指标

企业价值具有多元性，按不同的标准划分，我们选择按载体的不同将企业价值划分为产品价值、科技价值、资产价值和产权价值；按时效的不同又将企业价值分为历史价值、现实价值和潜在价值。本文着重选择产品价值、科技价值、资产价值和潜在价值四项指标作为企业价值的评价指标。

（1）产品价值。通过选择产品的产量增长率，顾客投诉率，产品回收率，产品性能、功能的改进和售后服务的提高等五大指标来评价产品价值。

(2) 科技价值。信息化作为一种特殊的产品，是信息技术、信息产品和企业管理流程相结合的产品，实际上是高科技产品在企业中的应用。在实际使用的过程中，高科技产品本身的价值转到企业价值中去，它是通过提高产品的科技含量和劳动生产率而提高企业价值的。

(3) 资产价值。通过选择销售收入、利润率、成本和资金周转次数指标来评价。

(4) 潜在价值。就目前而言，企业潜在价值很难有一个统一的量化标准，即使是单个企业也很难有具体的量化标准。在此采用定性评价法将其与产品价值、科技价值、产权价值结合起来评价。

3. 信息化与企业价值相关性评价

信息化对企业价值作用的评价应从企业信息化与产品价值相关度、科技价值相关度、资产价值相关度和潜在价值的相关度等方面对企业信息化与企业价值的关系进行评价。其中，企业信息化与产品价值相关度主要通过企业信息化与产量的相关度和产品回收率体现出来；企业信息化与科技价值相关度主要体现在企业信息化与劳动生产率的相关度和管理费用相关度上；科技人员提高率与资产价值相关度主要体现在企业信息化与销售收入的相关度、利润相关度和资金周转率的相关度上，其计算公式如下：

$$XGD(i) = JZ(i)/QXS \qquad (i = 1,2,\cdots,n)$$

其中，$XGD(i)$ 为企业信息化水平与第 i 项指标的相关度，QXS 为企业信息化水平，$JZ(i)$ 为第 i 项指标的增长率（或降低率）。

二 民营企业信息化与企业价值增值分析

运用上述各项指标的评价方法，以 60 家民营企业为对象，对企业信息化水平、企业价值及其二者的相关度进行实证分析。

(一) 民营企业信息化水平

(1) 企业信息化设备单项装备率。民营企业在信息装备上更多地依赖于电话、计算机、传真、网络、电子邮箱、信息机构与信息系统。根据统计计算，民营企业计算机的装备率在所有信息化装备率中处于最高位置，在 2001 年和 2002 年分别达到了 24.14%和 35.25%。同时电话和网络的装备率也达到了较高的水平，而信息机构和信息系统装备率在所有信息化装备率中处于最低位置，大致在 2.06%～4.03%。传真和电子邮箱的装备率也在逐年增加，分别由前一年的 8.02%和 4.55%增加到 10.15%和 6.18%。

（2）企业信息化设备综合装备率。企业信息化设备综合装备率，即企业信息化设备投资总费用与企业全部投资费用总额的比率。据统计民营企业信息化设备综合装备率，虽然在逐步增加，但整体比率仍然不高，仅占全部投资总额的0.24%和0.36%。说明企业还需加大对信息化设备的投资。

（3）企业信息化设备的单项利用率。计算机、电话由于一开始的普及和配备率较高，但随着信息化建设的逐步发展和完善，其利用率的增长率并不及网络、传真和电子邮箱的利用率高。说明民营企业愿意选择发挥自身实际优势的信息化方式，减少固定成本的费用支出。

（4）企业信息化设备的综合利用率。在实际的应用过程中，各单项的综合利用率是相当低的，在2001年仅有10.42%，说明将近有90%的资源被浪费，信息化设备的利用率不高。根据2002年的数据，民营企业对资源浪费有了不断的改善，其综合利用率也上升到15.02%。

（5）专职信息人员配备程度。在民营企业中配备专职信息化人员较少。总体而言所占比例是相当低的。根据2001年和2002年的统计数据，企业专职信息人员虽在逐步上升，但比率不大，仅由原来的1.18%上升到2.54%。

企业信息化水平用企业信息化综合指数来反映。通过前面有关信息化设备综合利用率、综合装备率和信息专职人员的比率所得的结果，运用信息化水平综合计算公式得到2001年和2002年民营企业信息化水平的综合指数分别为4.58%和7.10%。

（二）民营企业价值指标

（1）产品价值。根据60家民营企业2002年与2001年相比较，生产型企业平均产品产量增长了3.6%，产品回收率降低了7.2%。产品的质量得到了很大的提高，而功能几乎没有什么增加或改变。企业的售后服务大有提高，服务意识也有了很大的改善，由于服务意识和售后服务质量的提高，许多企业的顾客投诉量明显减少。综合以上各项指标，2002年与2001年相比，企业总体产品质量有所提高，但提高幅度不大，部分企业指标甚至有所下降。

（2）科技价值。按照2002与2001年单位产品劳动时间来衡量，平均劳动生产率提高了10.07%，产品科技含量增加的企业占59.3%，保持不变的占34.3%，不如以前的占6.25%。企业管理费用的降低率方面，与2001年相比，2002年同期平均降低了4.63%。总体来说，企业科技价值增加，尤其是生产型企业科技价值增加的幅度较大，在同类企业中居第一，其次是服务类部分企业也有较大的增长。

（3）资产价值。2002年比2001年生产类企业销售收入增长率为8.9%，生产企业销售收入增长率为7.8%，服务类企业销售收入增长率10.3%，其他为

6.5%，平均销售增长率为8.4%，平均利润增长率为11.2%，其中服务类企业增长率排第一为14.6%。资金周转次数提高率方面，平均资金周转次数提高率为20.3%，资产价值总体提高幅度都较大，其中服务类企业资产价值增长率幅度最大，但仍有部分服装行业企业处于资产亏损状态。其原因可能是由于服装行业竞争十分激烈，信息化水平低、管理经营不善等。

（三）民营企业信息化水平与其价值相关度

通过以上对民营企业信息化水平和企业价值各个指标增长率的统计分析，再根据相关度计算公式可得2002年（相对2001年）信息化水平与企业价值相关度，计算公式如下：

$$XGD(i)=JZ(i)/QXS \qquad i=1,2,\cdots,n$$

其中，XGD（i）为企业信息化水平与第i项指标的相关度；QXS为企业信息化水平；JZ（i）为第i项指标的增长率（或降低率）。根据统计数字，在不考虑企业非信息化水平条件下，总体来说企业信息化水平与企业价值各项指标都呈正相关。在实际的调查中，其中有92%IT类民营企业各项企业价值指标增长率与企业信息化水平呈正相关；有8%服装类企业销售及增长率与企业信息化水平呈负相关；有4.2%生产类企业管理费用降低率与企业信息化水平呈负相关。信息化与企业价值模型分析得出：信息化因素是IT类民营企业价值增值的主要因素。因此，IT类民营企业要想最大限度提高企业价值，关键在把握好信息化因素；信息化因素对于服装行业和生产企业的企业价值增值作用目前没有明显的体现，但这两类企业仍在加大信息化建设的力度，主要原因在于已经意识到信息化给企业带来的潜在价值。根据调查统计，开发企业的潜在价值占32%，提高企业的产品价值占15%，提高企业的科技价值占23%，提高企业的产权价值占17%，提高企业的资产价值占13%。

在实施的满意程度上，有58.32%的企业对信息化实施满意，有33.33%（包括上面提到的服装和生产行业的几家企业）的企业对信息化实施满意度为一般，有8.33%的企业信息化的实施表示不满意，但是这些企业目前还在加大信息化的投入，这类企业CEO的第一条理由就是看中信息化的长期效益和潜在价值。由此可知，民营企业信息化的发展在实施的初期效果并不尽如人意，短期效益并不明显，但从长期的角度看，它存在着巨大的利润空间。

三 促进民营企业信息化价值增值的对策

根据企业信息化与企业价值的模型分析：一是民营企业信息化水平还不够高，还无法给企业带来相应的价值增值，出现这种情况的多数是信息化因素对企业价值构成主导因素的企业。二是信息化因素对企业价值贡献率是正值，但民营企业非信息化因素的作用也较大。

当企业的非信息化因素的影响占主导地位时，企业的综合价值或单项价值（科技价值、产品价值、资产价值、潜在价值）呈增值现象，主要表现在非信息化因素上。故使得民营企业在提高信息化水平上带来思想和行为障碍。因此，对于民营企业领导人来说，必须要有信息化促进企业价值的战略思想和措施。

（1）处理好信息化因素与非信息化因素的关系。其目的是使非信息化因素最大限度地促进信息化因素对企业价值的作用，从而使信息化价值的作用到达上限值。要处理好两者之间的关系，首先必须确定两者的主导关系：当企业信息化因素在企业生产经营活动中占主要地位时，要协调好非信息化因素对其的补充作用，使信息化因素与非信息化因素相辅相成，互相促进企业价值的增值。同理，当非信息化因素处于主导地位时，也应着力于信息化因素对其的补充作用。

（2）提高企业信息系统的利用率。目前的主要任务应是以提高信息化设备利用率来促进管理决策的科学性，尤其是现有信息系统的利用率。调查显示，只有12.2％的民营企业拥有ERP系统，大部分民营企业没有管理系统，企业设备利用率较低，信息系统的利用率尤其低。在现有管理系统的民营企业中，这些系统也是起到提供技术生产效率的作用，没有用于企业的高层管理决策，即信息系统分析所得的数据没有转化成信息用于高层决策。因此，民营企业应将重点放在提高现有信息系统的利用率上，从而为促进非信息化因素对企业价值的增值作用。

第七章 电子政务专项工程

电子政务专项工程是加入WTO后沿海开放城市实施信息化带动工业化战略最重大的工程之一。它对于进一步推动行政体制改革与政府职能转变、进而加速区域工业化与信息化步伐具有重要意义。在肇始于20世纪70年代、初步形成于20世纪90年代的“信息高速公路”最初的五大应用领域中，首当其冲的便是电子政务。

第一节 电子政务的含义、特点与意义

电子政务是相对电子商务与传统政务而言的。就最一般意义上来说，所谓电子政务，就是指政府机构（或公共管理部门）借助当代信息技术、计算机技术与网络通信技术，将长期以来一直处于封闭、独享和垄断状态的各种政务信息资源，以及以管理、服务为代表的各种职能进行整合与集成，在互联网上实现政府信息资源开发、共享，组织结构调整、重组，工作流程优化、再造，从而超越时间、空间限制，打破部门条块分割的格局，全方位地为社会（包括自身）提供优质、高效、廉洁、透明、规范，特别是符合国际惯例的管理与服务的行为与过程。

电子政务不能简单地理解成“电子＋政务”。它不是简单地将传统的政府行政管理工作与日常具体事务原封不动地搬上互联网，也不只是现有政府的电子化。换句话说，它不是传统政务在互联网上的简单映射！一般而言，电子政务至少包含如下主要信息：

（1）电子政务必须科学运用现、当代的各种电子信息、计算机网络、数字通信等技术，必须以信息基础设施、软件人才与技术等为基础。

（2）电子政务不仅仅只涉及政府机关的行政事务，举凡一切处理与国家政权有关的公共事务，如党委、纪检、人大、政协、军队、检察、审判等系统的相关事务，皆属电子政务之列。

（3）电子政务必须打破长期以来广为存在的政府部门对政务信息资源的垄断状态，实现政府信息资源的合理开发、共享公用、科学维护与及时更新。必须以构建政府、企业、公民三者间和谐、协调关系为出发点，实行政府组织结构的重组、优化及政务流程的再造与创新。

电子政务具有以下特点：

（1）以电子计算机、信息网络等技术为工具。电子政务的实现，必须借助于现代IT技术与信息化（数字化、电子化和网络化）手段来进行。离开了以互联网为代表的网络信息技术，电子政务只可能是空想。

（2）以政府信息资源的开发、共享，组织结构的调整、优化，工作流程的重组、再造，服务功能的改进、完善为主要目的，客观上构造了一个虚拟化的网络政府。

（3）以客户为中心建立全新的政府管理模式。电子政务引入“客户关系管理”技术，因时因事逐步增加服务的广度与深度。与传统的以政府机构及其职能为中心的政务管理模式不同，在电子政务运行过程中，政府视企业、公民为自己的客户，按客户（或用户）的意向与要求来设计网站，并根据客户（或用户）需要的变化不断扩大服务范围、提高服务质量，从而体现了以用户为中心、以（客户）需要为导向的极具“人性化”的服务理念。

（4）以门户网站为重要表现形式与发展趋势。用户通过一个门户网站可以进入到政府的所有部门，或者可以进入任何一个由政府向用户所提供的服务项目，这种门户网站的形式已成为全世界电子政务发展的一个重要特点。而且，随着时间的推移，门户网站功能日趋完善。

（5）以强烈的政治意愿与强有力的实施手段为发展动力。电子政务的产生与发展，是与政府领导人对未来世界发展方向的科学把握、对自己政治命运的高度关注及脚踏实地的工作作风密不可分的。大凡电子政务发展较快的国家或地区，其政府领导必定是具有较强的政治敏锐性、较强的政治意愿与较强的实施能力，并始终不渝地朝着既定目标奋力前进的人们。没有强烈的政治动机与强有力的行动手段，电子政务要么胎死腹中，要么停滞不前甚至倒退。

此外，电子政务的发展还需要有科学的规划、统一的标准、循序渐进的实施策略；尽管电子政务是与政府行使公共权利有关的行为与过程，但在市场经济背景下仍应注意发挥市场机制的作用……凡此种种，也可看成是电子政务发展过程中的部分特点。

电子政务是整个信息化建设的关键！发展电子政务是我国现代化进程中不可或缺的一环，也是历史提供给我国加快现代化进程的一个相当难得的机遇，具有十分重要的现实意义与深远的历史意义。

（1）发展电子政务是实现信息化、现代化的现实需要。江泽民同志曾指出：“四个现代化，哪一化也离不开信息化。”历经农业经济、工业经济时代之后，人类社会现已经发展到知识经济时代，而知识经济时代的一个重要特征便是社会各行各业的信息化！随着知识经济的不断发展，经济、社会信息化水平的不断提高，信息化大潮势必将向整个社会的各个方面与层面不断渗透！作为社会公共管理部门的政府机构，自然也不例外。这既是大势所趋，也是水到渠成！实际上，由于政府部门的社会中心位置及历史上形成的对整个社会的主导作用使然，从某种意义上来说，电子政务客观上已成为经济与社会信息化的先决条件，在整个国家的信息化与现代化过程中扮演着“领头羊”的角色。

（2）发展电子政务是开发与整合政务信息资源的需要。由于传统行政意识、行政体制、行政组织、行政方式等因素的影响，长期以来，政府部门中的绝大多数政务信息一直处于封闭、独享和垄断状态，很少有人真正从思想意识深处认识到自己手中所掌握的各种政务信息其实是一种可以大加开发和利用的宝贵资源，更不用说与人分享了。按照存在决定意识的理论，在知识经济时代之前，信息的重要作用尚未得到充分认识、体现与发挥，因而出现这种状况尚可理解，但进入知识经济时代，信息的重要作用被给予足够的重视之后，不应再对政务信息采取漠视的态度。正确的做法应该是科学认识信息时代各种政务信息的“资源”属性，开发之、利用之，并按照互通互有、互惠互利的原则共享之。在更高级与更深层次的意义上来说，我国开展政府信息化建设20余年来，虽然取得了举世瞩目的伟大成就，但是大量的网络系统、业务系统、数据库等，都还处于部门分割、各自为政的状态，并不能做到真正意义上的互联互通与资源共享。这种在一定程度上存在的现代“信息孤岛”现象已成为经济、社会信息化发展的“瓶颈”。只有按照国家信息化发展的统一规划与总体框架，进一步大力发展电子政务，才能在现有基础上整合政务网络、信息资源与各种业务系统，一方面实现真正意义上的互联互通与资源共享，一方面推动国民经济与社会事务信息化的健康发展。

（3）发展电子政务是推进行政体制改革与政府职能转变的需要。改革开放以来，随着社会主义市场经济体制的不断建立与完善，特别是加入WTO以后，社会经济运行逐渐与国际惯例全方位接轨，行政体制改革与政府职能转变被摆上了重要议事日程。减少政府对市场的干预、简化政府管理的行政流程、推行公共服务市场化、裁减机构和人员、提高决策透明度——建立健全与市场机制相适应的行政管理体制、推动政府职能由管理型向管理服务型转变已是无法阻挡的历史潮流。而网络环境下的电子政务治理，由于在基本理念上舍传统政务的管理控制而为公开参与，在沟通模式上改传统政务的单一方向为双向互动，在决策权限上变传统政务的集中管理为决策权力下放，在运行方式上摒弃传统政务的层层审核而采用在线通畅，管理模式也由传统政务的政府实体性管理转变为系统程序式管理，加之组织结构由传统政务的金字塔形分层结构变化为扁平化网络结构，管理幅度由窄变宽，管理层次由多变少，运行环境由传统经济变化为数字经济，管理形态由实体性变为虚拟性，管理范围由区域性变为全球性。因此，其组织框架一反传统政务的官僚体制而为标准化中介工具，其主要职能也一改传统政务管理控制而为管理服务乃至服务为主。与经济全球化背景下市场体制的内在要求基本相符。同时，伴随着电子政务的推行、政府组织结构的重组及工作流程的优化，作为工业革命产物已经存在了二百多年，与工业化的行政管理需求和技术环境相适应的传统政府组织形态必将为全新的与信息革命行政管理需求和技术环境相适应的当代政府组织形态所取代。按照系统结构一功能的关系原理，相应的，政府职能也会作出适应性调整。由此可知，推进行政体制改革与政府职能转变必须大力发展电子政务！换句话说，发展电子政务是推进行政体制改革与政府职能转变的必然要求。

（4）发展电子政务是扩大内需、促进信息产业发展的需要。政府是信息资源的最大拥有者和应用者。从理论上来说，由于几千年以来权利崇拜所导致的“官本位”意识作用，历史上作为统治阶级意志体现者的政府机构，在整个社会中一直占据着主要甚至绝对支配地位，其思想意识、言论行动对公共事务的管理与政治、经济、文化事业的发展都起着重要的导向作用。因此，推行电子政务，可以通过发挥政府信息化建设的表率带头作用与引导示范效应，充分挖掘与利用政府部门信息资源，带动全社会各行各业信息化的推广，从而创造、启动市场需求，进一步扩大内需，推动国内信息产业尤其是软件产业的发展。同时，由于政府组织形态、组织结构、行政职能、行政方式、管理模式与管理手段的变化，推行行政机构、行政事务的信息化改造，庞大的政府机构本身就是一个潜在的市场，蕴藏着巨大商机。从实践上来说，现在信息产业飞速发展，在国民经济和对外贸易中所占比例不断上升，信息产业已经成为整个国民经济发展的新的支柱性产业。总之，发展电子政务，是加速信息产业发展、进一步启动国内需求的重要途径。

（5）发展电子政务是应对加入WTO、经济全球化和加快改革开放的需要。在经济全球化背景下，加入WTO意味着中国融入世界主流社会的步伐正在加快，中国与世界各国经济贸易关系的发展正在加速。毫无疑问，这将给我国的政治、经济、科技、文化乃至社会的各个方面都带来前所未有的影响。但是，全方位与国际接轨、在更广阔的范围与更高的层次上参与国际经济竞争与合作的要求在带来机遇的同时，也会给我们带来了巨大的挑战。农业、工业、金融服务业、贸易市场、政府运行模式及管理方式等都将面临严峻的考验，思想意识、思维方式、法律体系乃至生活方式等也将面临巨大冲击。特别是WTO最主要的三大原则：透明度原则、国民待遇原则、无歧视待遇原则与传统体制下的某些政务运作理念及模式几乎格格不入。而电子政务本身所固有的特质，决定了其具有增强政府信息透明程度与共享程度、给每一个使用者平等参与的权利、精简与优化政府机构、重组与再造政务流程、减少中间管理层次、跨越时空高效低价全天候服务、充分发扬民主的良性双向互动、依法办事、在管理体制与运行机制方面更好地与世贸组织规则与国际惯例接轨等的内在要求，因此，发展电子政务是应对加入 WTO、经济全球化和加快改革开放步伐的重要举措。

（6）发展电子政务是建设勤政廉洁、高效透明政府的需要。传统体制下，政府部门组织形态呈现出一种金字塔形的层级结构，管理层次较多、机构臃肿、人浮于事、内耗严重、效率低下；再者，由于政府部门往往以信息不对称作为权利的体现，个别公职人员甚至通过故意隐瞒来实行信息垄断，“暗箱操作”现象普遍，腐败分子以权谋私，社会不公较明显；同时，由于自觉不自觉地进行系统封闭、政府公权被披上了一层神秘的面纱；加之公民缺乏必要的对行政程序和决策过程信息的了解，进一步滋长了腐败现象。而一方面，电子政务状态下政府组织的扁平网络结构，使决策者与操作者之间的中间管理环节大为减少，从而削减了管理成本，提高了行政效率，强化了勤政意识。另一方面，网络背景下的电子政务避免了政务信息寻租现象的发生，信息发布与政务公开、网上监管与互联互通，大大提高了政府工作透明度，有效防止了徇私现象的发生，促进了政务工作的公开、公正与公平，维护了清正廉明的政府形象。因此，建设勤政廉洁、高效透明政府，特别是在全世界范围内构建反腐败机制，离不开电子政务的发展。

（7）发展电子政务是现代政府科学决策、提升政府综合竞争力的需要。以网络为基础的电子政务信息量大、信息传输速度快，自由上网参与者量多面广、民主程度较高；同时以管理学、运筹学、控制论和行为科学为基础，以计算机技术、信息技术和仿真技术为手段的计算机辅助决策支持系统（DSS）具有智能作用与辅助中、高层决策者的能力，因此，于现代政府科学决策十分有益。与此同时，电子政务能通过促使行政人员树立新的行政理念、延伸与增强行政人员智力与体力、节约行政人员时间与精力、激励行政人员全方位发展来全面提升行政人员的管理能力，能通过缩减乃至取消中间管理层、简化行政运作的环节和程序、与传统的传真邮递等信息传递手段相比大幅度加快信息传递速度等大大提高行政运作效率，能通过政务公开、公众广泛自由参与、发扬网络民主等增加行政工作透明度，强化对政府管理活动的监督与管理，从而提升政府参与全球竞争的综合实力。

（8）发展电子政务是继承与发扬党的优良传统与作风，密切和人民群众联系的需要。基于网络环境的电子政务，通过建立“以客户为中心”的政府管理模式，创新行政理念，树立新的管理观念，增强服务意识，提高服务质量，实行政务公开，简化行政流程，提高行政效率，建立全社会广泛参与的双方互动交流机制，真正做到了从群众中来、到群众中去、一切为了群众、一切依靠群众。不仅较好地实现了“为人民服务”的宗旨，而且进一步继续与发扬了党的优良传统与作风，密切了和人民群众血肉联系，体现了行政人员的“公仆”

本色。

(9) 发展电子政务是实践“三个代表”重要思想、落实科学发展观、构建和谐社会与全面建设小康社会的需要。电子政务引入当代先进的信息技术、计算机技术与网络通信技术，实现了行政事务与先进生产工具的有机结合，提高了效率，降低了成本，带来了政府管理工作革命性的变化。从某种意义上来说，代表了先进生产力的发展要求；同时，先进生产工具的使用带来的管理结构、管理流程、管理方式等方面的变革及其所创造出来的先进生产力，必将带来与之相适应的、充满时代特征的组织形态、生产关系、管理理念、法治精神、科学文化、社会意识等，中华五千年古老文明也可借其传播而以更快的速度走向世界，并迅速融入全球化的滚滚浪潮。因此，电子政务在一定程度上代表了中国先进文化的前进方向。特别是电子政务所展示的“以客户为中心”的政策导向，所表现出来的政务信息公开、资源共享的要求，所产生的勤政廉政、透明廉洁的客观效果，全员参与、双向互动的网络民主特性，可以大幅度提高工作效率与服务质量的功能，大力推动整个社会信息化建设、加快知识经济发展的示范作用……这些都代表了最广大群众的根本利益，并充分体现了以人为本，全面、协调、可持续的发展观。因此，发展电子政务是实践“三个代表”重要思想、落实科学发展观、构建和谐社会与全面建设小康社会的迫切要求！

第二节　我国电子政务发展的历史、现状及存在的问题

一 我国电子政务发展的历史

我国开展电子政务时间并不太长，一般认为，大致经历了如下几个阶段：萌芽试验阶段（20 世纪 70 年代）→办公自动化工程（20 世纪 80 年代）→“三金”工程（20 世纪 90 年代）→政府上网工程（1999 年）→电子政务工程（2001 年 8 月）。

我国政府应用计算机的历史，最早可追溯到 20 世纪 70 年代。1973 年 4 月，根据周恩来总理 1972 年发出的“要积极推广电子计算机应用”的指示，当时的国务院领导批准同意了国家计委于同年 3 月报送的关于筹建电子计算机中心的报告，从此，电子政务在中国拉开了帷幕。至 1979 年在联合国援助下，我国初步形成历史上首个中央和省（市）、自治区两级计算机系统，并利用其成功地进行了总人口 10 余亿、原始数据达 400 亿字符的第三次全国人口普查超大规模数据处理任务，电子政务的萌芽已破土而出！

20 世纪 80 年代，我国政府信息化工作的重点主要集中在办公自动化领域的

内网及专网建设。1983年10月，国务院批准国家计委成立经济信息管理办公室，负责推动国务院有关部委的信息系统建设工作。1984年邓小平同志为《经济参考》题词："开发信息资源，服务四化建设。"1985年启动了"海内工程"建设，旨在中央人民政府开展办公自动化建设。1986～1987年，国家先后组建了经济信息系统领导小组和国家信息中心，负责国家信息系统的规划和建设，并先后在北戴河、山东泰安召开了全国政府办公厅系统办公自动化经验交流与研讨会；与此同时，国务院各部委及地方政府相继成立了信息中心负责政府信息化推进工作，从而形成了由国家、省、中心城市和县四级信息中心构成的国家经济信息主系统。这些从中央到地方、各部门、各地区先后建立起来的一些纵向和横向内部办公信息网络，不仅直接推动了办公自动化工作，而且为各级行政管理部门进一步发展和利用计算机与互联网技术奠定了良好基础，是我国电子政务的起点。进入20世纪90年代，国务院办公厅以建立"全国行政首脑机关办公决策服务系统"为目标，继续在全国政府系统推进办公自动化工作，更进一步促进了信息技术在全国行政管理部门的推广应用。

1993年，为了策应全球"信息高速公路"热潮，我国正式启动了"金桥"工程、"金关"工程、"金卡"工程（简称"三金"工程）。

(1)"金桥"工程是中国信息高速公路的主体，以信息基础设施建设为重点，拟通过建设政府的专用基础通信网，建成一个连接全国各省（市）、自治区400余个城市及与几十个部委互连的专用网络，实现政府之间的相互连接，直接为国家宏观经济调控和决策服务。

(2)"金关"工程是为提高外贸及相关领域的现代化管理及服务水平而进行的、旨在建立国家经贸信息网络系统的工程，又称国家经济贸易信息网络工程。到1999年，已实现了银行、海关及国家外汇管理机构的计算机联网，在关税管理工作中发挥着重要作用。

(3)"金卡"工程是建设面向全国主要大中城市的银行电子货币工程的别称，意在推动银行卡跨行业务的联营工作。"金卡工程"现已取得重大进展。

"三金"工程是中央人民政府为主建设的以电子政务为特征的信息网络系统工程，是中国电子政务的雏形，也是我国国民经济信息化的起步工程。此后，一系列以"金"字开头的信息化工程在全国接踵而至，为中国电子政务的发展建立了不可磨灭的功勋。

"三金"工程启动后的1994年，国务院办公厅组织全国各省、自治区、直辖市成立了"全国政府系统办公自动化协作网"，并建立了理事会和技术咨询组。1997年4月，我国召开了全国信息化工作会议，提出了"统筹规划，国家主导；统一标准，联合建设；互联互通，资源共享"24字方针，有力地推动了我国各级政府信息化建设的发展！

1999 年也是中国电子政务发展史上一个重要的年份，又称“政府上网年”。当年 1 月 22 日，我国 40 多个部委办局的信息主管部门共同倡议发起了“政府上网工程”，其目标是在 1999 年实现 60%以上的部委和各级政府上网，至 2000 年则达到 80%，意图在推动各级政府部门为社会服务的公众信息源汇集与应用上网。“政府上网工程”在全国范围内卷起了一股强劲的政府信息化活动风暴，提高了各级政府部门的信息化意识，宣传了有关政府信息化的科学知识，为中国电子政务的纵深发展和全面普及打下了重要基础！电子政务理论界有人认为：“政府上网工程”是中国电子政务正式起步的标志！在“政府上网工程”的推动下，我国政府站点大幅增加，网页内容日益丰富，在信息传递、简化流程、政务公开、政策发布、网上审批、服务社会等方面都取得了重要进展。此后的 2000 年 5 月，国务院办公厅又下发了《关于进一步推进全国政府系统办公自动化建设和应用工作的通知》；同年 10 月，《中共中央关于制定国民经济和社会发展第十个五年计划的建议》明确提出了“以信息化带动工业化”的战略；同年底，中国电子政务应用示范工程总体组成立……一系列的措施加速了电子政务的发展。

2001 年 8 月，党中央调整信息化领导机构，重新组建了以国务院总理为组长的国家信息化工作领导小组及其常设办事机构国务院信息化工作办公室，象征着中国电子政务建设迈入了一个全面推进的阶段。2002 年 7 月 3 日，国家信息化领导小组审议通过了《中国电子政务建设指导意见》，标志着中国电子政务建设进入了一个全面规划、整体发展的新阶段。2003 年 7 月，在国家信息化工作领导小组第三次会议上，温家宝总理强调：“要把推进信息化与改进政府管理结合起来，着眼于转变政府职能，加快推进电子政务，提高政府经济调节、市场监管、社会管理和公共服务能力，促进政务公开”。这不仅再次指出了我国电子政务建设的目标，而且成为鼓舞政府部门进一步大力发展电子政务的强大精神力量！

二 我国电子政务发展的现状

目前，我国电子政务发展取得了较大成绩，但从总体上来看，仍处在初级阶段，这是我国电子政务发展的基本现状。

当前，指导全国电子政务发展的政策法规与计划较多，但就具体操作层面而言，其中 2002 年国家信息化领导小组审议通过的《关于我国电子政务建设的指导意见》（以下简称《指导意见》），带有全局性、系统性指导意义的政策与规划之一。对照《指导意见》所述主要内容，我国电子政务发展成绩主要体现在：

（1）“两网”平台建设。“两网”是计划中互连中央政府各部委及 47 个副省级地方政府或单位的电子政务内网与计划中用于政府部门一般性办公，并为社会提供服务的电子政务外网的统称。内网平台建设归口国务院办公厅负责，至2003年12月止，有关方案正在积极酝酿制订之中。外网平台建设计划分期进行。作为实施第一期工程的“十五”期间，其主要任务是利用公共通信网或其他满足要求的网络资源，建立标准统一的网络平台和服务体系，促进各业务系统的互联互通、资源共享。外网平台建设归口国家信息中心等单位，至2003年12月止，已初步完成了有关方案设计。

(2)“一站”建设。国家电子政务中的“一站”是指以用户为中心，以需求为导向，人口简洁，具有“一门受理，抄告相关，内部运作，限时办结”特点的统一的门户网站。据不完全统计，自从1999年实施政府上网工程至2002年6月，全国已建成各类公开门户网站2500多个，涵盖党政系列、人大、政协、商法商检、民主党派、群众团体等各个类别；包括宁夏、青海、甘肃、内蒙古、西藏等内陆偏远地区在内的34个省（市）、自治区、直辖市都已有自己的政府站点，包括港、澳、台地区在内的几乎所有省、自治区、直辖市均有自己的政府网站，绝大多数县级以上政府都有了网站，广东、浙江等沿海发达地区的网站甚至已建到了乡镇！门户网站上内容主要有三类：一是围绕政府自身方面的信息发布，二是政府为企业和公众提供的各类服务，三是可以上网办结的事宜。

(3)“四库”建设。国家电子政务中的“四库”是人口基础信息库、法人单位基础信息库、自然资源和地理空间基础信息库、宏观经济数据库的统称，是国家信息化建设中具有重大战略意义的四大基础性数据库。

人口基础信息库建设归口公安部。至2002年底，约占全国90%以上的人口被纳入计算机管理，总数近12亿！其中建立人口信息管理系统的地级以上城市近300个，县（市）近1600个，联成网络的地级以上城市有200多个，县（市）1000多个。法人单位基础信息库建设归口质检总局，工商总局、税务总局等单位协助；目前已经完成项目建议书征求意见稿，正在提交有关部门和专家征求意见；其主要内容是法人单位基础信息库群、法人单位基础信息管理系统、法人单位基础信息内容传递和外部交换网络、法人单位基础信息面向国家电子政务和社会应用的统一应用平台等。自然资源和空间地理基础信息库归口国家发展和改革委员会，国土资源部、海洋局、测绘局等单位协助。宏观经济数据库建设归口国家统计局，目前已成立了有财政部等九个部委参加的领导小组，并完成了项目建议书初稿的编写，基本确认了宏观经济数据库建设方案。

(4)“十二金”工程建设。“十二金”工程是以“金”字开头命名的我国电子政务重点建设的十二大业务系统的总称，包括“金宏”、“金关”、“金税”、“金财”、“金审”、“金质”、“金保”、“金盾”、“金智”、“金旅”、“金农”、“金水”等具体内容。“十二金”工程可分为三大类：第一类是对加强监管、提高效率和推进公共服务起到核心作用的系统（如“金宏”，即宏观经济管理系统）；第二类是增强政府收入能力、保证公共支出合理性的系统（如金关、金财、金税、金审等）；第三类是保证社会秩序、为国民经济和社会发展打下坚实基础的系统（如金盾、金保、金质、金农、金水等）。由王长胜主编的《电子政务蓝皮书·中国电子政务发展报告 NO.1》认为，“十二金”工程有的是续建工程，如“金关”、“金税”工程等，它们已发挥了良好的经济与社会效益；有的是在建项目，如“金审”、“金盾”、“金保”、“金农”、“金旅”工程，它们正在完善功能，发挥效益；有的是新建工程，如“金宏”、“金财”、“金质”工程。实际上，我国电子政务业务系统涵盖了经济、社会发展的各个方面，除“十二金”工程外，还有“金卫”、“金企”、“金通”、“金图”、“金桥”、“金海”等工程。由此观之，以“十二金”工程为代表的电子政务业务系统建设已进入整体全面推进阶段！

（5）基础与环境建设。基础与环境建设主要包括：电子政务安全保障体系建设、电子政务标准体系建设、公务员培训和考核体系建设及电子政务法规和制度建设等。

电子政务安全保障体系建设方面，出台了《国家信息化领导小组关于加强信息安全保障工作的意见》（中办发【2003】27 号），明确了电子政务安全建设的目标与原则，基本确立了电子政务信息安全保障体系框架：安全策略、安全法规、安全管理、安全标准、安全技术产品、安全基础设施、安全服务（见图 7-1）等，电子政务安全基础设施正在不断建设之中，电子政务信息安全所需的某些关键技术也有所突破，《电子签名法》也已于 2005 年 4 月 1 日正式实施……

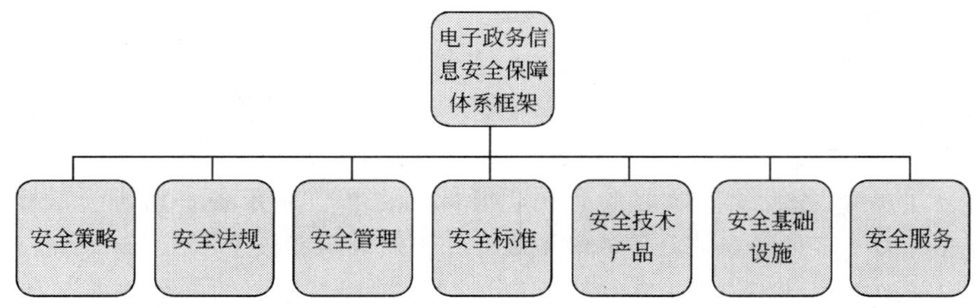

图 7-1　电子政务信息安全保障体系框架

目前，中国电子政务标准规范体系建设工作已经正式启动。2002 年 1～5 月国务院信息办联合国家标准委成立了“电子政务标准化总体组”，并在总体组支持下，先后制定了《电子政务标准体系》（见图 7-2）和《电子政务标准化指南》的第一部分、总则部分。

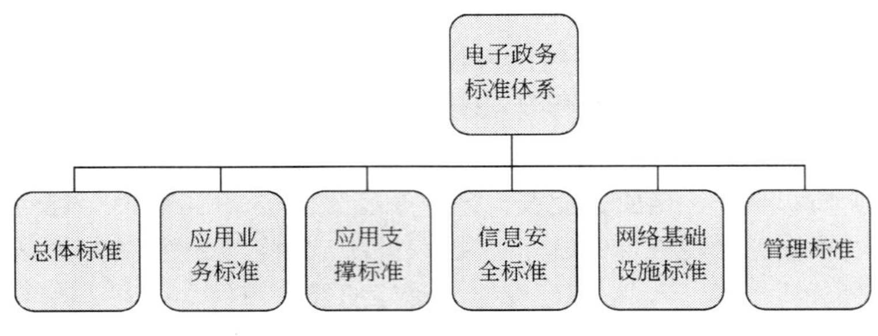

图 7-2　电子政务的标准体系

2003 年初，出台了《国家电子政务标准化指南》第二版征求意见稿及《电子政务相关标准》征求意见稿。前者内容包括总则、工程管理、网络建设、信息共享、支撑技术、信息安全等六大部分（见图 7-3）。

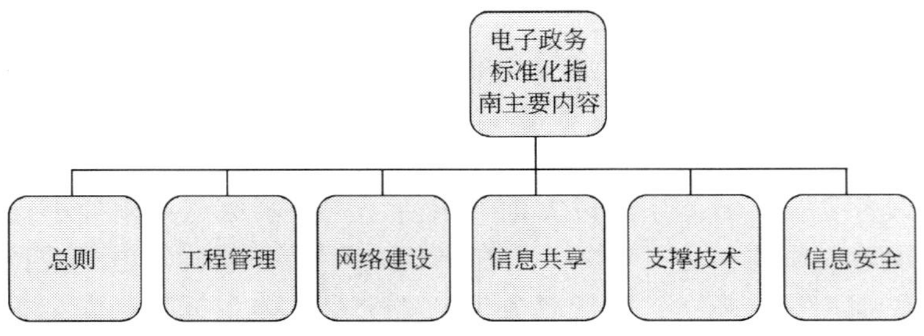

图 7-3　电子政务标准化指南主要内容

随着电子政务建设的不断开展，公务员电子政务相关知识的培训及考核工作已经受到广泛重视。作为国家信息化培训与考核工作的一个重要组成部分，目前，国家有关职能部门已成立了“公务员信息技术与电子政务应用能力培训专家委员会”，制定了《国家公务员信息技术与电子政务应用能力培训大纲》（试行）及配套的《考试大纲》和题库，组织编写了《信息技术与电子政务系列教材》。同时，各级地方政府的有关职能部门也积极制定各种培训、考核、计划，并开展了多种形式的公务员电子政务知识培训与考核工作。

电子政务基础工作中，法律法规制度建设是相当重要的一个方面。20 世纪 80 年代以来，我国相继制定了一些有关信息化方面的法律法规及规章制度。如在电子政务方面，由行政机关对互联网管理出台了一些限制性的行政法规。2001 年 8 月国务院信息办成立后，电子政务政策法规的制定被提上了重要的议事日程。2002 年 7 月，国家信息化领导小组审定通过了《中国电子政务指导意见》，对我国电子政务发展做了系统规划与安排，成为全面推动电子政务发展的纲领性文件。同时，《政务信息工作管理办法》、《关于利用计算机信息系统开展审计工作的有关的通知》及《电子签名法》也已通过并公布。此外，《政务信息公开条例》、《个人数据保护法》等事关电子政务信息安全的法规的起草和征求意见工作均已结束，正待国务院立法部门审议通过。《电子版权法》、《电子文件法》等正在加紧制定之中……

总之，在并不太长的时间里，电子政务在中国得到了长足的发展。但我们仍然处于一个相当初级的阶段。这不仅是因为电子政务理论和政策研究至今仍然几乎是一个空白，电子政务应用也还处于探索阶段，而且还因为不同地区、不同部门的发展很不平衡，特别是与信息技术发达国家相比，还有非常大的差距！具体说来，一方面，真正实现最基本的在线交互处理业务的电子政务系统还极少，实现连续的在线事务处理的电子政务系统基本上还没有出现；另一方面，我国电子政务仍然缺乏充分的实施条件，许多电子政务工程脱离现实情况，未能充分考虑实现社会需求所应具备的基础设施条件。

三 我国电子政务存在的主要问题

从电子政务发展的具体时间来看，目前，我国电子政务主要存在三方面的问题。

（一）行政管理方面的问题

（1）思想认识不到位。电子政务的发展，首先取决于各级政府及其公务员对其认识是否正确。毫无疑问，党中央、国务院是高度重视电子政务建设工作的。但毋庸讳言，在某些部门、某些地方政府中，某些公务员包括某些行政长官信息化意识至今仍比较淡薄，他们或是没有充分意识到信息化发展尤其是电子政务的推行对政府信息资源开发、共享，对政府组织结构调整、优化，对政府业务流程再造与创新及对政府职能转变等的重要意义，或是担心电子政务的发展对自身既得利益造成损害，因此对电子政务发展不是持积极推进态度，而是采取一种消极等待、观望，甚至拒绝抵制的态度，直接影响了电子政务工程的实施。

（2）组织结构不健全。电子政务的发展有赖于一支政治上坚强有力、技术上精益求精，且上下联动、运转流畅的工作团队的通力合作。当前，从中央到地方，各级领导都视电子政务为事关全局的重大工程，采取了一系列组织措施如由“一把手”亲自担任领导小组组长等来加强领导。但问题在于，除了各级“一把手”负责之外，电子政务的发展还需要位居“一把手”之下的各层次各级别各环节公务员特别是类似美国信息主管行政官员（CIO）的一致配合与通力协作；同时也极需要精通信息技术、电子政务技术的专业人才队伍强有力的技术支撑。而现在既存在行政管理方面领导机构有名无实、形同虚设或有上无下、“高位截瘫”的问题，也存在负责业务系统建设、维护和管理的专业信息技术队伍人才匮乏与组织机构不健全的问题。

（3）管理体制有弊端。我国正处于由传统的计划经济体制向与世界接轨的市场经济体制转型的过程之中。随着行政管理体制的逐渐改革，政府职能也正在发生由传统的管理型向现代化的服务型转变的可喜变化。但是，必须正视的是，政府机构设置的不合理、职能重叠或交叉，行政效率低下、流程设计繁复、行政工作透明度较低等问题仍在某些部门或地方不同程度地存在着，这对电子政务的发展形成了障碍。特别是政府各部门所管理业务系统的相对独立性，使不同部门之间的互联互通困难很大；加上对原有政务流程进行再造必须涉及利益的调整及政府部门职能转变所带来的阻力重重，与实现“一站式”、“无站式”及不受时空限制的“无缝隙服务”所要求的政府各部门间交互式办公和面向社会提供优质服务相距甚远，对电子政务建设造成了很大的不利影响。

（4）统一规划尚缺乏。由于电子政务发展可能带来的科技、经济与社会的革命性变化，以及党中央、国务院对此的高度重视，各级政府对电子政务建设给予了高度重视。尤其是在《中国电子政务指导意见》出台后，电子政务进入了一个全面发展的新阶段。但由于《中国电子政务指导意见》缺乏指导具体设计与实施工作的总结规划，使得各部门及各地在缺乏统一规划的情况下，各自为战地独立建设起网络平台、数据中心、安全认证中心等，结果造成了设备、软件大量重复购置，电子信息网络结构重叠，工程项目低水平重复建设等许多不良后果。在某些具体项目设计与实施过程中，发展规划未制定，建设重点不明确，先后顺序分不清，实施步骤未确定，先期示范未进行……存在着巨大的风险性与严重的隐患。统一规划问题一天不解决，中国的电子政务工程建设便一天不能完全竣工。

（二）技术工作方面问题

（1）门户网站平台建设水平较低。主要表现为：①门户网站缺乏。由于主观认识上的偏差或资金不足或技术不过关等客观因素影响，部分地区至今尚缺乏真正意义上的政府门户网站。②缺乏科学合理的组织与规划。部分政府网站主页内容与政府应有形象相去甚远。还有些政府门户网站的站名、域名随意性较大，缺乏最基本的规划。③网络建设质量较低。目前有相当一批政府门户网站信息不更新、链接不深入、有名无实或徒有虚名，有的甚至沦为“死网”；也有部分政府门户网站与用户沟通手段单一，服务功能不健全；或是脱离本职工作，实际应用价值较低；或是干脆无法打开。④发展不平衡。总体而言，从纵向看，副省级以上级别的政府及其工作部门门户网站建设比较完善，而副省级以下级别的政府及其部门门户网站建设相对滞后；从横向看，东南沿海等经济较为发达地区政府门户网站建设要较中西部地区先进得多，而且占所在地网站总数的比例也比较大。

（2）重复建设问题严重。重复建设问题既可看成技术工作问题，也可看成是管理问题。当前，我国电子政务不仅面临着新的建设任务，而且还承担着整合既往众多建设项目使之实现互联互通的任务。一般在新的工程上马之前，应该首先对旧有项目进行清理、整合，以免造成无谓损失。但是，一些政府部门出于种种利益考虑，在没有对以往系统进行清查、整合的情况下，继续盲目投资新的项目，结果造成大量重复建设，使早已积累下来的历史包袱显得更加沉重。网络平台建设如此，PKI/CA（public key infrastructure/certificate authorities，公钥基础设施/数字证书）建设等也不乏此等案例。

（3）“信息孤岛”普遍存在。由于历史上“条块分割”旧体制与“部门利益最大化”思想的影响，加上严格组织与统一规划的缺乏，在电子政务建设当中，一些部门和地方政府大量进行封闭式建设，尽量扩大电子政务项目功能，既不考虑充分发挥原有系统作用，也不考虑与相关部门的信息共享与互连互通，人为割裂电子政务建设的连续性和继承性，制造了大量的“信息孤岛”。更有甚者，某些部门或地方为了保护既得利益，固化行政权力，扩张行政职能，进而制造行政割据局面，有意通过电子政务制造“信息孤岛”，结果导致了“信息孤岛”现象的普遍存在。

（4）网络平台建设迟缓。迄今为止，一方面各部门纷纷要求斥资建设自己业务系统，一方面国家电子政务内、外两网平台建设迟缓，不能满足发展需要。长此以往，不是导致各部门重复建设，就是影响各业务系统的建设。同时，国家电子政务内、外两网的业务范围界定模糊，内网扩大化的倾向已经出现。

（5）信息安全缺乏保障。从宏观角度考察，我国信息安全工作还处于起步阶段，很多问题亟须解决：①电子政务信息安全技术整体研发能力较低，缺乏大量拥有自主知识产权的核心技术及具有原始创新性的其他相关技术，这对我国电子政务信息安全保障构成了严重威胁。②政府网络和信息安全制度不健全，技术和管理骨干人才缺乏，社会安全意识淡薄，应急机制尚未完全建立，整体防护能力不强，完整、统一、科学、高效的电子政务安全保障体系尚未形成。③CA（认证中心）建设缺乏国家统一指导和科学规范，已建CA运营机构偏小、利用率低，且各个CA互相分割，无法形成完整的PKI体系，导致了以PKI/CA建设为代表的电子政务安全基础性工作进展缓慢。

（三）基础建设环境方面问题

（1）信息化整体水平不高。电子政务是经济与社会信息化的龙头，同时又以经济、社会信息化为基础。离开企业、社会乃至个人信息化，电子政务便成了空中楼阁。2.8亿人口的美国“电子政府”之所以迅猛发展，是与其拥有1.68亿人口使用计算机并上网这一基础密不可分的。而目前，我国信息化的整体水平较低。资料显示，到2002年底，全国互联网用户仅为5800万户，联网计算机仅为2100万台，企业、社区的信息化建设刚刚起步，各地发展也极不平衡，从而在很大程度上影响了我国电子政务的发展。

（2）公务员信息化素质亟待提高。电子政务建设成功与否，与政府部门公务员特别是肩负领导重任的公务员信息化素质有很大关系。无可否认，随着政府机关机构精简及吐故纳新，整个公务员队伍革命化、知识化、年轻化、专业化水平大幅度提高。信息化意识不断增强，信息化应用能力大幅提高。但毋庸讳言，到目前为止，从总体上来说，我国还没能建成一支既精通本部门业务与管理知识、又具有信息化理论水平与实际应用能力的公务员队伍。由于年龄因素、受教育程度、个人政治意识、性格因素、利益得失等影响，在各级政府和部门中，都不同程度地存在着信息化意识淡薄、信息技术应用能力较差等信息化素质不高的问题，并成为我国电子政务发展的重要制约因素。特别值得注意的是，部分行政首长的非信息化价值取向，正在成为电子政务发展新的“瓶颈”。

（3）信息化法制建设水平较低。信息化法制建设是促进电子政务发展的重要基础工作与环境条件。但由于电子政务发展的大量不确定性，目前世界各国电子政务法律体系建设均处于不断修改、没有统一规范的不成熟阶段。尽管我国业已公布了《中国电子政务建设指导意见》、《政务信息工作管理办法》、《电子签名法》等，但从整体来说，至今为止，我国电子政务立法严重滞后于实际发展，信息化法制建设仍处于初级阶段。目前，仅有的一些限制性法规也多是由行政机关针对互联网管理而出台的，至于如何促进电子交易、电子支付的法律法规，以及《电子身份证法》、《电子版权法》、《数据保护法》、《政府信息登记制度》、《政务网络安全管理办法》、《网上政府信息管理办法》，特别是带有全局性意义的保障电子政务顺利推进最重要的基础性法律《政府信息公开条例》等，至今仍迟迟不见出台，对电子政务发展有一定的不利影响。

（4）标准体系建设尚不完善。目前，虽然由中国“电子政务标准化总体组”主持研制了中国版的《电子政务标准体系》、《电子政务标准化指南》等文件，但从电子政务发展的实际看，电子政务标准体系出台后社会关注更多的是技术层面上的标准化问题，而对政府行政过程中政务管理与服务这一职能的行政管理方面的规范与标准没有给予足够的重视。实际上，在某种意义上来说，政务流程、业务模式等构成的行政管理过程的标准化较技术标准更为重要。它的被忽视，成为制约电子政务发展的又一重要因素。

（5）考评体系尚未建立健全。应该说，电子政务的考核与评价问题是一个颇为棘手的难题。因为电子政务工程追求的是有效性目标，不能简单地以效益和效率作为最大目标。尽管国家信息产业部发布了“国家信息化指标构成方案”，但内中并未包括电子政务方面指标；以北京大学金江军、潘懋等为代表的专家学者也从《中国电子政务建设指导意见》出发，参照国家信息化评价指标体系，借鉴一些西方发达国家（如英国、澳大利亚等）特别是世界著名的埃森哲（Accenture）咨询公司的电子政务评价指标体系，制定出了具有一定价值与意义、可操作的、较全面的考评指标体系，但在全面程度及可操作性方面仍有美中不足之处，仍需接受实践检验及权威部门认可。由于目前尚未形成一套科学、有效并广为政府、社会所接受的考评体系，电子政务建设过程中一哄而起的现象仍在一定范围与程度上存在与发展。长此以往，势必造成不必要的损失。

（6）信息化建设资金投入不足。信息化建设中，无论是网络基础设施、计算机系统等硬件建设、软件专业人才培养、公务员业务培训，乃至规划的确定、法规的制定等都离不开大量资金的支持。没有足够的资金投入，信息化建设电子政务发展都会受到不同程度的影响。而从我国电子政务发展的实际来看，资金投入不足却是一个相当普遍的问题。这种情况不独发生在经济相对落后的中、西部地区及广大的农村地区，就是东南部沿海经济较发达的地区也在一定程度上存在。资金投入不足是影响电子政务与整个信息化发展的又一个重要“瓶颈”。

第三节 电子政务专项工程实施对策与措施

根据2002年7月3日国家信息化领导小组第二次会议审议通过的《国民经济和社会信息化重点专项规划》和《中国电子政务建设指导意见》，中国电子政务建设的指导思想、原则、目标、任务及采取的措施主要包含下列内容：

一 战略思想

以邓小平理论、“三个代表”重要思想和科学发展观为指导，适应改革开放和现代化建设对政务工作的要求，转变政府职能，提高工作效率和监管的有效性，更好地服务人民群众；以需求为导向，以应用促发展，通过积极推广和应用信息技术，增强政府工作的科学性、协调性和民主性，全面提高依法行政能力，加快建设廉洁、勤政、务实、高效的政府，促进国民经济持续、快速、健康发展和社会全面进步。

二 指导原则

（一）统一规划，加强领导

电子政务建设必须按照国家信息化领导小组的统一部署，制定总体规划，以免重复建设。各级党政主要领导同志要亲自抓，防止各自为政。要正确处理中央与地方、部门与部门的关系，明确各自的建设目标和重点，充分发挥各方面的积极性，分类指导、分层推进、分步实施。

（二）需求主导，突出重点

电子政务建设必须紧密结合政府职能转变和管理体制改革，紧密结合政务工作实际需要，紧密结合人民群众的要求，突出重点，稳步发展。当前要重点抓好建设统一网络平台、建立标准、健全法制，建设和整合关系国民经济和社会发展全局的业务系统。要讲求实效，坚持经济效率和社会效益相统一，杜绝“形象工程”。

（三）整合资源，拉动产业

电子政务建设必须充分利用已有的网络基础，业务系统和信息资源，加强整合，促进互联互通与信息共享，使有限的资源发挥出最大效益。在符合标准的前提下，要优先使用国产设备与软件，逐步推进系统建设与日常维护的外包及托管模式，带动我国信息产业发展。除依靠行政手段的方式外，还可以通过合理方式授权行业或企业参与筹资、建设、运营和管理。

（四）统一标准，保障安全

加快制定统一的电子政务标准规范，大力推进统一标准的贯彻落实。要正确处理发展与安全的关系，综合平衡安全成本和风险，制定、完善电子政务安全保障体系并切实贯彻落实。

此外，“审慎规划，小步快走”也是我国发展电子政务必须认真遵守的一条战略原则。这不仅是世界各国电子政务乃至整个信息系统工程建设的一个共识，而且也完全符合我国现有国情。“审慎规划”即根据对信息技术发展的预期及各地的实际情况，审慎地确定电子政务的发展目标。“小步快走”即以容易实现且效果明显的项目起步，再在此基础上加快步伐前进。当然，这一原则的使用不得与其他原则相违背。

三 发展目标

建设标准统一、功能完善、安全可靠的政务信息平台，发挥政务信息网络平台支持作用；加强重点业务系统建设并取得显著成效；基础性、战略性政务信息库建设取得重大进展，信息资源共享程度明显提高；初步形成电子政务安全保障体系，建立规范长效的培训机制及体系，与电子政务相关的法规和标准逐步完善；初步形成适应经济、社会发展需要的电子政务体系框架，提高中央和地方各级政务部门的管理能力、决策能力、公共服务能力及应急处理能力。

四 重点任务

（一）建设统一的电子政务网络

要按国家统一部署，用一定的时间，基本建成统一的电子政务内、外网络平台，并在运行过程中逐步完善之。要统一标准，利用统一标准促进各个业务系统的互联互通及资源共享。要充分注意整合现有网络资源。

（二）建设和完善重点业务系统

为了提高决策、监管和服务水平，逐步规范政府业务流程，维护社会稳定，要加快 11 个重要业务系统建设：继续完善已取得初步成效的核心政务信息系统、“金关”、“金税” 和金融监管四个工程，促进业务协同、资源整合；启动和加快建设宏观经济管理、“金财”、“金税”、“金审”、社会保障、“金农”、“金质” 7 个业务系统工程建设。业务系统建设要统一规划，分工负责、分阶段推进。

（三）规划和开发重要政务信息资源

为了满足经济、社会发展对政务信息资源的迫切要求，要组织编制政务信息资源建设专项规划，设计电子政务信息资源目录体系与交换体系，启动人口基础信息库、法人单位基础信息库、自然资源和空间地理基础信息库、宏观经济数据库建设；要选择若干部门和地区，开展规范的信息采集、登记、处理、交换、利用和发布的试点。

（四）积极推进公共服务

要加快各部门和各级地方政府公开政务和政府信息的步伐。在内部业务网络化的基础上，充分发挥部门和地方政府的积极性，积极开展对企业和社会公众的服务，并逐渐增加服务内容，扩大服务范围，提高服务质量。近两年重点建设中央和地方的综合门户网站，促进并整合政务公开、行政审批、社会保障、教育文化、环境保护、扫黄打非、防伪打假等服务。

（五）基本建立电子政务安全保障体系

要组织制定和建立国家与地方电子政务网络及信息安全保障体系框架，逐步完善安全管理体制，建立电子政务信任体系，加强关键性安全技术产品的研究与开发，建立应急支援中心和数据灾难备份基础设施。

（六）建立健全电子政务标准化体系

要逐步制定与完善电子政务建设所需各种标准和规范，特别是要优先制定业务协同、信息共享、网络与信息安全的标准，加快建立健全电子政务标准实施机制。

（七）加强公务员信息化能力培养和考核

要充分发挥各级各类教育培训机构的作用，切实有效地开展公务员电子政务理论、知识、应用、技能的培训与考核。为此，要积极制定公务员信息化能力培养与考核的标准与计划，编制培训教材，落实培训机构与经费。力争通过几年的努力，使全体公务员开展电子政务的能力都有较大水平的提高。

（八）建立与完善电子政务法律法规和制度

要加快推进电子政务法制建设，适时提出立法建议，推动相关配套法律法规和制度的制定与完善。要在现有法规制度基础上，进一步加快研究和制定政府信息公开、网络与信息安全、电子政务项目管理等方面的法律与法规及制度，基本形成电子政务建设、运行维护和管理等方面有效的激励与约束机制。

五 主要措施

（一）加强组织领导，明确责任

开展电子政务建设，应按国家信息化领导小组的统一部署，由电子政务建设协调小组负责确定和协调有关重要问题，如电子政务网络平台建设等；由国务院信息化工作办公室负责制定总体规划、指导和推进电子政务建设，并建立科学的审议、考核和评估机制；由各部门按照各自分工分别组织实施业务系统和信息库建设。同时，各服务部门要明确规定电子政务作为“一把手”工程应由机构主要负责人亲自去抓，并建设起一整套从中央到地方、自上而下强有力的组织体系及其运行机制。如有可能，应借鉴美国等国家经验，设立专职 CIO 职务；要注意执行层队伍建设，防止“高位截瘫”现象发生。

（二）统一规划、标准，避免重复建设

电子政务建设是一个庞大的系统工程，必须精心设计，统一行动。要有一个科学的长、中、短期发展规划。目前，要以 17 号文件为基础，广泛吸纳信息化工作部门领导、IT 产业专家与行政管理专家参加，尽快制定出能够明确未来五年内电子政务发展的主要目标、必经路径、先后顺序与相关技术标准，既符合国际电子政务发展趋势，又符合中国国情的具有可操作性的整体规划来。统一规划可以防止盲目建设，最大限度减少资源浪费，避免重复建设。

与此同时，要注意开展电子政务的标准化与规范化工作。可委托具有较强研发能力的企业就政府间或政府各部门间各业务系统中具有共性的方面，如政府网络、公文、档案、日程安排、日常考勤、计划财务、人事、国有资产、设备器材、图书资料等进行软件研究与开发，并进而带动整个政务流程和电子政务的标准化与规范化。当然，标准化的推进，既可通过政府宏观调控（包括行政指令与政策引导）来实现，也可通过市场机制或价值规律作用来实现。

在电子政务规划建设过程中，还要注意协调好各方面、各部门、各地区的利益，力争平衡发展。因为电子政务事关政务信息开发、共享，政府职能调整、转变，政府机构重组、优化及政务流程再造、创新，涉及各方面、各部门、各地区利益的重新分配，是一个相当敏感的话题。因此，在规划阶段就应该注意采取行政干预与市场调节相结合、国家统一部署与部门自愿交流相结合、长期科学规划与逐一解决具体问题相结合、部门信息输出量与电子政务将来投入量相结合，以及支持东部地区发展与扶植中西部地区发展相结合等行之有效的策略与办法，争取出现齐头并进、全面协调与持续发展的良好局面。

（三）平台建设先行，积极稳步推进

在推进电子政务的实际工作中。首先应把加快内、外网及中央和地方各级政府门户网络建设等基础性工作放在先行位置上。当前，鉴于内、外网建设已滞后于各部门业务系统建设对网络平台要求的事实，应在明确内网与外网边界的条件下迅速确定与落实实施方案，并在资金投入上给予充分保证，以确保平台先行。平台的完善应允许有一个过程，可先建立一个能满足基本运行要求的网络平台框架，在运行中建设，在运行中改进。无论是建设还是维护，某些沿海开放城市都尝试使用了包括“外包”在内的多种市场化方法，取得了较好效

果，不妨借鉴。

中央门户网络及地方各级政府门户网络建设已呈迫在眉睫之势，应当切实纳入议事日程。周宏仁、王长胜等在《中国电子政务发展报告 NO.1》中认为，“国家应先出台一个政府门户网络的初步规范与标准，然后再建立一个中央门户网络原型，再在此基础上不断扩展和完善。”

电子政务建设是一个公共行政管理不断创新的过程，不可能一蹴而就。平台先行只是万里长征走完了第一步。因此，要有长期作战的思想准备与计划安排。在实际工作中，可采取突出重点，稳步推进的办法操作。即按先易后难、先简单后复杂的原则，以经济效益、社会效益和政府自身能力建设为考量指标，有目的、有重点地开展电子政务项目建设。《中国电子政务发展报告 NO.1》提出，经济效益可以从增加收入、财务管理、资源和计划管理、营造良好的市场和投资环境等方面来量化考核；社会效益可从面向居民的各种服务系统、警察与公安系统、公共教育和文化系统、医疗与保健系统、环境保护和环境信息系统等方面来考核；政府自身建设可从提高政府核心业务运行的有效性和效率、增加政府工作的透明度，以及反腐倡廉、政府信息资源的开发等方面来衡量……同时，提出当前要抓住的三个重点：一是要对现有网络资源进行统一整合，避免重复建设与资源浪费；二是要继续抓好政府内部的办公自动化和无纸化；三是在抓紧制定信息化相关法律法规的同时，筛选一些直接关系企业或民众利益的跨部门、跨行业的公共服务项目作为互联互通的突破点，率先在某些服务项目上实行在线服务，并使其服务领域逐步扩大，研究者认为不失为稳步推进之举。

为求得稳步发展，电子政务建设过程中还要根据《中国电子政务建设指导意见》，注意做好试点与示范工作。通过试点与示范工程，总结经验，摸索规律，吸取教训，减少损失，大有利于面上电子政务工作的开展，是稳步推进的重要举措。

（四）重点建设 PKI/CA，确保电子政务安全

电子政务涉及党政机关机密和国家安全，一旦遭受破坏，必然会造成重大的政治、经济损失，甚至危及社会稳定与国家安全。因此，电子政务“以安全为第一要务”，安全保障体系是电子政务建设的关键所在。

PKI/CA 体系建设事关政府网络安全防护与通报机制及网络身份认证，有助于加强政府部门间信息共享与交流，能增强网络活动的安全保障，确保网络信息的真实、安全与有效。因此，要按照国家信息化办公室的要求，由国家密码主管部门牵头，会同有关部门成立“国家 PKI 协调管理委员会”，指导电子政务 PKI 信任体系——国家电子政务根 CA 和桥 CA 建设。各级地方政府和部门

都要在国家根CA的体系下，严格按照国家有关主管部门的统一部署，重点进行电子政务安全保障体系的PKI/CA体系，包括组织体系、管理体系、技术体系、标准体系及法律体系建设。

当然，确保电子政务安全，还应从多方面着手。尽快完善国家信息安全其他基础设施如网络安全应急响应中心，关键网络系统灾难恢复中心、计算机病毒防治中心等，加强核心安全技术的自主创新，确立信息安全产业策略等。同时，也不能以安全为理由人为造成电子政务的应用障碍。

（五）营造适宜环境，加速电子政务发展

环境有软、硬、内、外之分，这里主要指外部软环境。

首先要求创造一个有利的体制环境。电子政务要求对现行政府管理职能、组织结构及行政流程进行改革和调整，因此，在政府职能方面，要树立由管理→管理＋服务→服务的理念，摒弃传统的官僚衙门意识与作风；在政府组织结构方面，要深化行政机构改革，通过结构优化重组，使政府部门的组织形态更加符合电子政务的需要；在行政流程方面，要对传统行政流程加以精简、再造与创新，使其成为实至名归的适应社会主义市场经济体制要求的崭新的现代行政流程，并进而使政府管理与服务更加符合电子政务“简便、透明和高级”的客观要求。为此，又要进一步建立、健全统一的政府部门工作规范，抓紧改革现行的行政审批制度，进一步实施政务公开，增加政府管理的透明度，并认真清理收费项目，加大收费管理制度改革力度。

其次，要创造一个良好的政策法规环境。当前，应尽快推出由全国人大通过与颁布的对加强电子政务法制建设最基础、最重要的法律《政府信息公开条例》，对政府的信息开放提出法定的包括时间、内容等在内的明确要求；或者在此前由国务院法规先行颁行类似的行政法规。同时，应尽快颁布《隐私保护法》，以保护作为社会主体的公民的隐私，激活人的智力资源，使其迸发出潜在创造力，更有效地推动生产力发展。此外，应及早将《网上政府信息管理办法》、《政务网络安全管理办法》、《政府信息登记制度》等法律、法规、政策、制度纳入立法或研究、起草与制订计划之中。

最后，要加强人才队伍的建设，加大教育培训与资金投入力度。与计划经济体制下传统行政管理活动相比，网络状态下的行政管理工作在管理思想、管理战略、管理模式、管理方法、管理行为等方面都发生了巨大变化。这种变化不仅给政府公务员带来了思想上的巨大震撼，也给具体的行政管理工作带来了新的机遇与挑战。可以说，在此背景下，大部分公务员都面临着一个知识更新的问题。因此，为适应信息化时代电子政务发展的需要，各级政府一定要加强对公务员与其他机关工作人员关于电子政务理论、技能及项目管理等知识的教

育培训工作，并把它摆在相当重要的位置上。电子政务教育培训工作的一个重要方面是加强对领导干部的电子政务知识培训，促使各级领导提高对电子政务的认识，增加对电子政务知识的了解，提高电子政务应用水平。当然，人才队伍建设也不可忽视，要系统研究制定培养、引进、留住人才的政策措施，积极引进和培养一大批既懂管理又懂电子政务的复合型人才。要强调的是，电子政务的发展离不开大量足额资金的支持，否则电子政务也只能是纸上谈兵。电子政务所需资金投入，宜采取各级政府财政拨款为主的方式解决。对确有困难的地方，中央或上级政府应酌予财政补助。实际上，除政府投入主导外，各级政府特别是沿海开放城市政府都在积极探索推进电子政务市场化的有效方法，并积累了不少经验，如外协外包、广告筹资、发行债券、募集资金、接受捐赠及合作共建等，值得借鉴。今后，要尽快适应投融资体制改革的新要求，逐步向投资主体多元化、投资方式多样化方向转变，特别注意引导企事业单位投资电子政务。要按照“谁投资，谁受益”的原则，鼓励各个企事业单位自筹资金，或吸纳国内外风险投资基金，或引导地区内外国有、私有企业及个人参与电子政务建设。

应该指出的是，营造电子政务发展适应环境的工作远不止于此。举凡政治环境、人文环境、技术环境、产业环境、经济环境等皆是影响电子政务发展的重要因素，皆应予以高度重视。尤其是要注意有计划、有步骤地推进电子政务标准化工作。沿海开放城市各级政府可在国际标准与国家标准的框架内，根据本地电子政务建设的需要，科学制定符合本地实际的电子政务标准和信息网络安全规范。

（六）发挥创造力，探索新模式

电子政务作为一种全新的管理方法，建设项目综合性强、直观性差、监控难度大，同时投资数额相对较大，影响既广泛又深远，因此，必须充分发挥人的主观能动性，尝试建立一种科学的建设和运作方式。根据国内外经验，各地政府特别是沿海开放城市政府可借鉴、采用国际工程管理通行的菲迪克模式进行电子政务项目建设。所谓菲迪克模式，简而言之，即由投资建设部门择优选择综合实力较强、行业信誉度较高的咨询商、开发商和监理机构来进行项目建设，并在建设过程中形成咨询商、开发商和监理机构三者相互制约机制，共同对建设项目负责这样一种模式。菲迪克模式在国际工程管理上被广泛使用。实践证明，它对保证项目建设按时、按质、按量完成具有重要作用，是一种堪称成功、值得推广的模式。此外，电子政务建设工程项目外包和运行维护托管等可持续发展的电子政务建设与运行模式也值得研究与借鉴。

六 重点工程

电子政务重点工程有国家与地方之分。国家电子政务重点工程意在整合现有和即将建设的各个政府网络及全国系统，统一相关技术标准和规范，做到互联互通，建成一个统一的国家电子政务体系与服务平台。地方电子政务重点工程旨在国家统一的电子政务框架内，建成一个与国家电子政务服务平台及本地各部门信息系统互联互通、信息共享的地方电子政务服务体系。地方电子政务重点工程与国家电子政务重点工程既有联系，又有区分。但二者都包括网络平台建设、业务应用系统建设、信息资源建设、安全体系建设、标准化建设、政策法规体系建设、管理、教育培训、人才队伍建设等内容，择其要而言之，主要有网络平台建设、应用系统建设、信息资源建设及基础工作四个方面（见图7-4）。

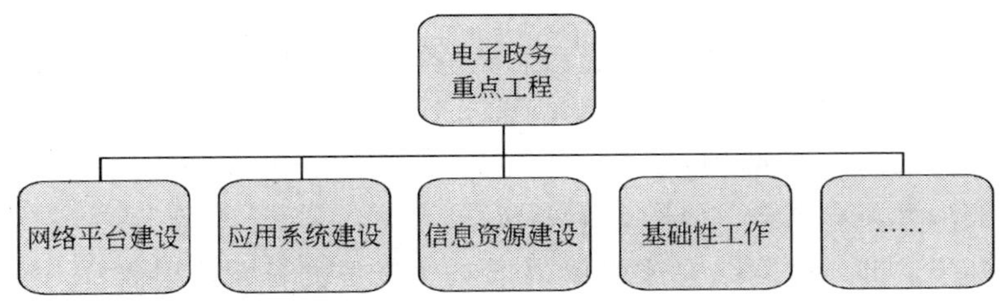

图 7-4　电子政务重点工程主要内容

（一）网络平台建设

从信息安全角度考虑，典型的电子政务架构应由政务内网、政务外网和政务专网三部分组成。但世界各国构建电子政务系统时，通常把电子政务的政务网络分为政务内网和政务外网两种，政务内网和政务外网之间物理隔离。《中国电子政务建设指导意见》也把我国电子政务网络分为内、外网两种，两网之间物理隔离，政务外网与互联网之间逻辑隔离。内网主要连接中办与国办内部、国务院各部门内部及副省级以上政务部门，并且与相应的党委、人大和政协等系统的办公网建立连接，与副省级以下单位的办公网络物理隔离。总体来说，主要运行政务机关内部上下级政府之间及政府各部门之间的业务信息，用于政府机关内部公文、信息处理和政府系统内部信息传输和共享，以便提高政府和部门之间的信息快速反应能力与应急指挥能力。政务外网是政府的业务专网，主要运行政务部门面向社会的专业性服务业务和不适宜在内网上运行的业务。为适应业务发展与安全保密需要，避免重复建设，减少资源浪费，国家要求加快整合与建成全国统一的网络平台。国家政务内网建设由国家信息化工作领导小组指导、协调与管理，由国务院办公厅归口负责；地方政务内网建设使用的政务内网 IP 地址的范围须听从国务院办公厅的统一安排。国家政务外网建设由国家信息中心归口负责，地方政务外网建设采用的合法地址须向中国互联网信息中心申请。

政务网络平台建设时要注意：①对于政府部门之间的网络要求保证绝对安全。因为涉及机密信息的交换，需要在与外部网络严格物理隔离的专用网络上传输。②对于在局域网上运行的政府内部和政府部门间一般的信息交换，其网络要求具有传统数据网络的性能优点［安全和质量保证（QS）］和共享数据网络结构的优点（简单和低成本），能够进行远程访问及实现内网与外网的便捷连接。对于为公众提供的信息及其他公开的信息，可以利用政府网络等形式发布到互联网上。

（二）应用系统建设

电子政务重点工程中的应用系统建设是全部工程的关键环节。以服务对象为依据，电子政务应用系统建设主要包括 5 个方面。

（1）政府部门内部的电子政务（E2E）。简言之，政府部门内部的电子政务就是政府部门办公自动化（OA），主要包括：

电子办公。即通过网络完成机关内部工作人员的日常事务性工作。如网上申请出差、请假、文件复制、下载各种表格等。

电子公文。即在网上流转政府内部公文，如请求、报告、批复、公告、通知等。

电子政策法规。即在网上为政府内部工作人员提供相关的各种法律法规、规章制度及政策规定等。

电子财务管理。即在网上管理政府内部财政预算及其执行情况，如财政收入（从明细到汇总）、支出、拨付款数据及相关图表与文字说明等。

电子人事。即在网上进行政府部门人事管理，如公务员业绩考评、政府内部工作人员各种综合性和专业性的网络教育培训等。

（2）政府之间的电子政务（G2G）。简而言之，政府之间的电子政务是上下级政府，不同地方政府、不同政府部门之间的电子政务。它主要包括：

电子公文。即在上下级政府、不同的地方政府及不同的部门之间进行网上公文，如报告、请示、批复、通知、公告等的传递。

电子统计。即为了便于有关领导职能部门及时掌握与监控国家社会经济运行情况，各级政府部门在网上向各级乃至国家统计部门提供分级部门的历年政府统计数据。

电子财务管理。即通过网络向各级国家权力机关、审计部门等相关机构分级分部门地提供历届政府财政预算及其执行情况，包括从明细到汇总的财政收入、开支、拨付款数据及相关的图表与文字说明。

电子司法档案。即通过网络在政府司法机关之间传递与共享司法信息，如公安机关的刑事犯罪记录、检察机关的检查案例、审判机关的审判案例等。

政府之间的电子政务有助于不同部门间的协同办公，可以解决“信息孤岛”问题，使信息交换、协同工作等问题彻底解决。

（3）政府和公务员（G2E、E2G）。主要是指政府机关及其部门与在其中工作的公务人员之间的电子政务。一般来说，它包括：

电子公文。即在政府机构与公务员个体之间传递的电子公文，既包括政府下达的指示与通知、领导的批复，也包括公务员的政府递交的报告、请示等。

电子邮寄。即通过网络向对方发送电子邮件。

电子人事。即利用网络进行政府人事管理。如对公务员工作流程进行了解，对工作进展进行掌控，对工作业绩进行考评等。此外，还可用来对政府工作人员进行各种进程教育及专业培训等。

电子规划管理。即通过网络进行工作规划、计划管理工作，如对公务员年度工作计划、月份工作规划、每周工作安排进行督查等。

也有学者把政府和公务员之间的电子政务（G2E）归属到政府之间或政府内部的电子政务（E2E或G2G）中去。

（4）政府与企业之间的电子政务（G2B、B2G）。政府与企业之间的电子政务主要指政府通过网络进行招标与采购，为企业提供各种公共信息服务；企业通过网络办理税务申报、各种证照等业务。主要包括：

电子采购与招标。即通过网络发布政府采购与招标。如政策程序、方法等，为企业特别是中小企业参加政府采购提供条件。

电子税务。即通过政府税务网络，企业按章缴税。在网络背景下，企业不出大门就能在办公场所办理缴纳税务的各种手续，如税务登记、申报、划拨等。

电子证件办理。即通过网络让企业申办各种证件和执照，如企业营业执照的申请、受理、审核、发放、会检等。

信息咨询服务。即通过向企业开放政府所拥有的各种网络数据库信息，如国际贸易统计资料、法律法规、政策规范等，来为企业提供信息服务。

其他服务。即政府利用网络信息集中及宏观管理优势，为企业特别是中小企业提供其他方面的必要的帮助。如为中小企业提供统一的政府网站入口，为企业提供电子商务、工商、金融、海关等基础设施服务。

（5）政府与公众之间的电子政务（G2C、C2G）。政府与公众之间的电子政务主要指政府通过公共网络向社会公众提供范围广泛的各种服务，包括工商、税务、金融、保险、医疗、卫生、教育、就业、法律等。

公共就业服务。即政府通过网络等媒体向社会公众提供工作机会与就业培训服务。如通过开设网上人才市场，向社会提供工作职位供应需求数据库信息，为应聘者提供网上职业技术培训等。

教育培训服务。即通过建立全国性的教育平台、资助所有学校与图书馆联结互联网及政府教育平台，出资购买教育资源平台并提供给学校与学生，开展信息、职业技术能力的教育与培训等向公众提供教育培训服务。

公众电子税务。即社会公众通过电子报税系统向国家税务机关申报个人税务，如个人所得税、财产税等。

社会保险服务。即通过社会保险电子网络向社会公众提供社会保险服务，如公布最低收入家庭补助、网上办理社保理赔手续等，公众也可直接通过网络及时全面了解自己的养老、失业、工伤、医疗等社保情况。

电子医疗服务。即通过政府电子医疗服务网络向社会公众提供医疗、卫生、药品等各方面的医药信息服务，如医药卫生政策法规、医药价格信息、执业医师资信信息、医疗保险个人账户情况等，社会公众也可通过网络了解本地医院的分级、执业医师的职称水平情况、药品的性能功效等。

电子证照服务。即通过电子网络办理公众所需要的从出生证、学生证、上岗证、工作证、结婚证、离婚证、退休证、死亡证，到驾驶执照、营业执照、税务登记执照、卫生防疫证件等各种证照。

其他公众信息服务。即通过电子网络向社会公众提供其他可能提供的信息服务，如开放政府法律法规规章数据库向公众提供法律咨询服务，网上公布拟提拔人员的背景资料以便公众增加对未来政府官员的了解，网上发布政府工作报告以听取公众对政府工作的意见，通过电子交通网站对司机进行管理与服务等。

应用系统的建设有可能对传统体制下的政府组织机构、政务流程及整个政府职能产生革命性的影响，有可能最终打造出一种与市场体制下信息时代基本适应的全新的政府形态，并进而对整个社会的思想意识、经济文化活动乃至生活方式产生重大影响。

（三）信息资源建设

电子政务中的信息资源包括政府对外的公开信息和政府内部流通信息。信息资源数据库主要由数据中心、交换中心和服务平台等部分构成，它是整个电子政务的源头，也是实现信息共享、资源优化的前提。理论界认为，根据国外电子政务的发展趋势和我国具体情况，当前，我国应优先考虑和重点发展以下具有战略意义的国家信息资源数据库：宏观经济管理急需的国家信息资源库，包括金融管理信息库、税收管理信息库、海关管理信息库、财政管理信息库；保障社会安定急需的国家信息资源库，包括公检法司管理信息资源库、社会保障管理信息资源库；基础性的国家信息资源库，包括电子身份证与居民注册信息资源库、企业注册信息资源库、国家地理信息资源库。当然，事关国防、国家安全、情报等信息资源库也需要认真规划、专门开发。而在实际工作中，沿海开放区域首先应该按照《中国电子政务建设指导意见》，配合国家有关部门，重点建设好四个战略性、基础性的信息库（简称“四库”），即人口基础信息库、法人单位基础信息库、自然资源和空间地理基础信息库、宏观经济数据库。此外，如果主观需要，客观条件允许，还可尝试建立诸如档案信息资源数据库、地方法规规章信息库、企业和个人信用信息库、公共设施信息库等各种不同、各具地方特色的基础资源联机数据库，以便更好地支撑政府决策和为社会服务。

（1）数据中心。数据中心是各种数据信息采集、加工和整合的平台。位居信息资源库建设第一位的是数据中心建设。一般而言，数据中心建设应考虑与具备以下五类资源：政务元数据库、政务主题词表以及信息分类、代码与指标体系表、地理信息系统平台与服务资源。

政务元数据又称诠释数据或描叙数据，是关于政务数据的数据，亦即关于政务数据内容、质量、状况等特征的信息。它可分为元数据元素、元数据实体和元数据子集三个层次。其中元数据元素是元数据最基本的信息单元，元数据实体是同类元数据元素的集合，元数据子集是相互关联的元数据元素和实体的集合。通常情况下，元数据应被赋予 8 个方面的特征，即名称、标识码、定义、性质、条件、最大出现次数、数据类型、值域。政务元数据应包括政务数据质量信息、政务数据志信息、政务数据表示信息、政务数据分类信息、政务数据参考信息、引用文献信息、负责单位信息、地址信息、政务数据集标识，以及说明其部门和时限、状况、法律限制和保密限定等所需要的信息等。沿海开放区域进行电子政务工程信息资源建设过程中，宜以元数据管理体制为核心，自上而下贯穿各级行业行政部门，从元数据管理的角度，为行业的行政管理和行业信息资源的整合提供技术基础。同时，采用分布式的数据存储形式，通过元数据实现各级行政部门之间的互联互通、信息检索和内容共享。并应用科学的分类编目管理结构、对政务系统中各类信息分门别类进行组织与处理，以达到知识管理和决策支持的目的。元数据库是信息资源库的基础。为方便各政务部门信息互联互通与资源共享，电子政务元数据库必须严格定义并向内、外网全方位开放。

政务主题词表的存在与规范是进行信息资源库内各种信息组织管理与库际各种信息交换的前提条件之一。信息资源库中的所有文献只有在标引并与主题词库建立映射后，才能使用户在主题词查询时游刃有余。通过对所有入库信息进行科学标引、描述和分类，并对主题词的语义内涵、位属关联等进行严格规范，可在主题层面建立所有信息资源的映射关系，同时对各类信息产品和服务过程起到基准性、规范性、结构性、参照性和工具性的支撑作用，从而实现全库信息资源的有序化，达到增加其可用性的目的。主题词表主要包括机关公文主题词表、宏观经济主题词表、科学与技术主题词表、社会事业主题词表及行业主题词表等。在信息资源库的建设，特别是在数据中心建设中，主题词表/库的建设也是不可忽视的一环。

对信息进行分类并建立相应代码，有利于加强对信息资源库中各类信息的组织管理，提高其为企业、社会服务的能力，并加快与国际信息分类体系接轨与兼容步伐。总而言之，信息资源分类与代码涉及国民经济行业分类代码、全国行政区划分类代码、全国工农业产品/商品分类代码、各主导行业信息分类代码，以及文件格式和结构描述与规范代码、联合国及各国海关协调制度（HS）分类代码、北美工业标准分类代码（NAICS 体系）等。另外，常以表格形式出现的各种指标体系与格式化文件也是政府决策分析与宏观调控过程中经常遇到的信息资源，是信息交换、数据再处理的前提。在数据中心建设过程中，一定要使之做到字段统一、格式统一、定义统一和代码统一。

GIS 目前已融入世界工厂产业主体之中，并已成为各类综合数据信息可视化的基础平台。实际上，几乎所有的经济、社会信息都与地理空间信息有着千丝万缕的联系。政务信息资源在 GIS 整合后，往往产生“鲤鱼跳龙门”般的质变效应，在支持政府科学决策时大显身手。特别是与各种专业数据结合、包含丰富地理空间信息的专题电子地图更是各地政府进行区域规划、招商引资、研究自身与竞争对手情况不可或缺的辅佐工具。因此，信息资源建设时必须给予高度重视。

至于服务资源，是电子政务中政府提供给企业、社会公众的一切信息资源的总称。电子政务信息资源中，服务资源是十分重要的组成部分，数据中心建设时应予以足够重视！

（2）交换中心。电子政务交换中心中的“交换”，意指面向语义、主题驱动的资源交换。它是电子政务系统中进行资源整合、共享与升值的前提。交换中心是指多渠道、多途径采集信息资源，并进行整合与交换的主要场所。在电子政务系统中，交换中心是各部门协同工作的基础空间。沿海开放城市在进行政府信息资源建设时，宜采取以可扩展标记语言（extensible markup language，XML）作为数据交换标准的方案，即在数据交换和共享的层面上，基于 XML 和统一信息平台技术，实现不同系统的互联互通。由于它覆盖了信息处理过程中从数据采集、处理、传输再到信息管理、分析与共享的整个流程，因此将多年来常见的管理信息系统延伸到数据分析、共享系统中，并可自信息中挖掘和提炼所需材料与知识，从而为党政部门提供充分的决策参考和有力的科学决策支持。

交换中心的具体工作就是针对采集于各子库及来自机构之间的两类来源不同的信息分别进行接收、格式转换、匹配与整合处理。其工作流程是：进入交换中心后，资源库内每日从各子库采集来的信息及跨机构间的信息在叙词库支持下经过主题拆分、建立映射、标引、格式转换和分类后，由交换中心重建索引、排序后进入数据中心的“政务信息库”或“服务信息库”等，或与库中资源整合。此后，既可供用户多级查询、交互引导、进行检索，也可由用户定义主题，提交给系统后对数据中心、相关站点、各机构存档信息等进行查询。当然，资源的对接与匹配均需要通过基本目录、专题目录、客制化目录等资源库目录系统进行。只有在各种目录支持下，用户才可顺利对资源库开展各类查询。

此外，交换中心还可为各机构提供诸如一般公文、电子刊物、往来信函等的收发、转存、点对点发送、多点群发、定时定点播发，以及在“备份中心”支持下，提供第三方信息交换的公告提示、在线呼叫、流水日志、电子存证、电子回执、专案备份、批复跟踪等服务。

(3) 服务平台。服务平台也是电子政务信息资源库建设不可忽视的一环。它主要由采集加工、需求整合、信息发布、专题跟踪、服务推进、进程管理、项目管理、客户管理、质量管理等功能块组成，通过一系列交换、处理、检索和定制等机构支持在线服务、专题服务、公务员服务和机构服务。

电子政务资源库是个大型数据加工中心，本身会有许多信息与数据产品生成，并提供常规信息服务、专题信息服务、定制信息服务、在线服务接收、在线呼叫/投诉回复、在线咨询项目管理、分类信息资料库、基础政务信息资料库、智能信息搜索引擎、宏观经济数据、视频资料中心、电子邮件群发、政务要闻联播与点播系统、公务员社区中心、公务员信息服务、项目跟踪服务等多项服务。

信息资源库建设要以数据标准的统一作为核心，避免出现新的“信息孤岛”。为此，要从技术构架上，使系统从诞生之日起就具备信息共享天性。

(四) 基础性工作

电子政务基础工作主要包括电子政务安全保障体系、电子政务标准体系、电子政务法律法规与制度体系、公务员教育培训与考核体系等主要内容。

1. 电子政务安全保障体系

安全保障体系建设是电子政务建设的关键内容。因为电子政务涉及很多党政机关的机要文件，其中有些还涉及国家安全问题。而目前我国有的政府部门从开始起就缺乏电子政务建设的总体安全构想，敏感信息没有严格执行国家有关部门的安全管理规定，电子政务存在一定的安全隐患。加上广泛应用的TCP/IP协议是在可信环境下为网络互联专门设计的，还存在黑客的攻击和计算机病毒的干扰等，使得电子政务网络存在许多不安全因素。

与此同时，由于网络化、虚拟性与开放性的特点，电子政务的信息安全还具有自己的特殊性，如既要求（与公众信息网）互联又要求（涉密核心业务与外界）隔离，既要求政务公开又要求信息保密，既关系到经济安全又涉及政治安全，既关系到部门安全又关系到国家安全。所以，安全保障体系建设是电子政务专项工程最重要的基础性工作之一。

根据国务院信息办的总体部署，鉴于国际、国内的经验教训，当前，沿海开放城市电子政务安全保障体系建设的主要任务：一是制定电子政务信息安全保障体系框架，二是初步建成电子政务信息安全基础设施，三是争取在电子政务信息安全需要的关键技术与关键产品上有所突破。具体而言，应着重做好以下工作：

（1）提高认识，统一行动，进一步建立健全电子政务信息安全保护组织机构。沿海开放城市各级政府要充分认识到安全保障体系对电子政务工作的至关重要性，大力加强对电子政务信息安全保护工作的领导，逐级建立健全组织机构。目前，在国家层面上，国家信息化工作领导小组对信息安全检查进行总体负责，公安部按《计算机信息系统安全保护条例》的明确规定对信息安全进行具体负责。沿海开放城市应按国家的统一部署，层层落实信息安全保卫工作责任制，迅速建立健全相应的领导机构与工作机制，既要避免“高位截瘫”，也要避免有名无实现象的发生。今后，如果国家新成立了统一管理全国电子政务信息安全的机构或进行了新的部署，沿海开放城市也应迅速作出反应，尽最大努力按国家要求进一步调整与完善相应的组织机构，始终与国家协调行动。

（2）抓住机遇，加快进度，进一步完善电子政务信息安全保障体系框架与电子政务信息安全基础设施。目前，国家已制定了电子政务信息安全保障体系框架，沿海开放城市要在实践中不断检验与完善之，并及时将意见与建议反馈到国家有关部门；在信息安全基础设施建设方面，国家已初步建成了国际出入口监控中心和安全产品评测认证中心，但总体说来，中国信息安全基础设施的建设还处于初级阶段。沿海开放城市应抓住当前国际国内信息化建设的大好时机，加快工作进度，尽快建立与国家、有关部门及地方政府协同互联的网络监控中心、计算机病毒防治中心、关键网络系统灾难恢复中心、网络安全应急响应中心、电子交易安全证书授权中心、密钥监管中心等信息安全基础设施。特别是电子政务公钥基础设施/认证中心体系关系到全局，沿海开放城市应严格按照国家有关主管部门“国家PKI协调管理委员会”的统一部署，在国家根CA体系下，按部就班、有条不紊地完成相应的建设任务。

(3) 立足自主创新，发展信息安全产业，加强信息安全核心技术与关键产品的研究与开发。国内外经验教训都证明，在低端产品层次，可以引进技术提高技术水平，靠市场换技术，靠资源换技术，但是当我们发展到能够与外国企业和跨国公司在高端产品和接近国际市场档次的市场形成竞争时，发达国家是不会把核心技术和高端技术拱手相让的。一味引进国外技术及产品，便很有可能存在安全隐患。如微软公司Windows NT操作系统近年来就被发现还有第二个超级用户口令。因此，在事关经济、社会发展命脉特别是国家综合竞争力与国家安全的战略高技术方面，我们一定要立足自主创新，独立自主地发展自己的信息安全产业，加强电子政务信息安全核心技术与产品的自主研发。特别是在操作系统技术与计算机芯片技术方面，一定要突破发达国家公司垄断，及早研发出具有自主知识产权的产品，以确保关键政府部门信息系统的网络安全。

沿海开放城市往往经济相对发达而科学技术相对落后，可通过引进具有较强研发实力的高校、科研院所的研发机构，或出资与科技相对发达的内陆中心城市与地区共同组建研发机构来开展自主科技研发活动，一方面与国家层面的自主研发相配套，一方面也可在一定范围内自主研发出相关技术与产品。

(4) 安全、成本、效率兼顾，完善法律法规，进一步加大电子政务安全宣传教育力度。不同的电子政务信息系统有不同的安全要求。进行电子政务信息系统安全设计时，必须根据实际情况，统筹考虑“安全、成本、效率”三者之间的关系。如果电子政务系统的安全性能超过安全保密管理的要求，不但会使安全成本过高而造成资金浪费，而且还会因使用较少而导致效率低下。实际上，绝对的安全是不存在的，电子政务系统也不一定都是“越安全越好”!

同时，要借鉴信息产业发达国家经验，建立健全电子政务信息系统安全保障法律法规，并真正做到有法必依、执法必严、违法必究。目前，我国颁布了一些零散的关于信息安全的法律法规，但电子政务信息系统安全方面的专门法规尚属空白。沿海开放城市往往有单独立法权，不妨在此方面多做尝试。

此外，要积极利用各种方式培养公务员及全社会电子政务信息安全防范意识，大力宣传电子政务信息安全知识，提倡电子政务信息伦理，提高全社会尤其是广大公务员电子政务信息安全水平。

2. 电子政务标准体系

信息技术是电子政务的基础，标准化工作是电子政务有效运行的条件，是电子政务建设与发展的必由之路。标准化将各个业务环节有机连接起来，为彼此间的协调工作和整体效能的实现提供技术准则，是电子政务系统实现互联互通、信息共享、业务协同、安全可靠的前提。同时，标准化能在大量数据基础上对政府工作和业务流程进行量化分析，从而使政府业务流程再造成为可能。通过标准化的协调和优化功能，可保证电子政务少走弯路，提高效率，确保系统的安全可靠。如果缺少电子政务系统的统一标准，如数据标准、技术标准和安全标准，各类电子政务系统无法实现互联互通，电子政务的内在意义、经济效益与社会效益将无以发挥。

我国政府历来高度重视电子政务标准化工作，早在2002年就制定了《电子政务标准体系》架构（见图7-5）。但由于中国体制的特殊性和人们思想观

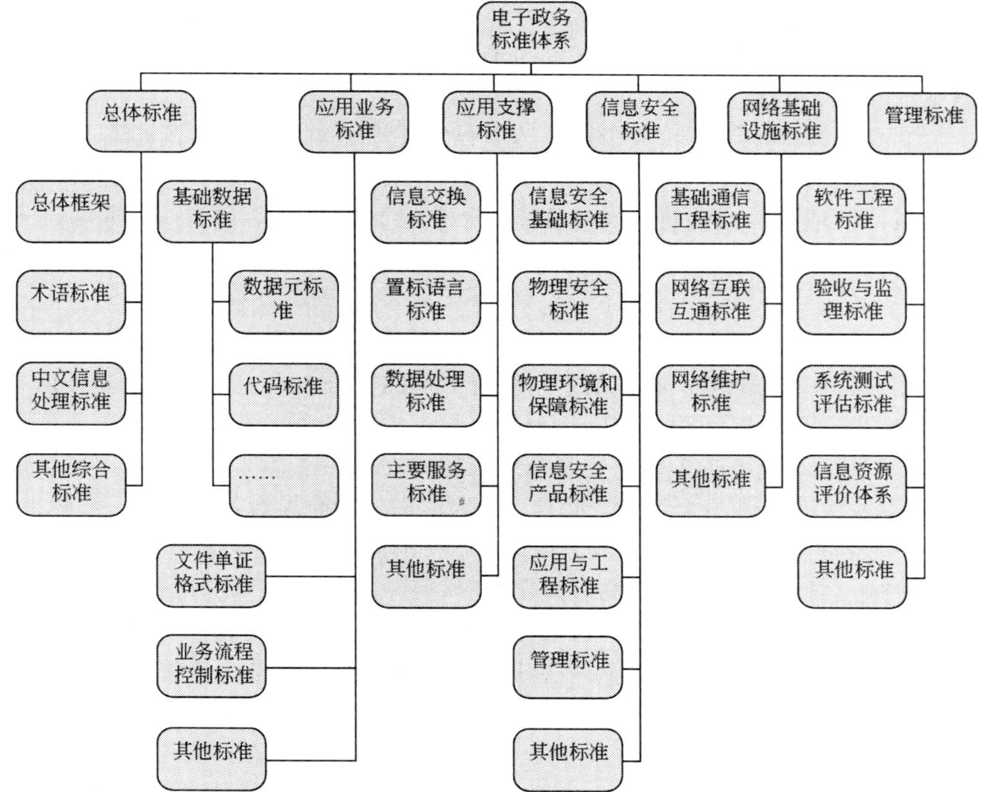

图7-5 国家电子政务标准体系结构

念的顽固性，现在绝大多数电子政务标准化工作仅停留在电子政务技术标准化工作方面，而政府管理行为和管理过程的标准化还没有受到应有的重视。因此，要以“急用先行、成熟先上、科学先进、切实可行”为原则来制定电子政务标准，“以标准化为纽带”来建设电子政务系统，尽快制定电子政务标准体系框架，组织建立电子政务标准化工作系统，编制电子政务标准化指南，修订和制定急需的标准，开发相应的电子政务标准应用工具，推行与应用紧密结合的标准咨询和服务体系。同时，各级政府除加大投入与培训力度、加强基础设施建设、开发利用政务数据资源库等之外，尤其应该在政府量化管理的基础上，对绝大多数政府管理工作项目与环节进行标准化，制订政务流程和环节的地方与国家标准，实现政府管理的非随意性与政务流程的透明化。

当前，沿海开放城市电子政务标准化工作的重点是在广泛借鉴国内外相关标准的研究成果，并根据本地政务管理的具体情况，.创建或修订一套基于XML、具有自主知识产权、适合国家与地方办公特点并与国际标准兼容的电子政务标准，研制与之配套的开发工具、建模语言与建模方法，研究和建立维护机制及相应平台，建成基于cngXML（中国通用可扩展标识性语言，中国国情的电子政务语言规范）的电子政务标准体系。为此，必须积极调动各部门尤其是企业力量，有效利用现有资源和标准成果，迅速投入人、财、物力开展政府管理工作流程和环节的调查研究，清理、确认和制定与电子政务系统工程项目相关并与国家标准配套的地方标准，如数据标准、技术标准、安全标准等。

3. 电子政务法律法规与制度体系

法律法规体系建设滞后是制约电子政务发展的重要因素之一。加快电子政务法律法规与制度体系建设是营造有利于电子政务全面、协调、可持续发展法制环境的重要措施。同时，由于电子政务建设是一种政府行为，只有法制环境下的明确要求与约束，才能避免其背离为社会服务的初衷而向政府自身利益倾斜的趋势，保证其沿着健康、正确的道路前进。

世界上的主要发达国家如美、英、德、日、韩等都先后出台了一系列促进电子政务应用与发展的法律法规。与西方发达国家相比，我国电子政务发展较晚。至今为止，虽然“第一部真正意义上的信息化立法”《电子签名法》已于2005年4月1日正式实施，但大多数情况下只是由行政机关对互联网管理出台了一些限制性的行政法规，在电子政务法律法规与制度体系建设方面一直处于落后状态，有些方面甚至还处于空白状态。因此，为了促进电子政务快速、稳定与持续发展，必须进一步加快电子政务法律法规体系建设。

根据国外电子政务发展经验，结合中国具体实际，沿海开放城市电子政务法制建设应注意：

(1) 与国家电子政务法律法规与制度体系建设协调一致，但可适度超前。如目前国家《政务信息公开条例》正在广泛征求各方面意见，但沿海开放城市可像深圳、宁波等城市一样适当提前出台地方《政务信息公开条例》，以此来规范与引导电子政务健康、有序发展。

(2) 适时立法，滚动发展，不断完善。由于电子信息产业发展一日千里，未来形势具有很大程度的不确定性，因此，电子政务法律法规与制度体系建设要有一定伸展度。一旦时机成熟，即要抓住机遇及时立法，以满足实践需要。如果形势有了新的发展变化，电子政务有关法律法规也完全可以在工作中不断修订、发展与完善。

(3) 尊重人格，保护隐私权。历史进入21世纪，人类文明发展迈入新阶段。尊重人格，保护社会成员隐私能促使社会成员发挥出更多的创造性、积极性，使整个社会更趋和谐、稳定，因此是文明社会每一个成员的共同心理需求。电子政务法律法规与制度体系建设时一定要把保护个人隐私放在重要地位，并建立严格而公正的侵权惩罚机制，严惩侵犯隐私权的行为！

(4) 建立完整的电子政务法律法规与制度体系。目前，除了贯彻落实已颁布的《电子签名法》、推动和配合国家尽早出台与完善《政务信息公开条例》之外，还应尽早起草与制定诸如数据保护、隐私保护、电子版权、电子交易、电子身份、政务公开等方面的电子政务法律法规；为了保证政务信息资源开发利用工作顺利开展，还要进行《政府信息登记制度》、《网上政府信息管理办法》、《政务网络安全管理办法》，以及其他有关信息安全的法律法规、安全管理制度、电子政务项目管理制度、政府信息登记、政府信息交换、政府信息维护制度的研究与制定工作。此外，为了适应电子政务发展的要求，沿海开放城市应及时清理与调整各种落伍过时、不合时宜的法律法规，或加快制定与出台新的法律法规的步伐。

4. 公务员教育培训与考核体系

电子政务是一种与信息时代科技发展水平相适应的全新的政府管理模式。由于是在信息技术背景下以一定的硬件设施与相应的管理软件为基础运行的，电子政务对政府公务员素质提出了较高要求。它不仅要求公务员在思想意识、行政观念上有新的变化，而且要求具有较熟练的操作电子计算机、使用互联网进行公务活动的技能。同时，各个政府工作部门业务各异，对信息安全的要求不尽相同，所使用的专业应用软件也不一致，因此，必须建设公务员电子政务教育培训与考核体系，有目的、有针对性地加强对公务员电子政务环境下工作能力的培养，以适应新形势下政府工作的需要。

发达国家非常重视对公务员进行电子政务培训，如德国就编写了《电子政务手册》。我国自20世纪90年代实行公务员制度以后，公务员的录用、考核走上了正轨，整个公务员队伍素质得到了提高；不少地方、特别是沿海经济较发达地区还有计划、有系统地组织公务员进行了在职培训，使公务员行政管理能力进一步提高。但是，与开展电子政务所需要的人才数量、水平、结构相比较，目前整个公务员队伍信息知识与技能普遍偏低；特别是一些年龄偏大的公务员，计算机使用技能更是较差；即使一些年龄较低、学历较高的公务人员，计算机操作方面的技能也不尽如人意。而且，在广大的县及县以下地方政府机关，信息意识、信息知识、信息技能缺乏的情况更是普遍而严重。因此，加强电子政务教育培训与考核体系建设，对于强化公务员掌握与运用信息能力，提高工作效率与领导水平，进一步加快政府职能转变，具有十分重要性的现实意义。

建设电子政务教育培训与考核体系，首先要提高认识，加强领导，完善组织结构，并制定好相应的工作计划与培训考核制度。当前，国家已成立了信息化培训认证管理办公室及公务员信息技术与电子政务应用能力培训专家委员会，并制定了《国家公务员信息技术与电子政务应用能力培训大纲》（试行）与配套的《考试大纲》和题库，信息产业部信息化推进司也组织编写了《信息技术与电子政务》系列教材。沿海开放城市应与国家步调一致，认真做好培训计划，成立相应机构与专家委员会，制定符合本地实际的培训大纲，编写出有针对性的培训教材，并把公务员电子政务应用能力培训考核作为一种制度坚持下去。其次，应有计划地举办各种类型的短期培训学习班，开设培训课程，对在职公务员分期分批进行在岗培训；各级党校与行政学院要将电子政务知识与技能的培训纳入教学计划，使每一位学员都能接受到必要的电子政务知识的传授与技能的训练。再者，要在电子政务框架下，建立新的公务员业绩评价体系，制定公务员电子政务知识与技能的等级考核制度，按照预定的任务目标、考核标准，举办公务员电子政务认证考试，对公务员完成学习任务情况进行科学测评，并把考试考核成绩作为业务考核成绩的一部分，与公务员年度考核、晋升晋级及奖惩进退结合起来。最后，电子政务培训与考核体系建设应循序前进、持之以恒，切忌“雷声大、雨点小”，或搞“政绩工程”、“形象工程”，而应脚踏实地，把工作重点放在产生实效之上。

有专家建议，沿海开放城市可赶在国家统一行动之前，组织编写类似德国《电子政务手册》的书籍，全面介绍电子政务基础知识，以及设计方法、项目管理、软件工程与人员培训等实施过程，使各有关部门只要照此办理，就可以基本上提出一个实用性很高的电子政务解决方案，研究者认为值得一试。

5. 电子政务评价指标与评价指标体系

电子政务评价指标体系应包括构成体系的各项指标、各项指标在体系中的权重，以及统计分析与评价测算的方法制度等内容。建立电子政务评价指标与评价指标体系，从宏观角度来看，意在科学评估与监测电子政务发展水平基础上，进一步科学决策，以便更好地指导电子政务建设。从微观来说，意在对具体建设项目进行正确评估，以便检查工作得失、确保电子政务建设顺利推进。目前，国际国内电子政务建设发展迅猛，建立科学的电子政务评价指标与评价指标体系，尤其具有重要的现实指导意义。

国外不少国家特别是西方发达国家对电子政务评价指标与评价指标体系进行了认真研究。如英国在网络经济评估体系中就包括了电子政务的评价指标，澳大利亚信息经济办公室指数评估体系也设计了电子政务的指标。但最著名的是埃森哲咨询公司的电子政务指标体系研究。从 2000 年起，埃森哲咨询公司每年都会以年度报告的形式发布其用独有的指标体系对发达国家电子政务进行评分的结果。此外，Gartner 咨询公司、联合国公共经济与公共管理局会同美国公共管理学会对联合国 190 个成员国进行电子政务建设情况进行调查分析时，也都对电子政务评价指标与评价指标体系进行了研究。中国也陆续有一些专家学者开展了信息化与电子政务评价指标与评价指标体系的研究。如国家信息产业部曾发布了“国家信息化指标构成方案”（见图 7-6），虽然其中并未包括电子政务方面指标，但开建立国家信息化指标体系之先河；季金奎等编著并被信息产业部指定为“国家信息化培训教材”的《中国电子政务领导干部知识读本》以系统论观点为指导，使用系统评价方法，对电子政务系统评价指标与评价指标体系进行了初步探索，建立了一个由 9 个一级指标、84 个二级指标、8 个三级指标构成的指标体系，具有一定的意义与价值；以金江军、潘懋为代表的专家学者也从《中国电子政务建设指导意见》出发，参照国家信息化评价指标体系，借鉴一些西方发达国家特别是世界著名的埃森哲咨询公司的电子政务评价指标体系，制定出了具有一定可操作性的较全面的考评指标体系，共计 9 个一级指标、36 个二级指标、66 个三级指标（见表 7-1）；周宏仁、王长胜《电子政务蓝皮书·中国电子政务发展报告 NO.1》更是建立了“基于国民经济核算的电子政务发展评估体系”、“基于国民经济核算的电子政务发展评估指标”等，站在学科发展前沿从宏观角度对电子政务发展评价指标与评价指标体系进行了进一步研究，并尝试建立了多种模型，具有一定的理论深度。此外，国内互联网实验室、时代财富科技公司、国家信息中心、北京大学张维迎等都对电子政务评价指标与评价指标体系进行了有益研究，取得了一批研究成果。但是，客观地说，各位专家学者的研究结论都还只是一家之言，在全面程度及可操作性方面仍有美中不足之处，仍需接受实践检验及权威部门认可。

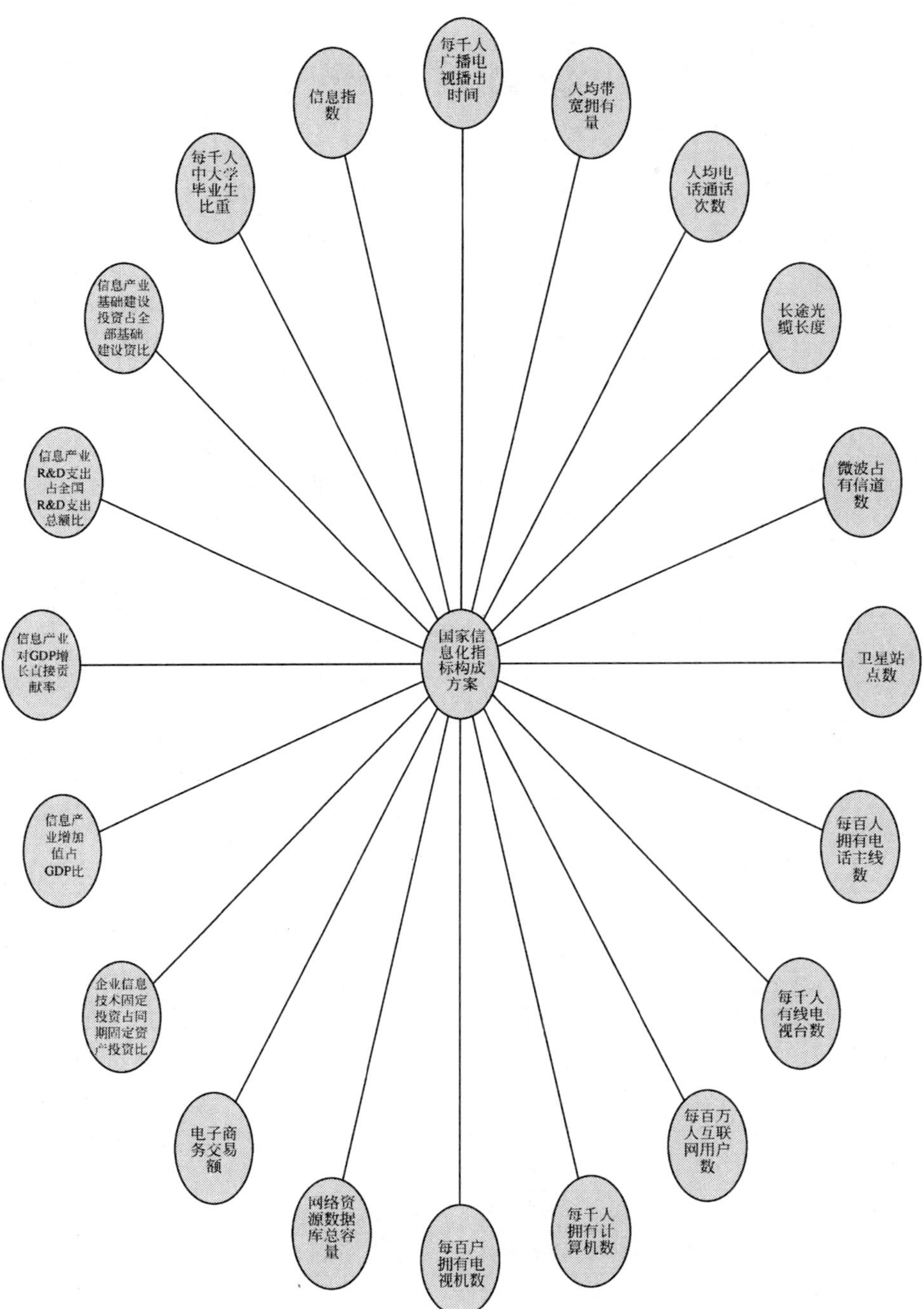

图 7-6　国家信息化指标构成方案

表 7-1　电子政务评价指标体系

一级指标	二级指标	三级指标	备　注	序号
总体效果	政府满意度	对提高政府办事效率的促进程度	用一年节省多少时间来衡量/(小时/年)	1
		对减少政府运转费用的促进程度	用一年节省多少万元来衡量/(万元/年)	2
		对改善政府形象的促进程度	用很好、较好、一般、较差、很差5项来评价，可用5分制进行评分	3
		对加强监管的促进程度	用很好、较好、一般、较差、很差5项来评价，可用5分制进行评分	4
		公务员满意度	体现电子政务的设计水平	5
	企业满意度		体现电子政务的设计水平	6
	公众满意度		体现电子政务的设计水平	7
系统技术	开放性		用很好、较好、一般、较差、很差5项来评价，可用5分制进行评分	8
	易用性		用很好、较好、一般、较差、很差5项来评价，可用5分制进行评分	9
	可维护性		用很好、较好、一般、较差、很差5项来评价，可用5分制进行评分	10
	安全性		这个指标的计算方法是安全级别与资金投入量的比例	11
	性能价格比		系统性能分值除以系统造价	12
	功能价格比		系统功能分值除以系统造价	13
	使用率		用人次/年表示	14
产业促进	政府软件采购	政府平台软件采购数	反映对软件产业促进程度	15
		政府平台软件采购金额	反映对软件产业促进程度	16
		政府应用软件采购数	反映对软件产业促进程度	17
		政府应用软件采购金额	反映对软件产业促进程度	18
	政府硬件采购	政府主机采购数目	反映对硬件产业促进程度	19
		政府主机采购金额	反映对硬件产业促进程度	20
		政府外设采购数目	反映对硬件产业促进程度	21
		政府外设采购金额	反映对硬件产业促进程度	22
	电子政务咨询	电子政务咨询机构数	反映对IT服务产业的促进程度	23
		电子政务咨询人员数	反映对IT服务产业的促进程度	24
		电子政务咨询项目数	反映对IT服务产业的促进程度	25
	一年政府采购金额		反映国家对电子政务建设投资力度	26

续表

一级指标	二级指标	三级指标	备 注	序号
发展规划	国家规划			27
	地方政府规划比例	省级	包括自治区、直辖市	28
		市级		29
		县级		30
		乡（镇）级		31
	领域规划比例		如公安、民政等领域	32
建设内容	业务系统评价	综合决策类比例	反映电子政务应用深度	33
		专业类比例	反映电子政务应用深度	34
		基础类比例	反映电子政务应用深度	35
	政务数据开发利用评价	政务数据库数目	反映政务数据开发利用程度	36
		数据共享程度	反映政务数据开发利用程度	37
		政务数据挖掘比例	反映政务数据开发利用程度	38
保障体系	政策法规	发展政策	用很完善、较完善、一般完善、不完善、很不完善 5 项来评价，可用 5 分制进行评分	39
		法律法规	用很完善、较完善、一般完善、不完善、很不完善 5 项来评价，可用 5 分制进行评分	40
	标准规范	系统标准	用很完善、较完善、一般完善、不完善、很不完善 5 项来评价，可用 5 分制进行评分	41
		项目标准	用很完善、较完善、一般完善、不完善、很不完善 5 项来评价，可用 5 分制进行评分	42
		技术规范	用很完善、较完善、一般完善、不完善、很不完善 5 项来评价，可用 5 分制进行评分	43
	教育培训	公务员 IT 受训比例	反映公务员应用水平	44
		电子政务教育培训机构数	反映电子政务教育培训规模	45
		每千人对电子政务的了解程度	分非常了解、比较了解、一般了解、不了解 4 个层次	46
	试点示范		反映推广情况。用很好、较好、一般、较差、很差 5 项来评价，可用 5 分制进行评分	47

续表

一级指标	二级指标	三级指标	备 注	序号
保障体系	安全保障	信息安全基础设施完善度	用很完善、较完善、一般完善、不完善、很不完善5项来评价，可用5分制进行评分	48
		信息安全法律法规完善度	用很完善、较完善、一般完善、不完善、很不完善5项来评价，可用5分制进行评分	49
		信息安全核心技术掌握情况	用很好、较好、一般、较差、很差5项来评价，可用5分制进行评分	50
组织管理	组织机构完善程度		反映组织水平	51
	人员编制情况		反映知识结构	52
用户基础	家庭上网比例		能够上网的家庭占家庭总数的比例	53
	企业上网比例		能够上网的企业占企业总数的比例	54
	公众上网比例		能够上网的公众占公众总数的比例	55
	公务员上网比例		能够上网的公务员占公务员总数的比例	56
	政府每千人拥有计算机数		体现政府部门的信息基础设施水平	57
政府网站	政府网站数量占国内政府部门总数的比例		反映政府网站开通比例	58
	政府门户网站数量占政府网站总数的比例		反映政府网站整合程度	59
	网站功能	网上办公比例	具有网上办公功能的政府网站占政府网站总数之比	60
		网上监督比例	具有网上监督功能的政府网站占政府网站总数之比	61
		政务公开比例	具有政务公开功能的政府网站占政府网站总数之比	62
	建设质量	网页设计水平	反映政府网站质量	63
		信息质量	反映政府网站质量	64
		网络性能	反映政府网站质量	65
	网站访问量		反映政府网站人气	66

由于目前尚未形成一套科学、有效，并广为政府、企业与社会接受的考评体系，电子政务建设过程中一哄而起的现象仍在一定范围与程度上存在。长此以往，势必造成不必要损失。因此，沿海开放城市在进行电子政务专项工程建设的同时，一定要高度重视电子政务评价指标与评价指标体系的重要性，在国家权威性的评价指标体系尚未正式形成与下达之前，可选取一种相对比较全面且可操作性较强的评价指标体系作为参照，用以指导城市电子政务全面建设，监测具体电子政务工程项目完成情况；也可在研究国内外已有研究成果的基础上，结合城市具体实际，组织专家开展相关研究，形成具有自己城市特色的电子政务评价指标与评价指标体系，并在实践中不断修正完善。

研究者在完成课题过程中，也曾对世界各国（主要是美、英、俄、澳、德、日、韩及联合国部分工作机构）与我国部分学者的研究成果进行了学习与思考，进而产生了一些自己的想法，初步形成了自己的一些结论。待进一步深思熟虑后，单独成文公之于众。不管最后同仁与社会认可度如何，有一点是肯定的，电子政务评价指标与评价指标体系的研究与建立，是沿海开放城市电子政务重点工程中十分重要的基础性工作。

第八章 发达国家先进经验及对我国的启示

自20世纪60年代以来，整个世界掀起了以微电子、电子通信和计算机等信息技术为核心的新科技革命（信息革命）的浪潮。随着信息技术的大规模产业化及在各行业的广泛应用，催生了一大批新兴产业，带动了微电子、计算机、软件、通信等关联产业的发展，以信息技术为核心的信息产业从此蓬勃发展起来。

信息产业是指从事信息技术的研究、开发与应用，信息技术设备与器件的制造及为经济发展和公共社会需求提供信息服务的综合性生产活动或行业的总称，是伴随现代电子信息技术，特别是计算机硬、软件技术，网络通信等技术的发展而迅速成长起来的一个新兴产业。广义的信息产业是基于计算机应用的信息获得、信息处理、信息传输、信息应用产业的统称。美国一经济学家曾认为信息产业的实质就是知识经济。一般来说，信息产业分为两个部分，即信息技术产业（主要是电子设备的制造）和信息服务产业（主要指信息资源的提供）。“信息产业”的狭义理解是指“信息技术产业”，包括所有电子信息产品的制造，以及通信、数据处理、软件和信息技术服务部门。信息产业是知识密集型产业，典型特征是高创新、高渗透、高增值、高投入、高风险和低消耗。也有人认为信息产业分三大类，即信息服务业、信息装备制造业和信息咨询业。从专业角度看，信息产业也可以分为通信业、计算机业、声像业和元器件业。通信业既包括服务业，也包括通信设备制造业和咨询业。通信业主体是服务业，大体上设备制造占20%、服务业占80%。计算机业发展的起源是制造业，到目前为止，计算机业主要是制造业，包括硬件和软件。制造业属第二产业，服务业属第三产业，在产业分类上有较大区别。

信息产业是国民经济信息化的基础，在各国的知识经济发展战略中，信息技术处于关键地位。当今世界信息产业的发展水平已经成为衡量一个国家的综合国力和经济地位的重要指标，信息产业在国民经济发展中占主导地位。

当前我国已进入全面小康社会的关键时期，也是信息产业发展的重要战略机遇期，如何进一步加快我国的信息产业发展步伐，提升产业的整体实力，已是摆在我们面前的一个重要问题。只有借鉴发达国家的先进经验，并结合我国实际，才能少走弯路，迎头赶上甚至是超越。

发达国家在信息产业方面有着许多共性的经验和做法值得我们借鉴、学习。比如发达国家对信息产业的发展都从国家战略高度进行了总体规划，如“欧洲数字社会计划”、“法国信息社会行动计划”、“德国 21 世纪信息社会计划”等；发挥政府的作用，如政府采购、经费资助、税收优惠、加强信息产品知识产权保护等；为信息产业发展创造良好的基础设施环境与发展条件，如美国、日本、韩国等投入巨额资金建设由通讯网络、计算机、数据库以及电子产品构成的网络基础设施等；通过各项举措培育、引进信息产业人才，如德国采取全球为之瞩目的举措——“绿卡”工程，旨在吸引全球 IT 人才到德国工作，韩国政府实施海外留学奖学金项目，资助有发展前途的信息专业大学生到国外深造等；积极倡导信息产业文化，如法国普及网络教育和培训，韩国为低收入家庭提供免费的计算机网络技能培训等。

当然，不同国家的信息产业发展都有各自不同的模式，下面的章节内容将通过全面、详细地分析世界上信息产业最发达的美国的信息产业发展情况，总结其经验做法，得出启示，以期指导我国信息产业更快更健康地发展，不断增强整体实力。

第一节　美国信息产业的发展演变

一　美国信息产业发展理论

信息化是一种处于不断深入和发展中的社会现象，许多国家特别是西方一些国家的研究人员对信息化发展作了非常深入的研究。美国是推动世界进入信息化时代的主要发源地，因而有关信息化发展理论与分析方法的研究也最先开始。1961 年经济学家斯蒂格勒在美国《政治经济学》杂志上最早发表了“信息经济学”一文，标志着“信息经济学”的诞生。

信息化的理论发展历经了以下四个主要阶段：

(1) 首先研究信息产业并对其进行数量分析的当推美国普林斯顿大学的经济学家马克卢普（F. Machlup)。1962 年，马克卢普出版了《美国的知识生产与分配》一书，该著作是西方学术界持续长达 20 多年的所谓“知识社会”、“信息社会”、“后工业社会”、“电子社会”等形形色色思潮的先导。他在书中提出了与信息产业概念相近的“知识产业”，虽然在边界范围上与现在流行的信息产业有所出入，但基本上反映了信息产业的主要特征。马克卢普认为，知识产业是一类生产知识、从事信息服务或生产信息产品的机构，包括厂商、单位、组织和部门或其中的班组，甚至是个人和家庭。他将知识产业（即我们现在所说的信息产业）划分为五大类：教育、研究与开发、通信媒介、信息设备和信息服务。其中，教育包括家庭教育、在职教育、社会教育、中小学、高等院校、联邦计划和公共图书馆；研究与开发包括基础研究、应用研究与开发；通信媒介包括印刷出版、照相、录音、戏剧、音乐、电影、广播、电视、广告、远距离通信媒介、会议；信息设备包括印刷机械及设备、打字机、电子计算机、其他办公机械及部件；信息服务包括职业信息服务与金融服务联合的信息服务。马克卢普不仅最早提出了与信息产业相近的“知识产业”的概念，还建立了一套信息产业产值测算体系，并对美国 1958 年的知识产业产值进行了测算：他发现美国 1958 年的知识产业的产值在其 GNP 所占的份额是 29%，知识产业中劳动力在全部劳动力中所占的份额大约是 31%。在此基础上，马克卢普继续从事信息产业的研究，并着手出版 10 卷本巨著《知识：它的生产、分配和经济意义》，但是，他没能完成这项任务就离开了人世。

（2）继马克卢普后，对信息产业进行研究的是美国经济学家波拉特（M. U. Porat）博士。1977 年，波拉特受美国商务部委托，出版了 9 卷本的研究报告《信息经济：定义与测量》。该书曾轰动整个西方世界，被认为是信息经济学发展过程中的一座里程碑。波拉特从马克卢普的“知识产业”概念出发，正式提出了信息产业的概念。他从信息的作用入手，分析了信息经济的作用和产值，并创造性地提出了“四产业划分法”，将整个国民经济划分为农业、工业、服务业和信息业。波拉特认为，信息产业的生产、处理、流通和服务渗透于国民经济的各个领域。在此基础上，他又将信息产业分为第一信息产业部门和第二信息产业部门。第一信息产业部门包括所有向市场提供信息产品和信息服务的部门与企业，如知识的生产与开发产业、信息流通与通信产业、风险管理业、信息处理与传递服务业、信息商品业以及某些政府活动如教育产业、信息基础设施产业等。第二信息产业部门是指为信息生产和信息消费活动服务的政府部门与非信息企业，这些部门和企业的信息活动，虽然不向社会提供信息产品和服务，没有在信息市场上实际表现出来，但对这些部门和企业来说则是不可缺少的，如政府部门的计划、决策和管理等。从信息产品和信息服务的范围来看，第一信息产业部门属于公开使用的部门，而第二信息产业部门则属于内部使用的部门。

另外，波拉特依据自己对美国信息产业的独特划分，建立了一个以信息部门占 GNP 的比重为指标体系的测算模型。即利用投入产出表和部门分类，分别对第一信息产业部门和第二信息产业部门的信息增值加以测度，依据信息经济占 GNP 的比重和信息劳动就业比重来衡量信息产业规模与信息经济发展的程度。这一理论分析和指标体系为研究信息化发展程度与信息化对经济增长的贡献，提供了一套可操作的理论与方法，被称为波拉特法。波拉特理论和方法的核心内容是将信息部门从国民经济的各部门中逐一识别出来，并将信息部门区分为一级信息部门和二级信息部门两大类。识别的标准根据各种经济活动和信息的形态转换的相关程度而确定，一级信息产业部门与二级信息产业部门的区分标准是看其经济活动的结果——产品或服务是否在市场上直接出售。通过大量数据的统计分析，波拉特得出：1967 年，美国第一信息产业部门产值占 GNP 的 25.1%，第二信息产业部门的产值占到 21%。

波拉特所提出的信息产业分析方法是一项重要的科学方法。在对信息产业进行定量研究的基础上，波拉特对其理论有两点突破：其一，他将社会的基本产业结构从克拉克的三分法发展为四分法；其二，根据划分信息产业的具体困难，创造了第一信息产业部门和第二信息产业部门。波拉特法将 CNP 作为衡量信息经济部门增值的统一参照指标，为各国或地区纵向比较信息经济发展进程和横向比较不同国家的信息经济规模，提供了建立于相同参照系上的指标体系，因而成为各国测算信息化水平通常采用的方法。

（3）许多学者对信息社会的形态也进行了描述，代表性著作有托夫勒的《第三次浪潮》、贝尔（D. Bell）的《后工业社会的来临》、斯托尼尔的《信息财富——简论后工业经济》、霍肯的《下一代经济》等。社会学家贝尔早在 1962 年春天提交给在波士顿举行的一次研讨会的论文中就提出了与当时日本流行的"信息社会"相类似的"后工业社会"概念。该论文没有出版，但在学术界和政界广为流行。该论文也和 Tadao Umesao 的文章一样使用阶段发展理论去解释产业史和预见未来发展趋势。后来，贝尔的这篇论文作为一章被收入到 Ginzberg 在 1964 年编写的一本教科书中。1965 年 10 月和 1966 年 2 月，美国艺术和科学学院连续组织了两次题为"奔向 2000：前进中的工作"的研讨会，贝尔是这两次会议的组织者之一，会上讨论的主题是后工业社会问题。

（4）到了 20 世纪 90 年代，美国经济在十年内持续增长，并呈现出"两高两低"的新现象，即高经济增长率、高生产率增长率与低失业率、低通货膨胀率并存。凯恩斯主义和货币主义认为，总需求变化是造成商业周期变动的主要原因，但却无法解释高产值和高就业没有导致高通货膨胀的现象。因此，随之就出现了"新经济"或"新范例"的理论来加以阐述。美国理论界对于新经济主要有三种不同的观点，即乐观的新经济论、中性的新经济论和悲观的新经济论。

乐观的新经济论者的主要观点为：只要能够长期使生产率保持高增长水平，美国就会步入持续增长、低失业率、低通货膨胀率的新经济时代。他们认为：信息通信技术革新有助于所有生产工序的技术进步；一旦生产率上升，投资收益率提高，国内外资本就会集中到美国；经济的全球化，20 世纪 90 年代的政策与稳定的宏观经济环境等因素也有利于美国生产率的提高。他们强调：只有在生产率保持高增长、经济保持稳定的情况下，才不会出现经济停滞。

中性的新经济论者的观点为：首先，商业周期性问题和通货膨胀问题依然存在。新经济的产生并不意味着通货膨胀行将消失，新的衰退不会发生，股市将会永远上涨；其次，技术不是万能的，需要宏观经济政策的配合。认为经济中出现的所有变化都可以用技术革新的观点来解释的想法是错误的，必须重新认识到经济大变动中调整财政和金融政策的手段的重要性，必须采取协调的促进技术革新的措施和宏观经济政策。最后，对新旧经济的性质作出肯定似乎还为时过早，一些经济学家无法确定目前美国经济是新经济，还是非常强劲的旧经济。

悲观的新经济论者的观点为：首先，新经济有它的两重性。信息技术革命和全球化在创造繁荣的同时，也可能会导致短期的动荡，而且新经济面临许多挑战，如贫富差距等。其次，新经济现象是临时的，将面临困境。近年来美国经济的繁荣是由一些“临时性的因素”造成的，如油价稳定、外资涌入等，一旦这些临时性因素消失，美国的新经济也就是昙花一现。最后，新经济的依据不足。美国经济没有发生根本性的变化，新经济与旧经济有许多相似之处，而经济状况实际上没有一些人说的那么好。也没有出现一些关于美国经济地位真正上升的情况，只是因为其他国家（如欧洲部分国家和日本）的经济陷入了困境而已。

二 美国信息产业发展过程

（一）萌芽阶段

第二次世界大战前，美国即在电话、无线电、电视等信息技术方面取得相当程度的发展，居世界领先地位，从而为战后电话、电视普及和通信技术与计算机技术的结合奠定了一定的基础。1844 年，美国艺术家莫尔斯在华盛顿和巴尔的摩之间架设了第一条有线电报线路，英裔美国人亚历山大·贝尔 1876 年制成实用电话装置，获得美国的电话专利并成立第一家电话公司。早在 1880 年，科学家就设想研制电视，1923 年在威斯汀豪森电气公司工作的俄裔美国科学家兹沃雷金发明了电子电视摄像管，1924 年建立了电子电视模型，1931 年研究成功电视显像管。1939 年美国无线电公司的电视在纽约世界博览会上首次露面，并率先开始固定电视节目演播，首批电视播放机也开始在商店出售。

战前这些重要的信息科学技术，有的是美国自己发现、发明并发展的，还有的是其他国家发现、发明，美国引进发展的。这些信息技术在战后得到蓬勃发展，主要发生在信息产业领域。当时，贝尔电话公司是世界最大的电话信息公司，电话普及率也处在领先水平。美国电话普及率 1965 年为 48%，1973 年为 65%，1983 年达到 79%。1950 年底，约 9%的美国家庭有电视机，到 1960 年达到 87%。1955 年彩电技术研制成功，到 1975 年普及率已达 70%。

（二）发展阶段

20 世纪 60 年代以来，整个世界掀起了新科技革命（信息革命）的浪潮：微电子技术、电脑及软件技术、网络技术、多媒体技术、光通信技术等前所未有的现代信息技术的出现，加上现代生物技术、纳米制造技术、人工智能技术等高科技的突破性进展，大大加强了信息应用、传输、储存和处理等过程的能力和效率。信息技术的发展催生了一批新兴产业，带动了微电子、计算机、软件、通信等关联产业的发展，随着信息技术的大规模产业化，以及其在各行业的广泛应用，以信息技术为核心的信息产业在美国蓬勃发展起来。首先，在制造业中，信息技术设备投资日益增多，占所有设备投资的比重越来越大。其次，在服务业中，信息密集型的高级服务部门越来越多，无论是产值还是就业情况都大大超过体力型的服务部门。数据处理和传输技术的发展，使信息的收集、储存、处理、传递等日益现代化，信息服务方式也不断推陈出新，信息服务业市场销售额不断扩大。

这段时期内信息产业给产值带来了重大变化。1970 年信息服务业（当时称纯信息业）的收入为 2729 亿美元，1981 年为 8412 亿美元，增长了 2.08 倍，占国民生产总值的比重由 26.8%上升到 27.5%。从该数据看，信息服务业的收入在国民生产总值中所占的比重并不算大，但是再加上电子设备制造业，那么收入在国民生产总值中所占的比重就要超过 30%。从 20 世纪 70 年代后期到 80 年代中期，以现价计算，信息技术产业在经济中的份额一直徘徊在 4%～5%。随着 PC 机在商业和家庭中的普及，从 1985～1990 年，信息技术产业占经济的份额提高了 1.2 个百分点，达到 6.1%。从 1993 年到 1999 年，信息技术产业在经济中所占的比重从 6%提高到 8%。1958 年，电子计算机设备制造业在美国 448 个制造业中所列的名次仅为第 261 名，1979 年上升到第 5 名；同期，半导体及有关器件的制造业从 370 名上升到第 11 名；电子元器件制造业由第 195 名上升到第 31 名。这都说明信息产业在整个国民经济中日趋重要的地位。

（三）逐步成熟阶段

跨入 20 世纪 90 年代以后，信息技术更加日新月异，特别是随着克林顿总统“信息高速公路计划”的提出，美国的信息产业进入了最繁荣的发展时期，逐步走向了成熟。而且，从这时候开始，产业发展逐步向正规化、有序化迈进，政府不但制定了一系列的政策来扶持信息产业的发展，还通过出台相应的法律法规来保护产业的健康运转。

伴随着电子商务的快速增长、因特网的广泛应用，美国信息产业的发展也进入了一个全新的阶段。因特网在速度、能力和方便性等方面稳步发展，已经在经济发展中起着举足轻重的作用，并开始改变商务策略和投资。国际互联网的主干由美国控制，网上80%的信息来自美国。另外，美国在个人拥有电脑和“上网”方面也遥遥领先。1998年，美国拥有个人电脑人数占全美人口的总数的46%，而世界平均比率只有7%。在建立电子信息网络方面，美国拥有国际互联网，而其他国家没有自己的网络，只好使用国际互联网。2000年1月，美国国际互联网用户占全美人口的比重为19.4%，而日本和德国的这一比重均为2.1%，世界平均比重不足1%。到2000年3月，美国国际互联网使用者约1.2亿，占世界“网民”总数（3.04亿）的39%。

自20世纪90年代中期以来，信息技术产业已显现出强劲的增长力。从1995～2000年，套装软件产业和计算机服务产业的自生产总值正以年均17%（名义货币价值）的增长率在显著增长。同期内，计算机硬件产业和通信设备产业的自生产总值年均增长率是9%，通信服务产业的自生产总值年均增长率是7%。其中，自生产总值是指一个产业的总收入（用总产出或收入加上存货中变化来测度）减去在生产过程中产品和服务消耗的总成本。数据表明，信息技术产业的强劲增长使得它在全部经济中所占的份额从1994年的6.3%上升到2000年的8.3%。但是，在1990～1994年，信息技术产业在经济中所占的份额仅仅上升了0.5%。信息技术产业在经济增长中所占份额的快速增长是1994年以后开始的，从1994年起的这段时间内，信息技术产业中最明显的两个现象：一是信息技术产业在全部经济中所占的份额以飞快的速度上升；二是信息技术产品的价格加速下降。自从20世纪90年代中期以来，信息技术产品的价格加速下降，1994年下降了1%左右，1995年下降了几乎5%，1996～1998年这3年年均下降了8%。计算机产业和半导体产业的价格下降得最快，从1995～1998年，这两个产业的价格年均下降分别高达24%和29%。信息技术产品与服务的价格下降已直接或间接地使美国经济的通货膨胀全面下降。由于信息技术产业显著增长和价格下降，从1995～1999年它们对美国实际经济增长的平均贡献率达到了30%。到2001年，信息产业对经济增长的贡献率远远超过了制造业、钢铁业与汽车业三大产业贡献率的总和，成为美国经济持续增长的“巨头”。信息技术产业之所以在美国经济增长中起了重要作用，很大程度上归功于软件及信息技术设备在全部投资中所占份额的不断增加。用美元现值折算，1992年各产业投资在软件及信息技术设备上的费用是1980亿美元，占全部投资中的44%；1999年则上升到4070亿美元，在全部投资中所占的比重也上升到了46%。因为软件及信息技术设备的价格一直在下降，若用实际美元价值而不是名义货币价值来计算，它们在全部投资中所占比重将会更大。

20世纪90年代早期，信息技术产业对名义GDP增长的贡献也大体相当。1994～1998年，信息技术产业对全部经济增长的贡献达到11.16%，而同期，信息技术产业占经济的份额却在6.8%～8.2%。1990年，经济中信息技术部门所占份额与信息技术部门对经济增长的贡献份额大体相同。1991年，信息技术产业占经济的比例为6.1%，对整个经济的增长贡献率为6.2%。从1994年开始，情况发生了很大的变化，信息技术部门对名义经济增长的贡献是信息技术部门占国民经济份额的两倍。1996年，信息技术部门占国民经济的份额估计是7.5%，而同期，以现价测算经营收入，估计信息技术部门的增长占名义GDP增长的15.8%。1997年，估计信息技术部门占国民经济的份额是7.8%，信息技术部门的增长占名义GDP增长的12.4%。1998年，估计信息技术部门占国民经济的份额是8.2%，而信息技术部门增长占名义GDP增长的14.7%。

美国信息产业逐步走向成熟的一个重要标志就是信息产业高度发展，广义信息产业的产值和就业比重达到一个较高的水平。具体表现在：首先，高科技产业在所有产业中所占的比重、信息产业在所有产业中所占的比重都达到一个比较高的水平；其次，网络技术的使用普及率较高，信息载体的使用广泛、渠道多样化；最后，居民的生活方式随着信息网络的形成发生重大的变化，包括上班、日常消费方式等的转变，如虚拟办公室等的出现，网络银行、网络购物、网络课堂等新事物的广泛出现。

第二节　美国信息产业发展对社会经济的影响

信息产业迅速发展带来的影响是极为广泛和深刻的，它不仅直接促进了美国经济的发展，而且还影响到政治、军事、文化、生活等各个方面。总起来说，信息产业的发展对美国经济、社会的发展起到了巨大的推动作用。

一 信息产业对经济的促进作用

(一) 信息产业的发展推动了产业结构的升级

据美国《商业周刊》提供的资料，从1990～2000年，美国计算机软件业营业额每年以12.5%的速度增长，比美国整个经济增长率高出数倍。电脑软件业在美国产业排行榜上已超过飞机制造业和医药行业，从1995年的第5位跃升为2000年的第3位，成为仅次于汽车和电子行业的全美第三大产业。与此同时，由于信息产业的大发展，90年代美国产业结构继续由第一、二产业向以服务业为主的第三产业升级，第三产业增加值占美国GDP的比重已达到70%以上。据美国商务部报告，1995～1998年，信息产业（包括软硬件和服务）对经济增长平均贡献率达33%，其中信息产品进出口额平均每年增长11.8%，比重达到商品进出口总额的25%，而美国近年来进出口总额约占GDP比重的1/4，这意味着美国信息产品进出口额每年对其GDP的贡献达到6.25%。1998年美国的技术贸易盈余为243亿美元，高于欧盟国家对世界其他国家和地区的技术贸易账户盈余226亿美元的水平。

信息技术的广泛应用使传统产业得到改造。它主要体现在计算机辅助设计、制造、计算机集成制造及企业组织的联网化等方面，以及用信息技术对传统工业部门如钢铁、汽车工业进行技术改造及管理体制改革，使其生产的信息化、网络化程度有了较大的提高，从而提高了产品质量和效益，增强了竞争力。在整个产业结构升级中，又主要是通过对计算机和通信设备的大量投入实现的。仅私人对固定资本的投资就从1982年的47亿美元上升到了1997年的42 148亿美元，其中有关信息处理和设备投资的增加额占24.1%。从1993～1999年，全美信息产业的投入占整个资本总额的45%左右，远远超过其他产业的投入，由此扩大了美国总资本存量和资本形成规模，为支持“新经济”奠定了重要的物质基础。

美国企业之间的竞争由过去追求占有多少设备、厂房和劳动力转向占有更多的科学技术，智力资本显示出越来越重要的地位。在一些制造业中，有3～4成的增值是靠知识、技能和信息实现的，这些智力资本产生了较高的价值。据估计，美国的蓝领工人将要从20世纪90年代中期的20%缩减到21世纪前10年的10%，取而代之的知识型人员将从40%增加到60%～70%。同时，由于办公室工作自动化，非专业白领人员比例将从目前的40%减少到30%～20%，有关计算机软件开发的人员还需增加30万～40万。

以信息革命为先导的整个美国经济结构的调整与升级，起源于1973年石油危机对汽车钢铁经济时代前所未有的冲击。美国最初用来与苏联进行冷战的星球大战计划，后来竟成了新的信息经济发展必不可少的技术和物质基础。在此背景下，美国政府强化了政府对信息化等高科技领域的干预，克林顿政府成立了由总统任主任的国家科技委员会，直接参与重大科技发展战略的制定和协调，力主将科技工作的重点从军用转向民用，大力发展信息高速公路等知识经济时代的支柱产业。1990～1994年，美国政府提出了“美国先进技术”计划，在硅谷公布了。“技术为国家经济增长服务，加强经济实力”的新方针，以及安排耗资378亿美元预算的“终身学习计划”来提高人力资源素质。特别是1993年9月，克林顿率先提出投资4000亿美元的“信息高速公路计划”，标志着美国以信息化为主的高科技战略进入到一个新的阶段。而紧随其后的硅谷崛起，则直接导致了信息革命的出现。到1994年，美国企业对信息技术设备的投资第一次超过其对厂房设备的投资，表明美国已实现从后工业社会向信息、知识社会的历史性、跨越式转变。信息革命所带来的成功的结构调整及技术和制度创新，使美国的市场机制比以往更加灵活，创造了美国20世纪90年代的经济繁荣。可以说，信息革命使美国步入知识经济时代。

（二）信息产业的发展提供了大量的就业机会

信息产业的就业倍增效应比传统产业高，甚至比其他高技术产业高。美国在产业结构调整中，一方面损失了4300万个就业机会，另一方面信息产业又诞生了7100万个新的工作，净增2800万个就业机会。信息产业的劳工收入比全体劳工的平均工资要高出20%，且差距逐渐扩大。信息产业的发展也引起了就业结构的变化，大量高科技人员尤其是信息技术人员供不应求。总之，信息产业给美国带来了低失业率，几乎达到了充分就业的程度。

（三）信息产业的发展抑制了通货膨胀

自20世纪90年代以来，物价增长指数始终保持在3%～4%左右，通货膨胀率是适度的。经济高增长、充分就业、低通货膨胀率，这是凯恩斯主义所不能想象的，但是美国创造了这样的奇迹。造成低通货膨胀率的原因有：①信息产品本身价格的急剧下跌有效抑制了通货膨胀。②信息技术使企业能够在不提高价格的条件下提高劳动生产率，削减成本。劳动生产率的大大提高，为美国在低通货膨胀、低失业率下的经济持续增长提供了根本动力。③信息化促进全球化的发展，贸易壁垒逐步消除，加剧了商品竞争的激烈程度。各公司及其竞争对手均可获得高新技术，从而使任何一方在获得机会的同时，必须为参与竞争而采取措施降低成本，进而抑制了物价。

（四）信息产业发展减少了政府财政赤字

信息产业的利润增长幅度是很大的。1993年克林顿政府一改过去赤字财政的做法，采取了增税政策，尤其是向大企业增税，如仅微软公司一年缴纳的税款就将近20亿美元。加上其他一些配套措施，经过几年的努力，至1999年美国把财政赤字占GDP比例从最高的1987年的4%减少到0.3%，而2000年更是出现了财政盈余。财政赤字的消除不仅降低了政府压力，而且增强了政府调控经济的能力。

（五）信息产业的发展拉动了股市，刺激了个人消费

股市是宏观经济运行的“晴雨表”。信息产业的高生产效率、丰富的利润，成为近年美国股市日益攀升的一个重要因素。20世纪90年代美国经济增长从需求的角度来说，主要是靠私人消费与投资的推动来实现的。1999年美国居民的消费支出增长约5.7%，对美国GDP增长的贡献率达到85%。消费支出增长的

主要原因在于股市的持续高涨，在1995～2000年，光网络股票的价格就翻了两番，不寻常的升值通过财富效应刺激消费需求，巨大的财富效应鼓励了个人消费信用贷款。消费的刺激则带来了就业机会和工资的提高，这反过来又促使人们增加对非住宅固定资本股票的投资。而股市上扬的一个重要因素是生产效率高、公司回报利润丰厚的信息产业发展。股市与经济、特别是信息产业增长的相关性增大，因而股市上扬通过促进消费来对经济增长发生的作用也越来越大。这就是信息产业通过股市来推动经济增长的杠杆作用。

（六）信息产业自身获得了丰厚的回报

信息产业的发展，使信息技术设备在各经济部门迅速普及起来。据有关资料显示，从1990～1996年，美国信息产业的销售额增长了57%，达到8600亿美元，个人收入也显著提高。比尔·盖茨从创建微软公司到今天不过用了20余年的时间，成为美国的首富，拥有资产500多亿美元。现在，美国信息产业雇员总数已超过1000万，他们是平均收入最高的阶层。信息产业人均年收入大约4.6万美元，其他部门只有2.8万美元，而软件和技术服务业更高，人均5.6万美元。

美国计算机硬件和软件的研究与开发一直走在世界前列。计算机硬件是美国信息产业的基础，其硬件的开发和研究主要集中在微处理器芯片、存储器和高速显示处理模块。同时，美国还是世界上计算机软件最发达的国家，如磁盘操作系统DOS、UNIX、Windows9X、WindowsNT、Windows2000、WindowsXP，编程软件，绘图及动画制作软件，以及一些行业应用软件等都在世界上独占鳌头。据美国商务部《1998年美国工业与贸易展览报告》报道，1998年和1999年两年，美国计算机设备销售额增长率达到29.6%，远远超过其他部门。1997年美国的计算机系统设计、商用软件等高科技服务出口额达到48亿美元，比1990年增长了2.6倍。此外，美国的家用电脑也比较普及，平均每三户家庭就有一台计算机，家庭上网的比例已从1996年的50%上升到1997年的83%，平均每日联机35次，每周在线16小时。可以说，美国基本步入了网络时代，它为知识经济的发展积蓄了后备力量。美国的信息产业如今是美国最大的产业，其重要性已排在汽车制造业、建筑业、食品加工业之前，是发展美国知识经济的中坚力量。

（七）促进了劳动生产率的提高

信息技术渗透到美国传统产业各个领域的制造、加工、运输、信息获取和传递、交易等过程，使传统经济方式彻底发生了变革，加快了企业的生产销售节奏，提高了劳动生产率。而劳动生产率的提高则是抵制通货膨胀的重要屏障。

20 世纪 90 年代，美国劳动生产率年平均增长 3%左右，大大高于 80 年代的 1.4%，而信息产业中计算机工业的技术进步对之所作贡献占 1/4，远高于西欧和日本。新增长源泉学派认为，报酬递增和经济外溢效应是经济增长的基本源泉。特别是非传统形式的知识、研究与信息技术的开发等资本，是与报酬递增或外溢效应相联系的投资的主要例证。以信息经济为代表的高科技产业具有明显的规模报酬递增性质及对传统产业的溢出效应，当信息经济用高科技等知识要素取代传统的劳动和资本要素作为经济发展的主要动力时，就会因为生产率提高而实现报酬递增。信息技术经济的这些特点决定了国际市场竞争性质的演变，即一旦一国最先进入信息技术领域，该国就可以利用规模报酬递增效应来获取更大的市场利润，从而形成强大的垄断和进入壁垒，阻止别国进入该行业的市场。因此，信息化的高科技产业的国际竞争具有“先动优势”等特点。

（八）推动了科技创新

为了适应信息化的需要，美国大部分企业建立了科技创新中心，企业组织管理已经实现网络化。美国的大专院校和企业的开发研究中心投入到研究开发中的经费每年达 2000 多亿美元。科研与开发的大量投入，以及对科技创新的激励机制，使美国的产品与服务加速升级，使产品和服务呈现出不断新异化、智能化、轻型化、数字化和网络化的新特征。

（九）加快了企业的改革、改组与兼并，实现了企业组织的合理化

信息化与全球化的发展及全球性生产过剩，使国际竞争日趋激烈，要求企业组织制度表现出足够的适应性和灵活性。20 世纪 90 年代，美国企业为适应国际国内经济环境的变化，在生产和经营管理上进行了卓有成效的变革。主要采取了以下措施：一是内部改组。在生产经营方面，美国企业改变了过去大量生产单一产品的模式，改而实行小批量、多品种“柔性生产”方式和最大限度地减少库存的“精益生产”方式，从而有效地提高了产品质量和经济效益。在企业管理方面，推行“横向型结构”和“软工厂”两种新的管理方式。所谓“横向型结构”的企业管理，就是普遍运用计算机联网，企业原来的金字塔式的垂直管理体系向少层次的平行管理体系转变，减少层次，裁减冗员，由企业通过智能信息系统协调组织生产经营活动。所谓“软工厂”或“数字工厂”管理方式，是改变过去单纯追求高度自动化的做法，以软件设计和计算机网络为主体，使机器人在生产线中处于辅助地位，使人再次成为生产中的主力军，从而提高效率。二是改造。即用计算机和网络化进行设备更新和技术改造，特别是在产供销各个环节之间利用计算机实行网络化。三是企业兼并收购，扩大企业规模，提高国家竞争优势。在 20 世纪 90 年代，美国从总体上放松了对经济的各种管

制，从而引发了美国有史以来的第五次兼并浪潮。这次兼并具有大规模、高速度、全方位、跨国界的特点。1998 年美国企业兼并与合并的交易额达 16 000 亿美元，比 1993 年的 4204 亿美元猛增两倍。这次兼并浪潮主要集中在电讯业、金融服务业、医药业、传媒业及国防工业等市场规模和相应技术成熟的产业。通过兼并促进资源的优化配置，甩掉了许多赢利欠佳的部门，进一步增强了美国企业的规模和实力，使这次兼并带有明显的战略性竞争色彩。这次兼并浪潮的基本动机是在信息化和全球化背景下重新瓜分全球市场份额，获得产业垄断地位，是美国从重视传统的比较优势转向强化国家竞争优势的战略转变的重要步骤。

另外，信息技术通过促进国际贸易来促进经济的增长。信息技术的采用，在进一步增强美国工业产品的国际竞争力的同时，也有助于跨国贸易壁垒的消除。美国利用这种优势降低成本，获取更大利润。

信息产业促进了美国经济的繁荣，并显示出越来越重要的作用。美国的经济自 1994 年来一直保持平均增长率为 4%、年通货膨胀率只有 1.4%的发展势头，失业率也比较低。这种经济的发展突破了传统经济的理论，最重要的一条原因就是将信息作为生产力，从而彻底改变了货物与货币的供求平衡系统。运用现代信息技术还可以达到减少 90%的创新时间、降低 75%的成本、减少 60%的风险的效果。正因为如此，美国的经济增长是建立在信息产业基础之上的，信息产业的形成与发展，对美国当前经济的繁荣与稳定起到了重要的推动作用，是“新经济结构”形成的根本动力。

二 信息产业重新诠释了迈向新世纪的“美国梦”

信息产业的发展改变着美国人的生活方式和价值观念。在美国，成百上千的电脑富豪的出现使曾经被各民族文化捍卫者嘲讽的“美国梦”以最具时代特色的方式得以复活，具有无可比拟的吸引力。新“美国梦”暗示了一种奇怪却颇有市场的观念：信息时代的全球化等于美国化。信息技术不仅极大地改变了人们获取资讯的方式，也给扭曲和根据需要塑造事实提供了前所未有的可行性。而“美国梦”正是以被信息技术所创造的各种“喜闻乐见”的方式向全世界灌输着。随着信息产业的发展，信息技术以最时髦的方式重新诠释了迈向新世纪的“美国梦”，从而增进了其文化和政治力量。信息产业的迅猛发展，加快了产业结构的调整升级，增强了美国经济增长的后劲。但信息产业带来的股市泡沫一旦破灭，也将严重制约整个经济的进一步发展。牛市冲天的股票市场虽然和信息技术创新及实体经济的良好表现密切相关，但是自 1997 年以来美国股票价格涨幅远远超过了企业红利的增长，价格的收益率已是历史水平的两倍，而许多网络公司实际上并没有任何赢利。信息产业所带来的影响从另外一个角度来讲是否在一定程度上给美国经济带来了一些隐患呢！事实确实如此。纳斯达克综合指数自2000年3月10日达到5132点历史新高之后便一路下跌，到2001年6月份比最高水平暴跌了近70%。与此同时，纽约证券交易所的道-琼斯指数也下落了20%左右。在股市投资者一片沮丧中，美国的经济进入了紧缩时期。但美国信息技术产业的发展并没有因股市泡沫的破灭而终结，从长远来看，股市泡沫的减少有助于新经济的健康发展。纳斯达克综合指数的大幅回落，有助于挤掉新经济中的“泡沫”，对美国经济的稳定和持续健康发展具有积极意义。同时，引导着信息产业朝着更加规范、更加理性的方向发展。无论如何，信息产业给美国经济、政治、文化和军事上所带来的影响是深远的。我国可以借鉴美国信息产业的发展经验，在以信息技术为核心的知识经济大潮中，抓住机遇，发展自身，迎头赶上。尤其是政府干预在信息产业发展中举足轻重的作用，更值得我们去深思、去借鉴，下文将详细论述。

第三节　美国信息产业与电子商务和新经济的关系

一　美国信息产业与电子商务的互动关系

（一）电子商务立足于并作用于信息产业

经济和信息产业的发展是电子商务的基础。国民经济的迅速发展和世界范围经济发展的需要与信息、计算机科技的发展相结合创造了商务活动的新兴生产力——电子商务，它是信息产业与经济发展的共同产物。电子商务是指各参与方之间以电子方式而不是以物理交换或直接物理接触方式完成任何形式的业务交易，它借用电子手段实现商务活动的电子化、网络化、数字化和自动化。电子手段是指电子技术、设备及系统，包括最早的电话、电报、电视、传真、计算机、通信网络、电子邮件和电子数据交换，现在的信用卡、电子货币和因特网；商务活动包括商业交易、国内外贸易中报价、洽谈、签约、支付结算等经济活动，包括市场信息的采集和反馈、售前服务、销售活动、客户服务、电子购物和电子交易等过程，主要形式有网络广告、网络销售、网络证券、网上拍卖、网上购物、网上银行等。电子商务可分为：企业内部的电子商务，它依靠企业内部网络交换贸易信息；企业之间的电子商务（B2B），按照标准的格式处理文件和数据，依靠电脑网络实现企业间的无纸贸易；企业与个人顾客之间的电子商务（B2C），企业在网络上建立网络商店或作为商店的中介，发布商品信息广告，个人在网络上购物和支付；顾客对顾客之间（C2C）或顾客对企业之间（C2B）的电子商务，个人通过网络拍卖商进行的商品出售和支付；等等。它有如下突出的特点：数字化、全球化、虚拟化、无纸化、零库存、高效率、即时化、低成本化、低价格等。它把主动权从卖者转移到了买者手中，以其公平、快捷、方便、高效、低成本、中间环节少、全球性、全天候交易和服务等巨大优势赢得越来越多的人的青睐。

电子商务具有强大的生命力，它从根本上改变传统商务活动的工具、对象，以至人的知识、技能结构和观念，挑战并逐渐取代传统贸易方式。它直接作用于商务活动，间接作用于经济的方方面面，是推动经济发展的润滑剂，实现了真正意义上的“零阻力经济”。它使传统贸易的物流方式发生根本性的变化，赋予其许多新的特征，为全球物流的发展开辟更广阔的空间。电子商务的发展将为世界经济的发展带来一次新的革命。

电子商务及相关信息产业对经济稳步增长产生重大影响。根据美国商务部的电子商务报告，1995～1998年，电子商务与信息产业对美国经济增长的实质贡献达1/3，这段时期美国失业率降至和平时期以来最低点。美国在保持高增长、低失业率的同时，仍能维持低通货膨胀及低利率与信息技术和因特网的应用密不可分。利用电子商务对传统的生产工艺、企业格局进行战略调整，如今已经成为许多美国公司自觉的行动。这样，企业通过优化资源配置，大大提高了管理水准和经济效益，在全球经济一体化的竞争中抢占先机。一旦美国产业界完全实现了电子商务战略转移，美国在世界一体化经济中的综合竞争力将是难以估量的。

（二）美国电子商务发展

美国在电子商务方面起步早、投入大、发展快，整体框架已见雏形，具有代表性。在美国，国际互联网发展的速度比以往任何技术的发展速度都快，据统计，用户数量从0发展到5000万，收音机用了38年的时间，电视用了13年，而因特网仅仅用了4年的时间。从1994～1997年，美国网上商店从34家增加到2万多家，网上商务总额为26亿美元，到2002年增长到2200亿美元。由此可见，美国电子商务不但发展速度快，而且潜在市场也很巨大。

20世纪60年代，美国率先提出并实施EDI。EDI是电子商务的雏形。在1968年，美国成立一个研究会，专门研究并改进企业间进行电子数据交换的方法。1975年，美国建立第一个EDI标准。在1979年，美国国家标准委员会（ANSI）授权由可信任标准委员会（Accredited Standards Committee X12，简称ASC X12）来制定EDI的统一标准，1983年美国颁布了5项美国国家EDI标准，1989年增至32项，1993年增至192项，1995年增至245项。因特网的发展，给电子商务的发展和广泛应用注入了新的活力，使基于网络的商务活动产生了一个质的飞跃——从基于专用增值网的 EDI 电子商务时代发展到基于因特网的真正的电子商务时代。

目前在美国，电子商务所涉及的领域可以说几乎覆盖了企业的生产、销售、管理等各个方面：①协同产品设计。例如，一家名叫 Conexant 的半导体生产商为其新的产品开发工序创建了一个能使用因特网的工具，使该企业的 2000 名工程师用一个标准网络浏览器访问企业产品的设计图纸，并获得开发、生产、可交付使用的信息和时间框架。②改善人力资源功能。例如，一家名叫 Shaw Industries 的地板生产商，使用内部网络为该企业全世界范围的 36 000 名员工的赔偿计划主动提供支持。③管理存货。例如，一家名叫 Cablevision 的通信和娱乐公司，利用构建在局域网上的无线移动计算机工具实时地进行存货交易活动。④提供培训。例如，一家名叫 Service Experts 的专门负责 34 个州 150 个地点的取暖和制冷系统安装和维护公司，建立了一个外部网，用作在线图书馆，该图书馆内包括"带有三维图表的培训手册和按部就班地解决问题的指南"。⑤提供用户服务。许多公司正在利用它们的站点为用户提供服务和产品信息。例如，福特公司为用户提供产品信息和到交易商的链接，并且在它们的"用户链接"网页向福特汽车用户提供维修信息、安全提示、服务提醒、"自己动手"指南和在线指南。⑥发布网络广告。网络广告具有费用低廉等诸多优点。⑦进行市场调查。企业能够通过网络及时获取国内外最新的市场信息、研究开发信息和客户的反馈信息。

电子商务不仅能应用于企业商务活动的各个领域、拓宽企业的市场，还能大大降低企业的销售成本、库存成本、管理成本等。例如，据 Swinerton & Walberg 估计，他们在旧金山市建造一个旅馆的一年时间里，由于采用基于因特网的管理系统，使他们从 1100 万美元的预算中节省了 11 万美元。

近年来，美国电子商务的发展非常迅速，从 1995 年约 50 亿美元猛增至 1999 年的 5270 亿美元，平均每年增长 220%。据网络公司福里斯特公司研究报告，1999 年美国上网购物的家庭有 1700 万户，网上消费额约 202 亿美元；Odyssey LP 公司的研究表明，2005 年美国有 47%的上网家庭在过去六个月内上网购物，购物的家庭平均购物 3.7 件，而 2004 年同期仅为 30%，平均购物 1.7 件。National Retail Federation 也预计，美国 2009 年将有 40%的家庭使用网上购物。美国在全球电子商务方面处于领先地位，主要原因在于美国拥有占绝对优势的信息资源。信息技术的发展和应用为电子商务的蓬勃发展奠定了基础，电脑硬件、软件和网络技术的广泛应用与价格的降低，导致网络用户和使用者猛增。其中因特网使用费用降低是电子商务发展的关键因素之一，美国的做法是上网统一按市内居民电话收费标准计收，多数网络供应商对用户采取按月结算的方式，从而大大提高了网上购物的积极性。

（三）美国政府推动电子商务发展的主要措施

在推动电子商务的发展中，美国政府主要是从规划、政策、示范推广、宣传培训和研究开发五个方面着手的。在推动因特网和电子商务发展中，美国政府采取了“坚持私人部门主导、最小化政府作用”的原则。在认识到电子商务在美国信息产业发展和美国经济增长中的重要作用之后，为了进一步发挥电子商务在美国信息产业发展中的推动作用，使美国在21世纪更激烈的竞争中仍然保持优势地位，美国政府主要采取了以下措施：

（1）成立专门的电子商务工作小组。为了更清楚地认识电子商务的特性，从而保证美国政府能制定出推动电子商务发展的行之有效的政策，也同时为了保证美国政府能有效地指导美国企业开展电子商务活动，美国政府于1995年12月成立了专门的电子商务工作小组，该小组于1998年11月和1999年12月先后发布了一个有关电子商务研究的专题报告。

（2）发布《全球电子商务纲要》。为了规范和推动美国电子商务的发展，在1997年7月美国政府发布了《全球电子商务纲要》。在此纲要中，美国政府明确提出了其推动电子商务发展的五项原则：私营部门应当起主导作用；政府应当避免对电子商务进行过分限制；政府只在必须参与时再介入；政府应当深入了解因特网特性；应以全球化为背景来制定电子商务法律。另外，在纲要中，美国政府还就电子商务发展中关税问题、知识产权问题、安全问题、技术标准等方面发表了自己的观点和看法。其主要思想是强调私营企业的领导地位，用市场作用替代政府规划，尽量减少政府干预，为电子商务提供确定的法律环境，采取权力下放和技术中立的政策及制定国际协议来开发无国界限制的全球市场。

（3）积极地和一些国家或国际组织签署合作协议。为了给美国企业在这些国家开展电子商务活动扫除障碍，美国积极地和一些国家或国际组织就电子商务进行谈判，并签署合作协议。到目前为止，美国政府已先后同荷兰、欧盟、日本、法国、爱尔兰、韩国、埃及等一些国家或国际组织签署了电子商务合作协议（见表8-1）。

表8-1 美国电子商务战略的形成和在此指导下缔结的主要国际合作协议

时　间	事　件
1995年12月	克林顿总统宣布建立电子商务工作小组
1996年12月	电子商务战略首次草案在因特网上张贴，征求民众意见。这是白宫政府首次利用因特网来帮助制定政策
1996年12月	世界知识产权组织协议保护网络版权
1997年7月	克林顿总统发布《全球电子商务框架体系》和《电子商务总统令》

续表

时　间	事　件
1997年7月	全球信息网络部长会议在波恩发布电子商务宣言
1997年10月	美荷签署《发展因特网和电子商务的联合声明》
1997年11月	跨大西洋企业对话组织在罗马会议就电子商务发布公报
1997年11月	APEC经济领导人发表电子商务宣言
1997年12月	发布《美国和欧盟关于电子商务的联合声明》
1998年3月	美洲自由贸易区公布电子商务部长宣言
1998年5月	世界贸易组织发布了《全球电子商务宣言》
1998年5月	美国和日本签署了《关于电子商务的联合声明》
1998年6月	美国和法国合作发布《关于信息社会和数字经济挑战的美法背景报告》
1998年9月	美国和爱尔兰签署了《在电子商务中用数字签名的联合声明》
1998年10月	经济合作与发展组织发布了《关于电子商务身份认证和税收的部长宣言》
1998年11月	美国和韩国签署了《关于电子商务的联合声明》
1998年11月	美国和澳大利亚签署了《关于电子商务的联合声明》
1999年10月	美国和埃及签署了《关于电子商务的联合声明》

(4) 制定了收费上限和实施补贴政策。美国政府在认识到上网费用是阻碍电子商务发展的一大因素之后，美国商务部国家电信与信息管理局，除了给予低收入居民电话费补贴、降低全美长途电话费8%以外，还于1997年5月做出了对学校等一些公益机构给予上网补贴的规定，并鼓励低收入阶层到这些公益机构免费上网。

(5) 不断提高网络的带宽。影响电子商务发展的另一个决定性因素是宽带访问的利用和花销。不断增加的对高速网络的私人投资，以及图像和视频高密宽带技术的应用，将使信息传输更为便利。利用不断增加的带宽能使站点更真实地模拟实际购物过程，同时也激励着因特网的革新者创造出多媒体环境，使发货延时较少。美国政府正是看到提高网络带宽在电子商务发展中举足轻重的作用，不断提高其网络带宽。1996年10月，克林顿政府表示对“下一代因特网计划”予以支持，而“下一代因特网计划”旨在促进高速宽带网络的发展。

(6) 放松对电信市场的管制。20世纪80年代，美国电话电报公司(AT&T) 垄断了80%的电话市场，在1982年，美国政府强行打破了美国电话电报公司在电话市场的垄断。为了进一步降低通信费用，推动电子商务的发展，美国政府于1996年2月又批准了“1996年通信法案”，全面放开电信市场，改变了原来规定不同的公司经营各自专有领域的做法，允许公司可同时经营电信、电视和电话三个领域内的业务。

(7) 积极地研究电子商务并给工商企业及时指明发展道路。美国政府为了使美国在21世纪仍能保持住经济霸主地位，除了采取其他的一些措施之外，也积极投身到电子商务的研究中，及时研究美国工商企业在电子商务挑战中应当注意的问题并提供对策，适时为美国工商企业指明道路。例如，美国商务部的研究指出，在大多数情况下，美国工商企业应当通过与当地商业伙伴合作，将它们的商品和服务与当地市场融合的方式，使它们在美国市场的地位演变成全球市场的优势地位。

(8) 积极地参与电子商务活动。为了推动美国电子商务，美国政府积极参与电子商务活动，起示范和带头作用。例如，1997年美国政府要求各州政府必须在网上采购规定数量的物品；此外，1999年圣诞节期间，美国总统克林顿还亲自上网购物，以推动电子商务活动的开展。

(9) 鼓励各大企业投资商用网络的开发和利用。电子商务需要高速宽带的网络基础设施作平台。为了使美国能尽快建立起高速宽带的网络，美国政府鼓励各大企业在商用网络开发和利用上投资，而美国政府则把工作的重点放在政府网络、公益网络的建设和利用，以及政策法规的制定和普及宣传等方面。这些措施大大促进了电子商务在美国的发展。

二 美国信息产业与新经济的关系

(一)"新经济"的内涵

信息革命的高潮兴起于20世纪80年代，它孕育了新经济的产生。20世纪90年代，美国经济呈现出许多新现象。出现了有史以来最长的经济扩张期，到2000年年底已经持续增长了117个月；特别是90年代后期，劳动生产率、投资率和实际工资水平增长速度加快，而失业率和通货膨胀率降低，出现了"两高两低"的现象，即高经济增长率、高生产增长率与低失业率、低通货膨胀率并存的现象。对此经济现象，传统经济学理论无法作出解释，于是众说纷纭，有人称之为"知识经济"、"信息经济"，也有人称之为"网络经济"、"数字经济"，还有人称之为"虚拟经济"、"全球经济"，但更多的人称之为"新经济"。"新经济"就其本质来讲，它是信息时代出现的一种新的经济形态。这种新的经济形态是一个经济整体而不是经济中的板块，它不仅包括高新技术产业，还包括由高新技术改造后的传统产业。因此，"新经济"的基本内涵包括以下内容：

1. "新经济"是一种以知识为基础的经济

所谓知识经济就是以知识为基础的经济形态，是建立在知识的生产、分配和消费之上的经济。知识经济是一种全新的基于最新科技和人类知识精华的经济形态，它以不断创新的知识为主要基础，是一种知识密集型和智慧型的新经济形态。在知识经济形态中，科技尤其是以信息技术产业为代表的高科技，越来越成为经济增长的首要因素。据统计，美国联邦政府资助的无形资本投资占有形资本投资比重已从1970年的60%提高到2000年的93%，无形资本投资几乎占到总投资的一半。在“新经济”中，知识和技术已超过自然资源、资本和劳动力，成为最重要的生产要素；企业财富的创造主要依赖于知识和技术。美国管理权威彼特·德鲁克指出：现代经济的主要职能是“知识和信息的生产与分配，而不再是物质的生产与分配”。知识还成为经济增长的主要源泉，知识和技术对经济增长的贡献越来越大。美国经济学家爱德华·丹尼森在科技进步对经济增长影响的研究中发现，从1929～1982年，美国科技对劳动生产率的平均贡献率为36.3%。在新经济中，经济增长从资源消耗型向知识和技术型转化，越来越多的经济附加值是由脑力劳动而非体力劳动创造出来的。许多农业和工业领域的职业的知识含量越来越高，现在几乎60%的美国工人是知识工人，80%的新职业是由知识密集型部门创造的。“新经济”的基本内涵是一种以知识为基础的、以信息产业为主导的、广泛应用因特网进行电子商务的、日趋全球化的经济形态。“新经济时代”的基本特征是技术创新快、产品生命周期短、风险投资加速、劳动生产率快速增长、企业个人与机构保持高度适应性。

2.“新经济”是一种以信息技术产业为主导产业的经济

新经济的产业特征是信息技术产业，信息技术部门在新经济的成功发展中起了决定性作用。各商业机构一直大力投资于信息技术硬件及软件、存储介质和通信链接的价格降低和能力提高所创造出的潜能。随着企业内部和企业之间的通信速度的加快，随着相关信息的增多及通信的安全性、互动性和及时性的提高，企业战略乃至企业及产业结构也发生了变革。新经济的代表性特点是它有更高的可持续增长率，这归因于劳动生产率的更快速的提高。从新经济的发展历程来看，只要信息技术创新和价格降低持续下去，以及非信息技术产业在信息技术产品和服务上继续大力投资，信息技术就能维持更高的劳动生产率和产出生产率。据美国商务部估计，在非农业部门的产值中，8.2%来自IT生产部门，48.2%来自IT使用部门。可见，在“新经济”中，主导产业不仅包括电脑硬件、软件、通信设备等IT生产产业和通信服务，而且也包括广泛使用IT设备的电信业、保险公司、证券和商品经纪等部门。信息技术产业的主导地位主要表现在三方面：首先，信息技术生产产业（包括电脑硬件、软件、通信设备和通信服务等）已占美国国内生产总值的8.3%，在1995～1999年间，它对美国GDP增长的贡献率平均达1/3；其次，信息技术使用产业（主要指IT设备投资占设备总投资的比重在30%或以上的产业，如电信、广播电视、银行、保险等）在GDP中所占比重几乎达50%（1998年占48.2%）；最后，信息技术产业成为劳动力就业的主要领域。信息技术企业的就业岗位数在1993年和1994年比总就业岗位数增长要慢，1995年及以后开始飞速增长，年均增长率达到了6.5%。信息技术企业产业劳动者的数量从1992年的390万增长到1998年的520万。在所有的信息技术产业中，软件产业和计算机服务产业创造了就业人数增长最快的记录。这些领域的职位数几乎翻了一番，从1992年的85万增长到1998年的160多万。硬件产业和通信服务产业同期内就业职位增长数接近于总就业职位增长数。据美国商务部估计，今后净增加的就业机会绝大部分来自信息技术产业及其相关产业。信息产品和服务的消费增长也领先于其他方面。

3. “新经济”是一种广泛运用因特网从事电子商务的经济

近几年来，美国电子商务发展很快，1995年电子商务额约50亿美元，到1999年猛增到5000亿美元，其中企业之间的电子商务占80%以上，到2003年美国电子商务额达15 000亿美元。由此可见，在“新经济”中，经济活动越来越虚拟化，网络企业异军突起。

4. “新经济”是一种日趋全球化的经济

据统计，1970～1999年美国对外贸易增长比经济增长高2.5倍，同期，进出口贸易额占GDP的比重由11%提高到24%；美国的年平均对外直接投资额由20世纪70年代的453亿美元扩大到90年代的1750亿美元，同期，占GDP的比重由1.04%提高到2.33%。显而易见，“新经济”的活动范围与空间已呈现全球化的性质。

（二）“新经济时代”的基本特征

1. 技术创新速度快、产品生命周期缩短是“新经济时代”的主要特征

在美国“新经济”中，技术创新速度加快已成为其经济发展的主要动力。因为不论是网络化、信息化，还是数码化、知识化，都和技术创新紧密相连。比如，美国从有专利申请制度开始到第100万个专利产生，整整花了85年的时间，而从1991年的第500万个专利增长到1999年的第600万个专利，仅用了8年时间。同时，技术创新速度加快也使产品生命周期急剧缩短。20世纪90年代以前，美国产品的生命周期平均为3年，而到1995年这一周期已经缩短为不到2年。比如美国汽车行业，20世纪90年代以前从概念设计到批量生产需要6年时间，而现在只需2年；美国计算机行业产品，如个人电脑，一个新款型一年内就往往被更新的产品所替代，其中大量关键性的芯片甚至几个月就被新的产品所淘汰。

2. 风险投资增长速度加快成为“新经济时代”的一大特征

美国的风险投资在20世纪90年代中期仅为60亿美元，1997年已增为120亿美元，到1999年则增为400亿美元，可见，美国风险投资的增长速度在不断

加快，其投资规模几乎是每2年就增长2～3倍。与此同时，介入风险投资的公司也猛增到2500家，是80年代的5倍。有研究显示，美国经济从风险投资中获利丰厚，1美元的风险投资所产生的价值比一般科研开发投资的价值高出1.5倍。

3. 劳动生产率快速增长是“新经济时代”的突出特征

20世纪80年代，美国非农业部门的劳动生产率年均增幅仅为1.6%，1990～1998年提高到2%，1999年第三季度进一步达到4.9%，若只计算制造业的生产增长率，第四季度达到了10.7%。如单看信息行业和部门的生产率，其增长速度更是传统经济体系内难以想象的。可见，“新经济”引起的生产率的快速增长已经令美国经济本身发生了变化。由于充分利用了计算机，使生产、销售和开发进一步扩大，虽然劳动时间和人员相同，但创造的价值却不可同日而语。在及时、准确掌握市场动向的前提下，库存积压减少，创造了利用信息技术革命所产生的“新经济”奇迹。

4. 企业、机构和个人保持高度适应性是“新经济时代”的显著特征

在“新经济”内，几乎所有企业都要围绕着新技术而不断学习、不断调整自己。比如，一个钢铁铸造业要跟上“新经济”的发展，就得使用计算机技术降低成本，减少能源消耗，消除环境污染；一个大型农场，为适应“新经济”竞争的需要，农场主就会开着有卫星定位系统的拖拉机，播着经过基因处理的种子；一个保险公司，为了在激烈的竞争中生存，开始采用计算机软件减少管理层次，以提高工作人员的责任心和自主性；一些世界级的巨型公司，为了在“新经济”中求得共同发展、营造技术和资金方面的优势，也不得不走到一起，实行跨世纪的企业合并。在“新经济时代”，谁不保持高度适应性，谁就会被淘汰出局。

（三）美国“新经济”与信息产业的关系

数字化信息网络的“商业化”始于1991年3月，而美国这一轮创纪录的经济增长期也正始于此。虽然这可能是一种巧合，但因特网对美国经济的持续增长确实起到了举足轻重的作用。一方面，包括电子商务、网络基础设施、软件应用等在内的数字化信息网络产业迅猛发展，成为推动美国经济增长的强大动力。1995～2000年，美国的因特网产业以每年1.79倍的速度增长，因特网产业的销售收入1998年为3014亿美元，1999年为5239亿美元，并首次超过汽车等其他传统产业，2000年达8500亿美元。另一方面，因特网使美国公司的经营方式发生了根本性的变化。产品的设计、生产、营销和运输等各个环节的效率大大提高，库存大幅度减少，从而推动了劳动生产率的快速提高。美国发表的《2000年数字经济》报告显示，美国这一轮经济增长70%的功劳属于数字化信

息网络，其原因正如前联邦储备委员会主席格林斯潘所说的，数字化信息和通信技术的进步与普及在推动美国劳动生产率加速增长方面发挥了“异乎寻常的作用”。据统计，截至2000年底，美国拥有2.8亿人，大约有一半人不同程度地使用因特网。从1985～2000年，美国人在办公场所和家里使用电脑的比例从28%增长到了70%。家庭拥有电脑数从15%猛增到60%。如此众多的民众使用电脑和上网，是美国发展数字化信息网络产业的良好社会条件。前美国商务部副部长罗伯特·夏皮罗说：“美国人已经进入一个置身于以数字为基础的技术变革的经济和社会生活的新时代。”美国商务部从1998年起，每年编辑出版一份关于信息技术革命和它对经济影响的报告。1998年和1999年报告名都是《正在出现的数字经济》，而2000年出版的报告正式命名为《2000年数字经济》。前副总统戈尔和商务部长戴利联合发布了这一报告。就是说，美国宣布从2000年起已经进入数字经济时代。

在美国，由于科技进步促成了产业结构的升级与转换，出现了以信息技术产业为代表的一大批高新技术产业，它们已成为美国经济中占主导地位的产业，其中，仅信息产业在美国国民经济增长中的贡献率就达到27%以上，成为推动美国经济增长的最大产业和最重要的支柱。现代信息产业是现代社会产业结构中收入弹性高、符合生产率上升标准、对其他产业具有较强带动性作用的先导产业，它反映一国产业结构的技术水平和经济效益。美国信息产业的巨大发展促使经济持续、稳定地发展，使之成为世界范围内产业结构及时升级的先驱，符合世界经济发展的主要趋势。同时，信息产业也向传统产业渗透和辐射，改造着美国传统产业的生产管理模式，使传统产业信息化出现了产品更新快、成本不断下降、生产管理效率与国际竞争力大大提高的生产良性循环，从而带动了整个国民经济的增长。

总之，新经济的信息网络技术通过不断创新、升级，从供给到需求正在更新、替代着传统经济，推动了产业结构的升级和转换，开辟了新的商业机会，创造了新的就业岗位，生产了新的产品，带来了社会生产率的大幅度提高，为经济增长提供了持久动力。同时，这种信息技术不仅加快了技术进步的速度，而且迅速扩展到世界其他国家，加速了全球经济一体化的进程，人类将进入一个新的文明形态。因此，新经济是信息产业化和产业信息化综合发展的结果。

（四）美国发展“新经济”的举措

综观美国新经济迅猛发展的进程，美国之所以率先步入新经济时代，处于以信息网络技术为主导的新经济最前列，究其主要原因，除数字化信息网络技术发展的自身规律外，不外乎还有以下几方面的因素：

1. 发挥政府在发展新经济中的导向作用

政府的导向作用主要体现在五个方面。

（1）制定战略。美国在由工业性经济向新经济的转变中，最先认识到数字化信息技术的重要性。1991年，美国副总统戈尔首先在一份名为“高性能计算法案”的建议初稿中提出了全国性的数据高速公路的概念。在1992年，面对一蹶不振的美国经济，克林顿在竞选总统时就提出，计划用20年时间，耗费2000亿～4000亿美元，建设美国的“国家信息基础设施”计划，将其作为振兴美国经济的一项基本国策，并认为“信息高速公路”的重要性将超过作为工业时代产物的高速公路。美国副总统戈尔和商业部长荣·布朗于1993年9月正式宣布了“国家信息基础设施”计划，从宏观上勾画出美国数字化信息网络技术产业发展的基本框架。1994年，美国政府又提出建设“全球信息基础设施”建设计划，并作出了长远规划和战略部署。据美国预计，到2007年即美国建成信息高速公路之际，国民生产总值将因信息高速公路建成而增加3210亿美元；实现家庭办公等将减少铁路、公路和航运工作量的40％，也相应减少能源消耗和污染；光是汽车的废气排放量每年减少1800万吨，通过远程教学和医疗诊断，节省大量时间和资金；劳动生产率将提高20％～40％。

（2）提供一个有利的政策法律环境。1996年，美国国会通过了《1996年电信法案》，鼓励不同电信企业及电信、有线电视和因特网服务业务进行交叉渗透与合并重组，允许外国资本持有美国电信企业股份，消除了在所有电信业务领域开展公平竞争的最后障碍。1997年克林顿签署了《全球电子商务框架》，明确了美国政府支持电子商务发展的原则和政策措施，并要求政府各部门在一年内制定相应的行动计划，从法律建设、市场开放、科技投入、人才引进等方面为因特网发展创造有利环境。2000年克林顿以电子签字方式签署了《电子签名法案》，该法案的确立可使在线合同或在线交易的电子签名与普通签名具有同等的法律效力，将进一步方便企业和消费者的电子商务。这些无疑是促进美国新经济高速发展的关键。

（3）促成一个良好的宏观经济环境。克林顿执政时期，美国采取削减财政赤字的紧缩性财政政策，解决了20世纪80年代以来积累下来的结构性矛盾，消灭了巨额联邦赤字，提高了国民储蓄率，降低了长期利率，支持了推广数字化信息网络技术所需要的大量投资，这些对新经济的形成功不可没。有了良好的财政预算，使得政府有很大余地随时进行减税，这样政府就有可用的政策工具。在此有利环境下，政府积极运用财税政策、价格政策等杠杆，引导和帮助民间企业对国家信息基础设施的投资，对数字化信息网络技术的应用与开发，极大地促进了国家信息基础设施的建设和信息网络技术的普及推广。目前，美国在数字化信息网络技术领域的研发年投入经费已达300多亿美元，其中来源于政府的投入占1/3。从实践来看，美国政府虽然没有出面组织和操作风险资本，却通过诸如政府辅助、税收优惠、政府担保等一系列优惠措施，推动了美国数字化信息网络产业的快速发展。

（4）制定有利于新经济发展的科技政策和产业政策。这主要集中在研究和保障方面，其中国防工业起主导作用。20 世纪 90 年代初，冷战结束，美国率先把因特网、便携式电话、全球卫星定位系统等军事技术转化到民生领域，掀起了世界性信息技术变革。美国的政府采购为计算机和其他信息技术提供了初始市场。在早期开发和完善因特网技术方面，五角大楼曾发挥了关键的作用。因特网的前身 APARNET 就是美国国防部资助的、出于国防需要而设计的计算机网络。

（5）制定技术扩散政策。国家科学基金会通过共享主机、超级计算机和分摊信息高速公路费用，大力推动高校和研究机构的计算机化，在信息网络技术扩散和计算机教育中起了关键作用。近年来，美国的技术政策更是把数字化信息网络技术的扩散作为发展新经济和提高竞争力的关键，通过建立国家信息网络基础设施、对通用技术的重点资助、激励私营部门的研究与开发、推动信息网络技术在教育和卫生部门的应用等措施，使得美国不断出现新的信息网络技术，并且迅速产业化。仅 2000 年取得的进展就有：英特尔公司新一代的高速处理器奔腾 IV 面世，该芯片含 4200 万个晶体管，采用了微米芯片制造技术，运行速度达到 1.5 千欧/赫兹，能更好地满足人们对电子商务等大数量、高速度的数据处理要求；普林斯顿大学研制出一种简单的核糖核酸（RNA）生物计算机，成为分子计算机研究的一大新突破；IBM 公司研制出目前世界上最先进的量子计算机，其运行速度明显快于常规计算机；等等。

2. 加强创新使美国发展新经济领先于世界

美国在技术和工业的创新方面历来主张自主研发，许多重要产业都来源于技术的研究与创新，而非依靠资源优势或从国外引进。此次新经济的革命，也建立在这个政策基础之上。克林顿政府认为，只有加强创新，把握技术的源头，拥有自主知识产权，才能在世界竞争中占据主动。美国国家科技委员会在 1996 年《利于国家的技术》报告中指出："美国创新知识的速度及利用新知识的能力，将决定 21 世纪美国在国际市场中的地位。"这也表明美国的技术政策不是以产品竞争为中心，而是以技术创新竞争为中心，注重创新源头的把握与创新知识的积累。其对策措施大体有三个方面。

（1）全力追求技术与制度的创新，用制度创新推动技术创新。主要包括加大对技术尤其是数字化信息技术创新的政策支持力度，激励信息高科技企业和产品及创新人才不断涌现；协调各级政府、信息网络企业、研究机构各方资源，建立国家信息技术创新体系，系统推进国家的信息技术创新，增强信息企业科技研发能力；促进以信息企业为主体的技术创新，通过扶持和增强企业的技术创新能力，实现国家的信息产业化目标；此外，大力兴办信息高科技园区和

“企业孵化器”等也是一种制度创新。

（2）建立有效的创新激励机制。研究表明，任何人类的创新活动都需要激励，只有当人们通过创新活动能获得巨额的利益，他们才可能充分发挥其创新的潜能。在市场经济条件下，激励机制最为核心的是产权激励和合法权益的保护。业内人士认为，与其他国家相比，美国数字化信息网络产业之所以如此成功，关键在于美国建立起了一套促进创新活动的激励机制，即激励性、动态化的股票期权报酬制度。1997 年，美国标准普尔公司统计 500 家市值超 100 亿美元的超大型企业的企业家大约有 89％对其高级管理人员采取了股票期权报酬制度。到 1999 年底，全美企业用作认股配额的总股值已由 1985 年的 590 亿美元猛增到 1 万亿美元。目前美国硅谷的绝大部分企业都采取了经理股票期权报酬制度，而且还采取员工持股制度。例如，微软公司 80％的员工拥有认股权。实践表明，股票期权的激励对推动美国新经济的发展起到了极其重要的激励作用。正如哈佛商学院教授波特所指出，在掌握现代科技、追求卓越经济表现方面，欧洲应远在美国之上，但长期以来，欧洲在发展高科技，以此推动新经济增长方面大大落后于美国，其主要原因之一是欧洲的企业中缺少认股权之类的激励经理和员工创新的机制。

（3）加强对知识产权的保护，牢牢把握数字化信息技术的源头，依靠技术垄断获得市场垄断。

3. 风险资本使美国发展新经济脱颖而出

美国数字化信息网络产业的高速发展也得益于风险资本和资本市场的有力支撑。美国《商业周刊》撰文说：“如果技术是推动新经济发展的发动机，那么资金就是燃料。”据美国国家风险资本投资协会的年度报告，风险资本的投资数额从 1991 年至今一直在稳步攀升。1991 年的风险资本投资数额是 34 亿美元，对 823 个投资项目进行投资。1996 年在美国有超过 100 亿美元的资金被投放到 1502 个项目中，而其中有 60％被投资到高风险的信息技术企业中。1997 年美国的风险投资对全国 1848 家公司投入了 114 亿美元的风险资本，比上年增长 14％，其中投入信息产业的风险资本为 70 亿美元。近几年来，信息技术投资公司是最吸引风险资本的领域，信息技术领域吸引的风险投资持续增长。1995 年信息技术企业吸引的风险资本占当年全部风险资本的 47％，1996 年这一比例为 60％，1997 年上升到 62％。像思科、网景、亚马逊、雅虎等这些信息产业的巨头们能迅猛发展，部分原因是它们在早期就得到风险资本，并能凭上市后在股票市场筹集到大量资金而得到迅速的发展。《商业周刊》撰文说：“新经济不仅是技术革命，它也是金融革命，这使今天的经济变化超出多数人的意识。”这就是说，发展数字化信息网络产业不但是技术问题，也是金融问题。

进入 20 世纪 90 年代后，美国为削减成本和提高效率开始进行金融结构改革，重组金融市场。1990年以来，美国资本市场相继推出衍生性金融商品、资产型证券、股票初次公开发行及风险投资基金等金融工具，提高了资金配置效率。另外，金融资产进一步证券化，共同基金、整期基金、投资管理基金、风险基金等迅速发展，向投资者提供了多样化的投资选择。金融交易的杠杆化使得融资越来越便利，融资额越来越大，资本流动性大大增强。此外，负债经营、进入资本市场发行企业债务、到期债权转变成公司股票等融资理念发生转变，也促使债券市场交易规模扩大。还有，20世纪90年代的企业兼并改变了以往盛行的杠杆收购的兼并方式，大多数兼并企业以大量发行新股来筹集资金或者进行股票交易，这刺激了股市的交易规模。而资本市场刺激了投资，导致新的信息技术类公司大量增加，使得美国新经济充满活力。所以，不少有识之士认为，在发达世界中，美国同欧洲与日本等国家在数字化信息技术及产品上的差距最近10年来一直在扩大，其基本原因之一就在于后者缺乏哺育数字化信息产业及产品创新的巨额的风险基金和金融市场。美国风险基金之所以高度发达，一个主要原因便是其有效的资本市场为风险投资的退出提供了便捷的途径。其具体机理为：创新者先是向风险基金或风险资本家募集资金，经营一段时间后让成功企业的原始股上市，或所投资公司在其发展的某一阶段被收购。由于其高额回报足以抵补风险投资者在其他投资上的损失，结果，创新者和风险投资者及纳斯达克股票市场皆大欢喜。

第四节　美国信息产业发展的机制与模式

美国作为当今世界信息产业的第一大国，信息技术的全面发展支撑了新经济的高速增长。20世纪90年代以来，美国的信息产业由小到大，发展迅猛，特别是80年代后期以后，美国在以计算机和因特网为标志的信息革命中获益匪浅，不仅造就了西方经济史上罕见的“新经济”，而且由此增强了其军事、文化和政治力量。信息产业一跃超过汽车产业而成为美国的支柱产业，信息产业已成为美国的第一大产业。不仅如此，在世界信息产业的绝大部分领域，美国占据了主导地位。这当然与其雄厚的国家经济和科研实力息息相关，但也归功于美国在信息产业发展过程中采取了有效的产业发展机制和发展模式。

一 美国信息产业的发展机制

美国政府从战略高度看待信息技术的发展问题，采取一系列措施和政策促进信息技术的发展，建立了一系列有效推动信息产业发展的新机制，如科技管理机制、人才机制、投资机制、合作机制等。

（一）促进技术创新与产业化的科技管理机制

历届美国政府都重视发展科技，除了原有的总统科技顾问委员会和白宫科技政策办公室两机构外，美国总统克林顿于1993年下令建立了国家科学和技术委员会及总统科学和技术咨询委员会，并亲自担任了国家科学和技术委员会主任。这个委员会负责制定国家的科技政策和协调各个部门的科技工作。而总统科学和技术咨询委员会由私营部门的代表组成，它的任务是向总统和国家科技委员会提供咨询。科技管理体制使高科技得以规范地迅速发展，尤其是作为当代高科技核心和前沿的信息产业，更是受到了前所未有的重视，并从中获益匪浅。

近几年来，美国政府与企业都一直不惜将巨资投入科研，通过各种优惠或资助鼓励企业开展研究与开发活动。目前，美国的科研经费总额超过了日、德、英三国的总和，科技人员数量超过了日、德、英、法四国的总和。

美国之所以成为信息产业的第一大国，很大程度上是由于信息技术的全面发展支撑着经济的持续增长。从信息产业发展的初期开始，美国就依靠雄厚的经济实力，从基础研究、应用研究、技术开发、产品开发等技术阶段上全方位推进。美国一贯注重基础研究，基于技术研究的需要，国家投入大量资金，创建了许多实验室，引进很多一流的科研人员，配备一流的技术设施，使得基础研究的发展长时间地走在世界的前列。同时，美国民间数目众多的私人企业基金、风险投资基金向国内许多非营利性研究机构和大学实验室提供大量基础研究资助，这在相当程度上促进了基础研究的长盛不衰。

（二）培养与引进并举的人力资源管理机制

美国政府重视人才资源的开发。一方面，花重金培养高技术人才；另一方面，高薪引进高技术人才，鼓励外籍高科技人员长期留美工作。

20世纪90年代，信息技术等高新技术的迅猛发展使得美国出现了人才短缺的现象。据统计，自1997年以来，美国对信息技术专业人员的需求增加了100万，目前尚有几十万岗位虚位以待。而美国本土每年的信息专业大学毕业生只有2.5万。因此，为了继续保持在高新技术领域的优势地位，美国对移民政策作出了重大改变，技术移民和投资移民被放到了首位，进一步放宽了移民特别是技术移民的条件。1998年，美国技术移民H1B的签证定额为6万，实际发放20万。美国总统克林顿2000年5月向国会提出了一项人才引进计划，2001～2003年，美国对高科技人才引进的人数从当时的每年11.5万人增加到20万人。此前，美国众议院移民小组委员会通过法案：在2001～2003财政年度的3年中，撤销有关外国技术人员工作签证方面的限制。

近10年来，美国以优越的生活条件、工作条件等留住大量在美国的留学生，使大量获得博士学位的留学生留下来。1999年美国发放的11.5万份特殊科技人才签证中，印度科技人员占46%。据统计，来自中国和印度的技术移民，现在已经占据了硅谷中1/4企业的领导岗位。1998年，来自中国和印度的工程师们总共掌握了2775家硅谷企业，销售总额为168亿美元，雇用员工数量超过58 000人。1980～1984年，硅谷企业中只有13%的CEO是中国人和印度人；而在1995～1998年，这一比例上升到了29%。这些来自国外的高层次的技术人才使美国不费任何代价就迅速抢占了新技术的制高点。

（三）完善各种制度，促进科技发展的保障机制

美国通过完善各种制度，促进了科技发展。例如，美国对科技投入实施强有力的制度保障，主要通过专利制度、反垄断和扩大贸易等措施来鼓励和保障科技创新，规范、限制企业的不正当竞争行为，如美国完善的风险投资机制。

（四）风险投资机制

企业特别是高新技术的中小企业要创业，要在激烈的竞争中谋求生存与发展，就需要启动资本，但新生高科技企业所面临的高市场风险和高技术风险，却令一般投资者望而却步。而风险资本分散募集，投资分散组合，其独特的运作方式，有效地规避了风险，获得了高于平均利润率的投资回报。这就为社会资金进入高科技产业架起了一座桥梁，从而推动了美国的高新技术向生产力的转化。风险资本按全美风险投资协会的定义是由职业金融家投入到新兴的、迅速发展的、有巨大竞争力的企业中的权益资本。风险投资是科技产业发展的“推动器”，很多高科技企业在初创阶段都得益于风险资本的支持才发展起来的。据统计，美国有4000多家风险投资公司，居世界首位，每年为1万多家高科技企业提供资金支持，这对于需大量资金投入的信息产业而言，无疑起到了关键作用。

（五）政府与企业的合作机制

为了直接推动企业对风险很大的高新技术的开发和研究，美国从1990年开始由商务部牵头，实施一个国家技术创新体系先进技术规划“ATP”，这是政府、私人企业和独立研究机构在研究开发高风险技术领域的一种联合行动。同时，美国政府鼓励成立集团组织，以便促进企业、大学和研究机构共同开展研究与开发工作，走向协作。而且，美国政府还鼓励企业与外国进行联合科学研究。通过这些做法，信息产业的发展更是如虎添翼，不断前进。

（六）全球化的国际分工机制

美国积极参与国际分工，同时通过政府采购，推动自由和开放贸易体系来促进本国高新技术产业的发展。美国在 WTO、APEC（Asia Pacific Economic Co-operation，亚太经济合作组织）等全球化、一体化组织中的活跃表现使信息技术优势的前景更加广阔。放宽对高新技术产品及高技术出口管制，积极推动贸易投资自由化和双边、区域经贸合作，迫使其他国家对美国开放市场，这些举措大大开拓了信息产业的发展空间。

二 美国信息产业的发展模式

（一）美国信息产业的发展模式

美国在信息产业发展过程中采取了一条有效的产业发展模式。归纳起来是：以市场需求牵引和自由调节为主，以政府调控为辅，以企业作为技术创新主体，从基础研究抓起，全面实施应用研究、技术开发和市场开发，通过环境和要素资源的长期积累，努力实现信息技术的产业化，从而推动国民经济的发展。

在这一模式中，政府的宏观调控主要体现在战略引导、制定政策法规、兴建国家信息基础设施、签订科研合同和政府采购合同等方面。以政府采购为例，目前美国政府采购每年在2000亿美元以上，其中包括相当大规模的信息技术产品的政府采购，形成了一个庞大的特殊的“政府采购市场”，拉动了信息产业的快速发展。美国政府采购对信息产业早期的发展也起了关键作用：1955 年美国联邦政府采购了 40%的半导体产品，1960 年为 50%；1960 年政府购买了 100%的集成电路产品，1962 年为 94%，1964 年之前联邦政府实际上是美国制造的集成电路的唯一用户。

该发展模式主要有以下 5 个方面的特点：

（1）全方位开展信息技术研究与开发活动。美国信息产业研究与开发由四个方面的力量组成：联邦政府下属的科研机构、私人企业（公司）的研究机构、高等院校的研究机构、非营利研究机构（私人基金会等）。它们组成美国信息技术研发的完整体系，交叉地承担着基础研究、应用研究、技术开发研究等不同方面的技术创新任务，保证美国在信息技术创新、开发方面的领先优势。

（2）重视基础研究。美国一贯注重耗资大、费时长、风险高的基础研究，第二次世界大战时期，基于大量知识密集型军事研究的需要，创建了许多大型实验室，引进了许多第一流的科研人员，装备了第一流的技术设备，很快就把美国的基础研究推向了世界领先地位。信息产业领域的很多技术创新成果就是在这一时期开发出来的，如电子计算机集成电路、电子计算机等。1950 年，美国成立了国家科学基金会，主要支持各个领域的基础研究，从而使美国的基础研究得到了进一步发展。同时，美国民间数目众多的私人企业基金、风险投资基金向国内许多的非营利性研究机构和大学实验室提供大量基础研究资助，在相当程度上促进了基础研究的长盛不衰。

(3) 大力支持应用与开发研究。为了提高信息产业的全球竞争力，美国在克林顿政府时期开始重新调整和企业界的关系，扩大政府与企业界的合作，拟定了一系列的电子信息开发计划，积极引导大公司围绕经济繁荣、国家安全、生活质量、环境保护等国家目标进行信息技术的应用开发活动，在政府的支持下使美国在半导体、微电子和其他信息技术与产品的制造、工艺方面达到世界领先水平。

(4) 充分发挥企业实验室的作用。美国的 IT 企业具有雄厚的技术研发力量与先进的研发装备，这类企业大多设有实验室，主要从事科研与开发工作，一些大的实验室也根据市场的需求状况从事针对性很强的基础研究。例如，著名的贝尔实验室就是享誉全球的信息技术研发机构，它现有研究人员 2 万多，设有 156 个专门实验室，主要从事通信领域的开发与研究。世界上第一只晶体管诞生在贝尔实验室，一系列电子通信领域开创性的成果也诞生在贝尔实验室。显然，美国私人企业的实验室在人力、物力方面都有着巨大的优势，它们在促进信息产业发展的进程中起了关键的作用。

(5) 注重信息技术的商品化与产业化。美国的 IT 企业特别注重产品的市场开发，依据市场的需求与企业本身条件制定信息产品的产业化发展战略。可以说，市场开发是信息产业发展中最为关键的一步。例如，美国的 IBM 公司在开发 IBM360 系列时，在公司内建立了强大的销售队伍。在拥有 3.2 万名职工的数据信息部中，有 8500 名销售工程师；在 50 亿美元的研发经费中，有 35 亿美元是用于市场开发的。总的来说，美国信息产业发展的典型形式是从基础研究抓起，一直延伸到市场开发，采取了全面出击的方式，使得美国在信息产业的基础研究、应用研究和市场开发等各个环节实现了全面平衡的发展。这也是美国一向在信息产业方面处于世界领先地位的重要原因。

所以，美国信息产业遵循的是“国家宏观调控”和“自主发展”相结合的发展模式，政府主要从宏观上把握信息产业的发展趋势，制定信息产业发展的国家战略，突出政府的导向功能；在微观层面上则任由企业自主创新、自由发展，充分调动企业的积极性，并通过市场竞争机制使企业成为信息技术创新的主体。

（二）美国信息产业发展模式的实施

在信息产业发展的初期开始，美国就依靠雄厚的经济实力，从基础研究、应用研究、技术开发、产品开发等技术阶段上全方位推进。发展步骤为：基础研究→应用研究→市场开发（见表 8-2）。

表 8-2　美国信息产业的发展模式

发展方式	渐进式
发展手段	信息产业各领域全面平衡发展
政府与市场的关系	以市场调节为主，政府调控为辅
市场化路径	先国内市场，再国际市场，最后是国内外市场并重

（1）美国信息产业的导向是扩大内需型。这是由美国巨大的国内市场容量所决定的。美国在其信息产业发展初期以政府采购为计算机和其他信息技术提供了初始市场，从 1955～1961 年政府共投资 2690 万美元用于半导体器件的改进，促进了半导体产业的迅速扩大。1970 年美国 R&D 经费投入为 153.39 亿美元，1980 年为 297.39 亿美元，1995 年为 1711 亿美元；R&D 密集度 20 世纪 50～60 年代为 1.4%，70 年代增长至 2.2%，80 年代以后保持在 2.3%以上。从 1992 年以来，经济增长中有 1/3 来自信息产业的贡献，信息产业增长速度是 GNP 的三倍。当然，随着时代的变迁和经济环境的变化，美国也逐步地开拓国外市场，使美国的信息产品的贸易在本国出口额中占有越来越大的份额，突出表现在尖端信息产品和计算机软件上。

（2）美国信息产业的发展属产业驱动型。美国信息产业发展的主要驱动力是军工技术。在冷战期间，美国国防军事研究局就提出一项耗资 10 亿美元的高级计算机和人工智能技术的发展计划，重点发展用于新型军事装备之上的信息技术。美国政府于 1983 年制定与实施了以军用信息技术的开发和应用为核心的“星球大战计划”。冷战结束后，虽然美国政府逐步改变了过去重大科研计划主要以军用技术为目标的做法，强调军民两用技术的发展要紧密结合，政府研究开发经费的军民比例也由六四开调整为对半开，但近几年美国政府对国防的投入也在增加。2000 年美国国防 R&D 计划投入比 1999 年增长 3%，达到 425 亿美元。这些都表明，美国信息技术产业的驱动力是军事技术，以军事技术带动民用技术的发展。

（3）美国信息产业的发展属于政府主导型。在 20 世纪 50 年代，美国国防部就意识到信息技术将在未来国防中占有重要的地位，故从那时开始美国国防部逐年追加对信息技术的 R&D 经费投入。到 60 年代，仅在电子器件和通信产业投入就达到了 15.38 亿美元，这一时期美国信息技术产业的 R&D 经费大都来自政府。与此同时，美国政府通过采购的方式大力扶持新兴信息技术产业，政府的采购每年占市场需求量的 25%～48%，美国集成电路产业发展初期几乎唯一的用户就是美国政府。为了促成国民经济产业结构向高新技术产业的方向调整，引导和促进信息产业的发展，自20世纪70年代末期以来，美国开始从战略上积极引导科技的发展，将科技作为其发展经济的基础，并把信息技术的扩散作为提高国家竞争力的关键，出台了一系列战略计划，使美国成为世界上制定国家信息产业战略最早、颁布国家信息产业政策最多的国家。主要举措有：通过立法、制度改革、示范项目、投资和制定标准来建立国家信息基础设施、R&D和技术转换项目确定战略方向，确定优先资助项目和有利于技术扩散的项目；建立激励机制，鼓励私营企业参与R&D项目；推动信息技术在教育、贸易等产业部门的应用；等。正是由于政府的鼓励与支持，20世纪80年代以来美国对信息产业的投资年均增长20%以上。

在美国，信息产业发展的政府作用类型是在产业发展初期实行直接介入，即政府通过政府采购和投入等方式直接介入信息产业的发展。美国政府初期以直接介入手段为主，但在市场建立、产业实力增强后，也逐步转向制定政策等间接调控，取得了明显成效。1983年，面对美国经济竞争力的下滑，里根总统成立了工业竞争能力总统委员会。1985年该委员会提出一份题为《全球竞争：新的现实》的报告，拉开产业结构调整的序幕，对美国经济进行了深刻的调整，高技术产业得到发展，这为20世纪90年代信息产业的迅猛增长打下了基础。1991年，布什总统向国会提交了一份题为《国家的关键技术》的报告，在该报告提及的与美国国家安全和经济实力有关的六大领域22项高技术发展计划中，“信息与通信”单列1项，占7项技术。这份报告对于美国在90年代的信息技术发展提出了总的要求，是其保持全球技术领先地位的重要支持。这些政策对于美国信息产业的发展有着重要的推动，也反映了美国政府作用的变化。

此外，美国政府对风险投资的发展也采取了一系列支持措施，利用风险投资促进新兴技术的发展和产业化，其他措施如放宽行政管理、政府订货等。美国政府的这些政策均为全国普适性政策。

第五节　美国信息产业的政策与立法

一　产业政策

信息产业政策即国家（或地区）为提高整体国力，以信息产业为对象，对信息技术的开发应用、信息产品的生产交易及信息服务等行为施加直接或间接影响而实行的政策、法令的总称。其作用是指导信息产业的发展方向及发展规模，规范信息活动，对信息人、信息行为、信息产业实施宏观调控和管理。

信息产业政策大致可分为“市场导向为主”和“计划导向为主”两种模式，

美国则是前一种模式的代表。美国的信息产业政策是协调式分散模式。一方面，在美国盛行实用主义、分散主义的价值观支配下，信息产业形成了分散多元的体制，缺乏集中管理和政府的行政干预，缺少一个权力集中、能从总体上对信息产业充分发挥行政中心甚至协调中心作用的机构；另一方面，美国政府又通过制定一系列有关信息产业的政策、法规，使处于分散状态的各种信息机构形成基本完善的配套体系。分散协调的核心是注重市场竞争功能，由经济利益为诱导，培养鼓励市场竞争，消除信息服务中的贸易壁垒，从而强化自由市场的作用。在发展的过程中政府加强对信息产业的引导和支持。美国的信息产业政策的主要特点可归纳如下。

（一）以经济利益为诱导，鼓励进行市场竞争

在信息产业范围内，由于其高投入高产出的特性，吸引了众多的投资者加入信息产业的行列，使得这个行业的竞争变得异常激烈，一些企业如众所周知的王安公司不适应市场竞争的需要而在市场中落败。1965 年，美国 IBM 公司只有 2500 个竞争对手。而到 1992 年，其竞争对手增加到 5 万个。在市场容量不断扩大的同时，IBM 的市场占有份额也在相对下降。信息产业如何在如此激烈的竞争中站稳脚跟，市场显然发挥了很好的资源配置作用。下文以企业兼并和风险投资为例来说明这一点。

企业兼并有利于实现优势互补，增强企业实力，扩大经营范围。正是因为市场的内在资源配置作用，早在 20 世纪 90 年代初美国的信息产业就率先掀起了企业间的兼并潮，特别是一些实力较强的原电信服务运营公司和设备制造商纷纷寻找合作伙伴，走强强合作之路。1995 年 IBM 公司对 Lotus（莲花公司）的收购轰动了全世界的信息产业。1998 年交易额超过 100 亿美元，惊动世界经济界和电信界的电信服务运营公司兼并案就有 5 起。1999 年 1 月 13 日美国朗讯公司宣布以 200 亿美元的股票收购以 ATM 和 IP 技术见长的 Ascend 公司。紧随其后，2 月 1 日 AT&T 公司与媒体巨人时代华纳有线电视公司宣布，欲成立一个合资公司。4 月 22 日 AT&T 公司又宣布将以 620 亿美元的天价收购另一家有线电视公司 Media one。2000 年新年伊始，美国在线和时代华纳又于 1 月 10 日一鸣惊人地宣布合并，这起世界上最大的因特网服务商和最大娱乐传媒商的空前兼并案震动了华尔街，激发了投资者对互联网公司、娱乐公司及媒体公司的巨大热情。企业兼并的做法不一，可以低成本扩张、强行收购、保留、改组等，成功兼并后的企业要么取得竞争优势，获得有生命力的产品，要么减少了竞争对手，或者争取到了需要的人才。企业兼并的过程，实际上是生产要素重新组合的过程，是实现资源优化配置的过程。

一国的金融体系当中存在着大量虚拟资本，如果没有一个良好的、与实际

生产力相结合的出口，长期游离于实体经济之外，滞留在金融市场和房地产市场，就容易形成泡沫。一旦泡沫破失，对实体经济的负面冲击将十分巨大，形成经济衰退和通货紧缩。而风险投资是虚拟资本与现实经济一个很好的结合点。一方面通过向高风险、高科技含量的企业投资，获得了高额的回报，并引导证券市场上规模更加庞大的虚拟资本的流动；另一方面高科技企业由于吸收了风险投资，加快了科技向实际生产力转化的步伐，最终实现了资源的最佳配置。在美国近年信息产业迅速成长的过程中，风险资本发挥了重要作用，许多高科技信息企业和产品的发展，主要依靠的是各种风险投资。1980 年以前，美国的风险资本共投资于 375 家风险企业，而到 1987 年，风险企业多达 1729 家。进入 20 世纪 90 年代，风险投资随着信息产业的发展得到进一步的扩张。21 世纪初美国就有 4000 多家风险投资公司，每年为 1000 多家高新技术企业提供资金支持。有关资料表明，2000 年美国的风险投资总额已高达 1000 亿美元，与 1990 年相比，10 年增幅达到 200 倍。随着风险投资的急剧增长，其在美国研究开发资金总额中的所占比重也迅速上升。1988 年是 80 年代风险投资的顶峰，当年的风险投资总额为 50 亿美元，美国研究开发资金总额为 1340 亿美元，风险投资在研究开发资金总额中所占比例为 3.7%，2000 年的这一比例已上升至 40%。风险投资同样也优化了资源配置，它化解了金融风险，解决了科技成果向实际生产力转化所需要的资金问题，因而促进了经济增长及就业。

（二）进行宏观调控，加强对信息产业的引导和支持

美国是世界上制定国家信息产业战略最早、颁布国家信息产业政策最多的国家，并把信息技术的扩散作为提高国家竞争力的关键。美国在信息技术产业化过程和信息产业发展的不同阶段，政府采取一系列扶持和导向政策。

在信息产业发展初期，政府采取优惠保护性政策为主。为减少高新技术企业的市场风险，保护高新企业创新创业的积极性，特别是在信息产业发展的初期，美国政府常采用政府采购这一手段来推动高新技术产业的发展。在美国，许多还没有形成大规模市场的高新技术新产品，由政府先购买。政府每年向企业采购范围广泛的新产品，采购重点随国家经济发展战略而变化。随着新产品的扩大，政府就减少和停止采购，让市场机制取代政策支持。美国在 20 世纪 60 年代就制定了《政府采购法》，对高科技产业进行支持。如美国新开发的巨型计算机虽然价格昂贵（每台 500 万～2000 万美元），开始时都是由国家机构、大公司或大型科研单位购买，由政府给予财政贷款或补贴，使美国的巨型计算机形成绝对优势，保持世界市场 90%的份额。在 20 世纪 60 年代中期，全部集成电路产品都被美国国防部买下，国防部还购买了占全国半导体器件生产总值 40%的半导体器件。克林顿上台不久，在其“全面经济计划”中，为扶持信息产业

新产品的初级市场，仅计算机及其相关产品的政府采购就达90亿美元。除了在国内采取政府采购外，美国还努力扩大各国政府对美国科技产品的采购，美国政府在扩大对外贸易谈判中极力消除各国政府对美产品采购的歧视，为美国商品开路。

美国从20世纪50年代就开始制定信息产业政策。1958年制定《国防教育法》，1966年制定《信息自由法案》，1970年制定《版权法规》，1980年制定《文书工作削减法》，1985年制定《出口管理法案》，1987年分别制定了《弗拉尼斯报告》和《促进科学技术利用法》。另外还有“远程通信与自动信息系统的国家政策”和“政府信息资源管理”，以及一系列研究报告和建议，如科技情报委员会“关于全国科技文献处理系统的建议”，国家图书馆与情报科学委员会“图书馆与信息服务的国家规划：行动目标”报告。1976年7月，美国内务委员会向福特总统提交了一份名为《国家信息政策》的报告，力主“美国要把制定协调型信息政策确定为目标”。同年，洛克菲勒报告也要求制定国家信息政策，以对新技术和信息时代的到来作出明确的反应。1979年的《萨蒙报告》提出了几个具体领域中的信息政策目标。1980年10月，美国政府在其提交给经济合作与发展组织关于信息、计算机和通信政策高级会议的报告中指出，不要把处理信息技术的政策与处理信息内容的政策分割开来，并指出最终的目标是政策的全部结果而不是与特定信息技术有关的问题或政策。

为了制定相关政策以协调行动并有效保护自身利益，美国在1981年成立了国际通信和信息委员会，其任务是针对国际通信和信息流动中出现的问题，制定并实施统一、连贯和综合性的产业政策。1981年，美国通过了《信息科学技术法》、《电信竞争与放松管制法》、《国际通信重组法》三部法律。根据《信息科学技术法》的要求，成立了信息政策与信息研究院，它是联邦政府中的一个独立机构。该法还要求研究备择政策方案，对联邦信息科学技术领域的研究进行协调与规划。按照《国际通信重组法》的要求，在总统行政办公室成立国际通信委员会以对所有的联邦信息与通信政策进行协调。这些立法反映出了美国的信息政策正向统一、协调方向发展，也说明了美国过去反对集权化是基于实用主义而非本义。上述措施也显示出联邦政府已经认识到自己在国家信息政策领域中所承担的职责。据统计，从第95届到101届国会（1977～1990年），美国政府就制定了300多项有关信息政策的公法，此外，许多授权或拨款议案中也有大量的指导机构信息政策活动的条款。这一时期，还提出并实施了大量有关信息政策的行政法规和条例。

在信息产业成长期和成熟期，政府一般采取自由开放促进竞争的政策。美国政府制定了一系列信息法规保证信息产业的正常发展。1996年美国克林顿总统批准了新的电信法案。电信法最重要的一点是解除了政府设置的电话、广播、卫星通信和有线电视工业之间的“屏障”，允许相互竞争。所有的电信服务公司都必须允许竞争对手与本公司拥有网络互联。按照《电信法》对其他有关法规政策中不利于自由、开放、竞争的都要进行修改。自从进入20世纪90年代，美国制定了一系列更为完善和具体的信息政策，如1990年的《首席财政主管法》，1992年的《美国技术领先法》，1995年的《文书削减法修正案》，1996年的《克林格-科恩法》、《联邦财务管理改进法》和管理预算办公室（office of management and budget，OMB）为了配合《克林格-科恩法》的实施，制定的M96-20通报，即《信息技术管理改革法的实施》，1998年的《互联网免税法》，2000年的《互联网非歧视法》等。而在美国的信息产业政策中影响最大的要算克林顿执政后，在1993年9月制定的一项宏伟的信息产业政策——国家信息基础设施：信息高速公路建设规划。前文对此已经做过介绍，这里不再详述。

美国政府设立了一些强有力的管理机构，高效行使有关管理职能。其中国家图书馆与情报科学委员会是一个常设的联邦机构，负责总统和国会在图书馆与信息服务方面的政策事务。很多重大的信息政策都出自这个具有高度权威性的机构，如1990年该委员会提出并通过了美国的公共信息准则，认为公共信息是为了维护和发展公众利益的国家资源，由联邦政府生产、编辑和维护，应为公众共享，此外还提出了八项具体的管理准则。除上述机构外，还有一些私人单位、学术团体、公益事业机构、专业协会等也从事信息政策的研究并提出有关报告。

显然，分散化模式和以市场需求为导向的经营策略，使美国信息企业能够根据社会需求的变化，及时、灵活地调整研究项目、信息产品和信息服务，从而极大地促进整个信息产业的发展。但是，分散的体制也存在明显不足之处：首先，分散的市场不能依自身的力量进行宏观经济调控；其次，过于分散的信息使得企业之间很难相互协调，它们都从自己的利益出发，抢占或垄断资源，常常会妨碍信息活动的正常进行，不利于信息产业的健康发展。除了分散式体制和政策指导外，美国信息宏观调控体制的另外一个特点是：注重协调国家和私有部门之间的关系，最直接的表现就是国家高级管理部门对企业直接发布指令（限价、许可证控制业务范围等）或对某一领域直接给予投资支持。美国研究与发展的费用半数以上集中在私有企业和团体，这些企业和团体对信息的生产、利用起着至关重要的作用。为了使国家和私有信息企业良好地协作，美国在第二次世界大战期间就采用合同制，使两者密切地结合起来并积极地相互支持，国家主要的信息项目和计划也由公私团体联合承担。这种合作进一步完善了美国的信息体系，增强了自我调控能力。近年来，随着信息产业规模的日益扩大和日益国际化，分散式体制的不足更加暴露无遗。这意味着政府应深入地介入信息产业领域，而不应仅仅停留在一般性协调上。克林顿政府在国家信息基础设施建设中所起的作用，以及为此而专门成立的“信息基础设施特别小组”，都充分证明了这一点。目前，虽说美国各界对政府介入信息产业的程度有不同的看法，但都有一个共同的倾向，即认为：政府应通过鼓励竞争、为创造更大的利润和获得更快的增长条件来支持信息产业的发展。具体地说，政府应致力于整个信息产业都需要的电讯、教育与培训、研究与发展等领域的基础设施建设，采取国家甚至国际层次上的立法、标准化、咨询等行动。

二 信息立法

信息法是调整在信息活动中产生的各种社会关系的法律规范的总称，是国家为管理信息产业而制定的一系列法律规范的总和。由此可知，信息法并不是一部单一法律条文，而是由一个法律体系的框架构成的；它所涉及的社会关系，是在人们从事的与信息相关的一切活动中所产生的社会关系，这种活动包括诸如信息的获取、加工、处理、传播、存贮等多个方面。简而言之，信息法就是对信息活动的规范，对信息活动的调整。

20 世纪后半叶，信息产业的兴起，尤其是信息技术的飞速发展和广泛应用，导致了各种新的社会问题和社会关系的产生，也带来了一系列前所未有的产权、安全等方面的问题。在这样的时代背景下，为了信息产业的健康发展，避免不必要的干涉、破坏和资源浪费，除了信息产业政策外，还需要制定相关的信息产业法规作为产业发展的保障。信息产业法规是立法机构制定的调整社会各方面行为从而保护信息（知识）产权、合理准确地规定信息主体的具体权利义务关系的法律规范的总称。信息产业法是信息产业法制的灵魂和前提，没有完备的信息产业法律体系，信息产业法制建设就成了无稽之谈。美国是一个传统的法制国家，其法律制度十分健全。在新的时代背景下，美国在信息立法方面仍有积极而且是很大的投入，为保证信息产业政策的有效运行，颁布了一系列的法律、法规。随着法律的不断完善及现代电子、电信技术的发展，特别是因特网的日渐普及，网络时代的来临，更具现代特征的信息法也更加关注国家的公共利益、信息的公开与自由、商业信息的竞争与保密及对个人隐私的保护方面，其根本目的就是要在新形势下利用信息法的调整功能求得经济与社会的良性运行与协调发展。据统计，美国从 1977～1990 年颁布的关于信息技术和信息产业的法律与法令就有 300 多项，为信息技术的发展和国家信息基础设施建设提供了制度上的保障。

1934 年，美国制定了第一部信息产业法规，即《传播法》。早期的信息法主要是针对图书档案资料等知识信息而制定的，随着法律的社会化、信息技术的发展，信息资源社会利用与管理、信息公开化和商品化、保密与个人隐私保护问题日益突出，信息法保护的客体范围从知识扩大到社会信息的各方面，因而需要现代意义的信息法律予以调整。

现代意义上的信息法主要涵盖五个方面。

（一）公民信息自由与隐私保护

公民的信息自由是指公民在获取信息时有充分的自由选择的余地，有对信息获知的权利，以及在传播信息上的自由等。以权利的字眼来描述则是指公民对信息的获取权、知情权与传播权。与此相关的法律是1966年颁布的《信息自由法案》（freedom of information act，FOIA）。该法首倡信息公开制度，主要内容是规定人们在获得行政信息方面的权利和行政机构向民众提供行政情报方面的义务，以实现对公民的“知情权”的保障。这部法律体系上较完备，并对以后世界上其他国家制定类似的法律具有很大的影响，因此可以说这是表征现代信息立法兴起的一部重要法律，后来又分别于1974年和1986年进行了若干次修订。1993年10月4日，克林顿总统就《信息自由法案》向各州州长及各政府部门负责人发布了备忘录，对克林顿政府来说，这是增进《信息自由法案》效果的宣言。1996年克林顿连任美国总统后，美国政府对《信息自由法案》的最大变动在于，关于电子信息公开方面的增补，提出对电子信息公开时应遵循的原则与方法，称为Electronic FOIA。这类信息自由法力求达到信息的自由获取与均匀流动。美国已有获取信息途径的法案，但是对公民信息自由权的维护势必涉及政府所关心的诸如经济、技术与安全等因素，因此，美国政府是在兼顾公平与效率的原则基础上对待这个问题的。另外，在1976年9月13日通过的《阳光下的政府法》，强调了政府政策信息公共化，规定公众有权取得关于联邦政府决策过程中的最充分的可以使用的信息。1978年又制定了《公开会议法》。可以说，信息公开是信息本身的内在要求，也是经济化、国际化的客观要求，政府部门信息的公开是其中的一个突出方面。美国是世界上较早重视开发利用政府部门信息的国家之一，很早就建立起信息公开制度。信息公开制度是一种承认公民对国家拥有的信息有公开请求权，国家对这种信息公开的请求有回答义务的制度。这种制度的推行在知识经济时代是非常必要的。

对于隐私的保护问题，涉及两个方面，一是作为个人数据的方面，另一个是作为个人生活的方面。随着个人资料自动化处理的情况日益增加，美国对此也作出了积极的反应。首先美国于1974年通过了《个人隐私法》，是对个人信息的采集、获取、使用和保密问题作出的规定。目前由于网络日益盛行，获取信息乃至个人信息的机会显著增多，对个人信息的滥用及侵犯的事件也日益出现，因此对隐私的保护，也成为美国信息立法所关注的问题。法律因其稳定性、长期适用性等特征，立法时要谨慎从事，美国学者的观点认为如果从用户福利角度考虑，会造成隐私法的因素不够灵活，使得议会陷入不恰当的不灵活的隐私法中，所以美国目前采取为个人分配个人信息产权的方案来解决对个人的信息滥用问题。

（二）知识产权的保护

21世纪是知识经济的时代，信息生产更多，传播更迅速，内容也更具有应用性，对于国家经济增长也具有重要的战略意义。知识就是财富，因此对知识产权的保护也日益为各国所重视，同时也因为现代信息技术的发展和广泛应用解决了信息共享上的障碍，引发了诸多对知识产权的纠纷。美国是信息生产的大国，更是知识产权保护的积极倡导者。从对美国信息立法的分析来看，有关知识产权的立法问题一直是美国所侧重的关键问题。尤其在信息经济方面，大多数法律都是用来解释知识产权的，并且说明它们运用的条件。下文将从构成知识产权法的三个主要部分：版权法、专利法、商标法来谈对美国知识产权法的认识，并讨论网络中的知识产权及知识产权的国际保护问题。

1. 版权（著作权）法

美国在1790年5月31日通过第一部版权法，当时仅适用于书籍、地图、期刊等“书面作品”。该著作权法在1831年、1870年和1909年进行了重大修订，“1909年版权法”的保护范围已扩大到所有作品，如戏剧、表演、音乐等的保护方面。1918年的重大修改，使得著作权保护的一般期限定为作者终生及死后50年。《1976年版权法》即现行版权法，于1978年1月1日开始实施，与世界各国版权立法基本相同。从此，对版权开始实行单一的联邦保护制度。到目前为止，该法已历经26次修改，其内容既涉及版权的实体规定，也包括版权的管理等程序。美国宪法第一条第八款授权国会建立全国性的著作权制度“对于著作家保证其作品于限定期间内专有权利，以奖励科学与实用的技艺的进步”。其突出的方面在于版权法中并未注明必须向国会注册，其版权受侵犯时才能得到保护（有权向美国法院起诉），而在实施过程中，仍然执行版权注册制度，才能在处理版权纠纷时获得恰当的保护。另外，版权在美国可以作为权利人的动产部分地或全部地予以转让，可由权利人发放许可证，等于说赋予了许可证执有人比较独立的权利，可以合法合理地使用版权。同时，除对版权保护的一般期限作出规定外，对无名作品、化名作品和用于出租的作品的保护期限是从第一次发表以后75年或从创作之日起100年，以何者较短为准。

随着时代的进步，信息技术等新兴产业的不断壮大，版权客体的种类也在不断扩大，计算机软件等与高科技相关的内容逐渐成为版权客体，并且日益成为美国版权法保护的重点。美国在联邦一级与州一级都颁布过一些专门的数据保护法，如颇具影响的有1970年颁布的《公平信用报告法》，1984年颁布的《计算机欺骗与滥用法》；1992年颁布了对非法复制实行刑事制裁的《侵害著作权利刑事处罚修正案》；1998年5月，美国参议院通过了《数字千年版权法案》，其目的是保护版权所有者，包括软件开发人员、唱片艺术家及出版商等不受非法电子盗版的传播与侵害。1999年12月9日，美国总统克林顿签署了《防止数字化侵权及强化版权赔偿法》，该法案旨在保护包括计算机软件在内的创造性作品的版权，强化了针对侵犯作品版权行为的民事惩罚力度。

从最具代表性的知识产权来看，美国可以说是全世界知识产权保护最好的国家，例如在音像、计算机软件等方面的盗版产品只有5%，这得益于美国强有力的和非常有效的法律执行体系。美国知识产权法保护的一个重要特点就是刑罚日益严厉，对知识产权犯罪的刑罚处罚，体现了其保护知识产权的力度和强度。美国法律界人士认为，美国通过立法强化对严重侵犯版权行为的刑事处罚，将会产生更有力的威慑作用，可以更有效地制止对各种作品，特别是计算机程序作品版权侵权行为的泛滥。美国加重对侵犯知识产权法律的定刑态势，代表了当今知识产权立法的发展趋势。

2. 专利法

专利是指国家以法律形式授予发明人或其权利继承人在法定期限对其发明创造享有专有权。美国的第一部《专利法》是1790年颁布的。现行的美国《专利法》颁布于1952年，之后经过多次修订，最大的一次是在1981年。思考美国的《专利法》，首先要明白美国是属于英美法系的，其与大陆法系最显著的区别在于判例法在整个法律体制中占有非常重要的地位，使得在其本身有成文法典的条件下，其内部的条款往往不具有确切的含义，必须依靠法院的判例在具体的案件中进行解释。因此，对于《专利法》而言，就不能拘泥于其条款。另外，对于专利，有三个主要的范围：专利的“长度”——专利保护的期限长短问题；专利的“宽度”——专利所涵盖的技术种类问题；专利的“高度”——对于一项具体的发明创造而言，要达到怎样的独创性问题。据美国专利法的规定，专利的保护期为17年，从专利证书颁发之日起算起，但从乌拉圭回合谈判达成的协议，其年限设定为归档后的20年内，以适应新形势的发展。就宽度而言，美国《专利法》将专利保护的种类分为三类：实用专利、物品（材料）专利和外观设计专利。对于专利授予的标准而言，新颖性是首要的，是力求有绝对的创新性。

美国的《专利法》为联邦法，各州无权阻止、控制联邦法的执行。美国的专利法有几个特点：一是实行不公开专利审查制度；二是采用“先发明原则”，当两个或两个以上的申请人就相同的发明分别申请专利时，专利权授予先发明人；三是对取得专利的发明无强制实施的规定。

3. 商标法

美国商标法规定商标一经使用便取得了商标权。由于判例法及美国存在联邦和州两个商标法律体系的影响，美国商标法主要是以州法为主，联邦法与州法并存。美国的商标法比起专利法和版权法更为复杂。美国的第一部联邦《商标法》颁布于1870年，现代商标法为1946年颁布的《兰海姆法》，其中规定商标法的保护对象为商品商标、服务商标、集体商标和证明商标四种，对于商标注册的原则，商标注册的异议和撤销，商标注册人的权利做出相应规定。对于商标侵权也有相应的保证措施，同时规定了“注册商标”字样和标记，规定注册商标的有效期为20年等问题。1984年针对故意从事假冒货物的交易，国会又制定了《商标假冒法》。1996年1月，美国总统克林顿签署了《联邦商标反淡化法》，这是美国加强对驰名商标特殊保护的重要举措。

计算和通信技术的迅猛发展，大大推进了人类社会信息化的进程，但是与此同时，也引发一系列的现实问题，尤其是向现有的知识产权法律体系提出了挑战，专业专指性信息的法律保护问题、多媒体作品的著作权保护问题、数据库产品保护等诸多问题对于传统版权法的冲击；因特网时代中，注册域名与商标的相互冲突问题对商标的法律保护提出了新的问题；美国目前为计算机程序授予了专利，但是对别的软件而言，专利法似乎还不能为之提出合理的法律保护措施或者提出更高的授予标准，这些都是在新形势下产生的新问题，美国虽无法立即通过立法解决，但是也在寻求各种方式对此做出积极的回应。

数字化的信息的显著特征之一就是在计算机网络中能够很容易地在世界范围内广泛传播与使用，使得国家地区的概念在网络中趋于淡化，而对法学界长期认同的知识产权时间性、地域性特征也就提出了前所未有的挑战。因此，知识产权的国际保护也日益为人所重视。国际组织制定了多种调整国际信息活动的宣言、宪章、公约等法律规范，如有关版权国际保护的两个重要公约《伯尔尼公约》（1886年瑞士）和《世界版权公约》（1952年，瑞士日内瓦），以及世界贸易组织的乌拉圭回合最后文件，即《与贸易有关的知识产权协议》均是国际上知识产权保护的法律条约，另外，国际上的《保护工业产权巴黎公约》、《专利合作条约》则是对专利国际保护的条约，美国均是这些条约的成员国，也即意味着其必须履行应遵循的准则。

（三）商业信息的保护

有关商业信息的法律保护涉及诸多相关的方面，诸如税收、电讯、反不正当竞争、商业秘密的保护等多方面问题。随着国际贸易的迅速发展，经济全球化进程的加快，各国都在努力提高本国的经济实力，在涉及商业信息方面更是力求使自己立于不败之地。美国对于商业信息的保护根本思想是保证自己在国际市场中的竞争力，与外国的合作看重真正的实惠，表现在首先为信息领域的国际贸易与投资提供便利，这种便利是建立在对其真正有利的前提上的。涉及的相关法律，如1996年的《通信法》，做出开放电话市场的决定，以保证有能力的电信服务商们的竞争力；通过1988年8月出台的《美国综合贸易竞争法》的特殊条款来保持其进军别国市场的强劲势头；同时据20世纪70年代的《关税法》的修订后的条款，能达到在对国外进口货物侵犯其本国知识产权的案件的受理时，阻止外国产品进军本国市场的目的。由此可见，美国一贯倡导的知识产权保护实际上是为自己的技术垄断与限制别国的商品进口披上了粉饰的外衣。另外，对于信息和网络行业中的不正当竞争行为，美国的基本规范是反托拉斯法，最典型的例子就是对微软的诉讼，究其本因，美国是以国内的竞争力为首要考虑的内容。

（四）信息的安全保护

网络特别是国际互联网的迅猛发展带来了一系列前所未有的社会问题，美国针对计算机安全、网络使用和网络信息安全等方面先后制定了许多其他的法律。1975年8月，美国佛罗里达州通过了《佛罗里达计算机犯罪法》，随后，美国47个州相继颁布了计算机犯罪法。1987年美国颁布了《计算机安全法》，旨在加强联邦政府计算机系统的安全保密。1998年5月，美国参议院通过《Internet版权法》，其目的是保护版权所有者，包括软件开发人员、唱片艺术家及出版商等不受非法电子盗版的传播与侵害。另外还有《电子传播隐私法》、《因特网隐私法》、《因特网自由与儿童保护法》等。关于反垃圾邮件，虽然美国目前还没有联邦立法，但是截至目前，美国共有26个州通过了有关反垃圾邮件的立法。另外，美国还是世界上第一个建立法律信息自动化检索系统（ASPEN）的国家。

网络的发展日益超出人们可以想象的范围，电子商务的蓬勃发展和网络股的走高折射出这一奇迹。但是，因此而带来的网络及信息的安全问题，正日益困扰着人们，“黑客”的出现，今天已经使网站工作者们到了谈“黑”色变的程度。西方比较重视网络信息安全性的研究，制定了详细的有关安全权等方面的法规。美国的网络普及程度最高，安全问题也就尤显重要。对于网络信息安全而言，包括四个方面的安全问题，即硬件设施的安全、软件的安全、数据的安全、运行的安全。对于安全保护所应达到的目标，简单地说就是信息不能传至未经授权的人，要保证信息的完整性。对此，美国采取的相应的安全法律方面的措施有：1983年通过的《可信计算机评价标准》（橘皮书），1987年颁布的《可信网络说明》（红皮书）及1987年的《计算机安全法》等对此做出规范。在2000年2月5日美国总统克林顿在白宫亲自主持召开了由众多专家和要员组成的以防止黑客攻击保护互联网安全为主旨的会议。另外，1991年9月1日，美国参议院通过了《高性能计算机法规网络法》，该法的宗旨是建设“信息高速公路”。同时，关于电子商务的问题，对于网上支付的安全性、网上交易的税收政策、网上交易的监管等相关问题，美国政府正作出积极的思考，力求对电子商务制定统一的法律规范。1997 年 7 月 1 日，美国总统颁布了《全球电子商务纲要》，该纲要就利用因特网进行电子商务活动所包含的法律问题（如合同的履行、知识产权的保护、隐私和安全等）和行政管理问题（如税收和关税、对信息的传输限制、对标准的控制、经营许可证管理及资费的管制等）发表了看法。1999 年 10 月 13 日美国众议院司法委员会通过了《全球及全国商务电子签字法》，简称“E-SIGN”，与此前通过的《电子交易统一法》一起，提供了跨州（国）商务场合中使用电子签字的法律基础。对于网络服务与管理的规范中涉及网络安全的方面，美国也正在进行积极的探索。

5. 税收优惠立法

税收优惠立法不是直接针对信息产业的，但美国信息产业的发展的确从中受惠颇多。1981 年，美国在《经济振兴法》中提出《R&D 减税法》，试行 5 年，探索税收激励企业增加科技投入的有效性。后来，国会认为《R&D 减税法》对引导企业重视科技投入发挥了作用，决定对该法案延续至今。该法案已经国会九次续延。《R&D 减税法》在实施过程中，不断得到修正，其计算的方法和具体的限制条款在每次讨论续延时都有一定的调整。在 1999 年底结束的第 106 届国会大会上，通过了新的《R&D 减税修正法》。这一法规定，为了鼓励企业对科技的投入，政府在征税时，给企业一定的免税，该免税的额度取决于企业实际的 R&D 支出，以企业内部 R&D 的支出和企业用于大学的基础研究费用两部分为基础分别计算所得之和。1981 年《R&D 免税法》规定的退税率为 25%，1986 年后改为 20%。美国大多数企业的所得税率为 35%，扣除因纳税的损失份额，企业能获得的最大 R&D 免税额为当年企业内部 R&D 支出的 6.5%（而对于支持大学的基础研究部分则为 13%）。

需要说明的是，产业立法是健全产业法制的重要前提，但信息法无论怎样完备，如果束之高阁，至多是一纸空文。美国不但在立法体系上非常完善，而且其执法体系也是相当有力和有效的。

三 信息伦理问题

自 20 世纪 60 年代以来，现代信息技术的发展飞速地改变着整个社会的生产和生活方式，特别是 20 世纪末的计算机技术和网络技术的发展，使世界范围内人们的活动更为密切地联系起来。然而，信息技术的飞速发展和伦理的相对滞后之间的矛盾也日益凸显出来，引发了诸多伦理问题，如知识产权的侵犯、个人隐私的失控、信息技术的非法使用和信息安全的破坏等。

信息社会中出现的伦理问题，不是仅仅依靠法律就能解决的。正如学者Frank Connolly曾指出，“信息高速公路的成功有赖于一种全球性伦理学，原因在于世界各国的法律各不相同而且法律只能提供最低的行为规范和标准，信息高速公路上的用户不能仅仅依赖于法律来管理所有用户的行为。为了使信息高速公路充分发挥功能，很有必要采用一套全球性的伦理规则。”所以，信息伦理的建立是社会发展的需要。而且，伦理道德比法律更为直接地影响着人们的心灵，作用着社会。在信息社会里要实现可持续发展，必须提高人们的信息伦理意识，树立正确的信息伦理观念，防止信息伦理失范现象，这样才能满足日益发展的信息社会的需要。

伦理是指人与人之间的各种道德准则，而所谓信息伦理，是指涉及信息开发、信息传播、信息管理和信息利用等方面的伦理要求、伦理准则、伦理规约，以及在此基础上形成的新型的伦理关系。信息伦理就是要求信息使用者不应非法干扰他人信息系统的正常运行，不应利用信息技术窃取钱财、智力成果和商业秘密等，不应未经许可而使用他人的信息资源等。美国南部卫理公会大学Richard O. Mason教授提出信息时代有四个主要的伦理议题：隐私权、精确性、所有权及访问权。隐私权是指个人的隐私不受侵犯，不得为获得高价值信息而侵犯他人的隐私；精确性是指人们享有拥有精确信息的权利及确保信息提供者有义务提供精确的信息；所有权是指信息生产者拥有自己所生产和开发的信息产品的所有权；访问权是指人们享有通过各种硬、软件资源获取所应该获得的信息（特别是经过加工而存放在各种数据库中的公共信息）的权利 Mason 提出的这四个伦理议题通常被称为PAPA。

信息技术的日新月异，特别是计算机的普及和日益广泛的网络接入导致的社会问题越来越多，负面影响也越来越大，信息伦理问题逐步引起了美国政府的重视和理论界的关注。1989 年美国匹兹堡大学图书情报学院院长 Toni Carbo 开办了“信息伦理学院长论坛”，并在 1990 年与 Stephan Almagno 教授共同主讲信息伦理学。这门课程是在匹兹堡大学首次开设，也是在美国图书情报学院首次开设。至 1995 年已经有 200 多人学习了这门课程，并于 1996 年成立了信息伦理学基金。该学院的 Allen Kent 编纂的《图书馆学情报学百科全书》中还专门收入了信息伦理学方面的文章。国际互联网上的行为规范（也称网络礼仪，netiquette 由 network 和 etiquette 二词合成）是信息伦理的一个重要内容。网络礼仪是对在网络上应该做什么和不应该做什么所作出的规范。Arlene H. Rinaldi 的《因特网用户指南与网络礼仪》，主要是侧重于论述使用网络的行为礼貌。美国计算机伦理协会制定的“计算机伦理十诫”就是针对使用计算机和网络所作的典型规范。Virginia Shea 的著作《网络礼仪》则全面阐述了网络礼仪问题，研制出 10 个核心准则，讨论电子邮件、讨论组、信息检索中的不良行为和相应的行为准则，还探讨了与网络礼仪有关的法律和哲学问题、网络版权等。

关于信息伦理问题的解决，不同人士各有侧重地提出不同的解决办法。显然，信息自律相当重要，但是信息伦理不完全等同于传统伦理，传统伦理主要依靠人们的内心自觉和社会舆论来维护，而信息伦理产生于复杂多变的信息社会，人们受各自利益关系的影响，难以达到对信息伦理认识的一致化，不易形成人们自觉遵守的规范。所以，信息伦理除了依靠个人的信息自律外，还很有必要通过法律来调控。而就目前的走向看，信息伦理的规制大多是向着法律规制的方向发展的，信息伦理的讨论大多走向立法角度。最多的讨论是在信息技术下的知识产权问题，如专利权、著作权等；其次多的是关于保护信息安全的立法问题，如防止各种计算机犯罪等问题。美国已通过一些判例和立法，在信息伦理立法方面走到了前面。

总之，信息伦理与信息法都是维持社会秩序、推动社会进步的手段，二者地位和功能都非常重要，缺一不可、不可偏废。信息伦理相对来说多样灵活，随信息的调整不断变化，而信息法纯理性化的特点及对其稳定性的要求使信息法的变更总是缓慢的、相对稳定的。信息法在更新时，总是可以吸纳信息伦理中先进的东西，促成信息法的创新，而信息伦理因信息法的确认而更加巩固，并在有利的环境中进一步更新。这样信息伦理和信息法律之间的良性互动，促成信息伦理和信息法律的共同演进。

第六节　美国信息产业发展方向与前景

20世纪90年代以来，在信息技术为主导的高技术产业的带动下，美国经济维持了近十年的增长，并呈现出“两高两低”的特征，即高经济增长率、高生产率增长率与低失业率、低通货膨胀率并存。据美国商务部估计，信息产业1998年占美国GDP的8%以上，有760万人在信息产业就业，信息产业工人的工资比美国私营部门的平均工资高出73%。信息产业增速是美国经济增速的两倍，信息产业对美国经济增长率和生产率提高均作出了1/3的贡献。信息技术产品和服务贸易增速三倍于美国贸易总增速，为改善美国贸易平衡作出了巨大贡献。美国信息产业的发展除本行业直接创造新的工作岗位外，还间接创造就业机会。据估计，信息产业间接创造的新工作岗位超过了1500万个。据调查(1995年)，微软每增加一个新的工作岗位，就在其所在地华盛顿州创造6.7个新的工作岗位。而同在西雅图的波音公司自己创造一个新的工作岗位，在华盛顿州间接创造3.8个新的工作岗位。信息产业对降低通胀率的贡献主要是信息产品和服务的价格本身不断下降，且下降幅度很大。价格下降，一是信息经济学法则所规定，半导体芯片每18个月下降一半；二是由于信息通信市场的激烈竞争，企业大打价格战。信息产业使美国通胀率减少1个百分点。

然而，正当人们为新经济的美好前景充满遐想时，从2000年3月开始，美国信息产业却大幅回落，结束了新经济在20世纪90年代的辉煌阶段。综观美国信息产业这次调整，呈现出了三个特点：

(1) 股市动荡：信息板块下降、传统板块上升。从2000年3月下旬开始，美国纳斯达克指数调整经历了两个阶段。第一个阶段的调整将互联网大发展中的泡沫公司挤出市场，历时约两个月。纳斯达克指数从3月份的最高5048.62点跌到5月23日的3165点，跌幅多达40%。这一阶段调整的是新经济的前卫网络股。第二阶段的调整是9月份后，由于网络股的下跌影响到网络设备提供商，加上石油价格上涨，引发了纳斯达克指数进一步下挫。这次调整触及新经济的核心企业，如英特尔、微软、戴尔等，平均下降了50%多，网络股更是下降了75%。而传统板块则形势较好，在最近的最大市值1000家中，传统产业在前10位中占据7位。

(2) 对信息产业投资下降。首先是企业投资大幅度下降。2000年上半年美国企业设备和软件投资增幅按年率计算还高达近20%，但到第三季度这一增长速度就骤降到了5.6%，在接下来的两个季度中又进一步下降到了3.3%和2.3%。其次，作为美国高技术产业发展主要推动力的风险投资也大幅度回落。2001年第二季度的风险投资金额为89亿美元，较上年同期的279亿美元大幅下跌68%；而获得风险资本投资的公司数目，也由1898家大减至737家。在2001年上半年，1679家公司筹集了218亿美元，与上年同期的3554家公司筹集529亿美元相比，减幅达59%。

(3) 新经济企业经济效益大幅度下滑。股市持续低迷，使企业和消费者对技术产品需求急剧减少，技术产业部门的生产持续下滑。2001年第二季度，企业设备产值按年率计算下降了19.4%，比第一季度的降幅高出两倍多。由计算机、通信设备、半导体和其他相关电子产业组成的高技术产业的设备利用率到6月份已下降到67.5%，大大低于77%的全国工业设备的平均利用率。需求和生产下降的结果是企业赢利大减，一批公司倒闭。从已经公布的一些大公司2001年第二季度的经营业绩来看，大多数公司不是赢利大幅下降，就是亏损，如英特尔公司第二季度的赢利比上年同期下降了94%，摩托罗拉则亏损了7.6亿美元。朗讯科技公司2001年第二季度共亏损32.5亿美元，比上年同期的3亿美元增加了近10倍；营业收入则下降了21%，由上年同期的74.1亿美元降至58.2亿美元。企业经营状况的恶化，使美国大公司纷纷压缩开支，裁减员工。2001年3月份美国电子产业裁员2.47万人，电信产业裁员2.25万人，电脑行业也裁员1.9万人；截至2001年5月份，上述行业共裁员26.8万人以上，占同期美国公司裁员总数的41%。自2001年3月份以来，美国高技术设备的库存上升了

4%，而销售额则下降了12%，导致“库存销售比”上升到1.54。在2000年需求已经减弱的情况下，美国高技术制造业的生产能力竟增加了近50%。

尽管如此，美国信息高科技公司的实力和增长速度依然较高。2000年，英特尔、微软和思科公司分别在美国500家大公司中排列第41位、79位和107位，并保持两位数的增长。而位列184位的甲骨文公司更是业绩不凡，2000年利润增长388%。这表明，美国高科技公司依然实力雄厚，是美国目前经济增长的主力军。据最新资料显示，美国新经济又出现复苏迹象，到2004年上半年，发展状况依然良好，所以美国的信息产业发展的前景依然灿烂辉煌。这种成绩不仅给美国人民，同样也给世界人民以新的信心和希望。

第七节　美国信息产业发展的经验与启示

一　美国信息产业发展的经验

发达信息产业是美国经济持续快速增长的原动力。美国信息产业发展的成功经验可以归纳为五个方面。

第一，重视发挥市场竞争的作用。信息产业的高投入高产出特性吸引了众多的投资者加入信息行业，这使得该行业的竞争变得异常激烈。美国完善的市场竞争机制使得信息行业中那些不适应市场竞争的企业遭到淘汰。而留下的企业也不得不持续地进行技术创新，以保持竞争优势。

第二，注重技术进步和产品的研发。以英特尔公司创始人戈登·摩尔的名字命名的摩尔法则指出，微芯片的处理能力平均每18个月扩大1倍。该公司1978年推出的8086芯片包含了2.9万个晶体管，4年后推出的286芯片有13.4万个晶体管，又过了3年，该公司推出了超能奔腾芯片，其核心中央处理器有550万个晶体管。数字化、网络、微电子、计算机、软件和通信技术的发展使得信息技术不断推陈出新，而这种技术进步也更依赖于R&D的投入。在国际上，高新技术企业的R&D费用一般占到销售额的5%，但是英特尔公司的投入占到9.6%，摩托罗拉公司的投入占到8.1%，爱立信公司的投入占到15.3%。

第三，重视人才的竞争。市场竞争的关键是人才的竞争，在美国各个企业的发展过程中，都十分注重对于高素质、复合型、高学历人才的吸收和利用。思科公司董事长钱伯斯就指出，思科采取种种手段网络市场前10%～15%的顶尖人才，使得像3Com和Sun Microsystems这样公司的一些创始人投奔旗下。另一方面，在竞争中人才倾向于流向效益较好、报酬较高的企业，而一些新的企业在竞争中不断出现，也以高薪吸引技术和管理人才的加盟，导致人才的流动性极强。硅谷的平均人员流动率高达20%说明了这一点。

第四，加强政府对信息产业的引导和支持。美国是世界上制定国家信息产业战略最早、颁布国家信息产业政策最多的国家。并把信息技术的扩散作为提高国家竞争力的关键。主要要点有：通过立法、制度改革、示范项目、投资和制定标准来建立国家信息基础设施；为公共R&D和技术转换项目确定战略方向，确定优先资助的项目和有利于技术扩散的项目；建立激励机制，鼓励私营企业参与R&D项目；推动信息技术在教育、贸易等产业部门的应用等等。正是由于政府的鼓励与支持，20世纪80年代以来美国对信息产业的投资年均增长20%以上。截至1996年，美国对信息产业的投资占企业固定资产投资总额的35.7%，占世界同类投资的40%以上。

第五，大量风险投资支持信息产业。信息产业作为高新技术产业具有高投入、高风险、高收益的特性，但是作为技术发明者的科技人才一般缺乏足够的资金，资本的拥有者则希望自身的资本得到更高的回报，这样就产生了作为中介的风险投资机构，风险投资机构则负责运作和管理资本拥有者提供的风险基金，通过发现优秀的管理人才和具有市场潜力的高技术项目，以股权、准股权或者债券的形式投资于新技术企业并使之增值，并适时转让股权、变现获利。尽管风险投资本身就意味着项目有着失败的高风险，可是一旦选择好风险企业，其投资也能获得相当可观的利润，这也正是风险投资者乐此不疲的重要原因。在美国近年信息产业迅速成长的过程中，风险资本发挥了重要作用。1980年以前，美国的风险资本共投资于375家风险企业，而到1987年，风险企业多达1729家，进入20世纪90年代以后，风险投资因信息产业的发展得到进一步的扩张。

二 美国信息产业发展对我国的启示

（一）我国信息产业的发展背景

美国信息产业对其经济的贡献潜力尚未完全释放，21世纪初美国仍会扮演世界经济火车头的角色。美国经济的这种增长态势，对我国具有双重影响。从经济角度看，会给我国经济增长带来较多有利因素。信息化等高科技推动经济结构调整与升级的结果是劳动生产率的提高。而通过经济全球化达到资源的合理配置的实质，就是在全世界范围内进行产业结构的调整与升级，从而为美国在低通货膨胀、低失业率下的经济持续增长提供根本动力。经济全球化和信息化进程加快，中国经济不仅会进一步同世界经济相融合，而且在经济结构上将得到调整与升级。但是，美国新经济不仅涉及各国经济发展，还影响到各国经济的国际地位甚至经济安全和制定游戏规则的权力。因此，我们也应该看到，经济全球化和信息化的发展是在不公正、不合理的国际经济秩序中发展起来的，当前的世界经济贸易规则是以发达国家为主导的，更多地体现了发达国家的利益，它意味着主权国家对本国经济发展进程的控制力减弱，以及跨国公司和种种国际组织对民族国家经济发展进程影响的增加。同时，经济全球化使各国经济相互依赖程度加深，居世界经济主导地位的美国经济难以避免的波动，会对世界经济带来较大的冲击，增加了有关国家特别是发展中国家宏观管理的难度。加之，随着经济实力的相对增强，美国对外政策的霸权主义倾向也在加强，这对中美关系将带来较多的不利影响。总之，美国新经济给世界各国带来的影响是挑战与机遇并存。为此，我们要抓住机遇，迎接挑战，趋利避害。

我国是一个发展中国家，面对全球信息化的浪潮，已经做出了积极的反应。党和国家领导同志高度重视信息产业的发展，把推进国家信息化摆到了重要的战略位置上，将其作为我国现代化建设的重要战略措施。邓小平同志早在1984年就指出："开发信息资源，服务四化建设。"江泽民同志强调："四个现代化，哪一化也离不开信息化。"中国共产党第十四届五中全会及时地提出了"加快国民经济信息化进程"的战略任务，全国八届人大四次会议把推进信息化纳入了《国民经济和社会发展"九五"计划和2010年远景目标纲要》，党的"十五大"报告进一步提出："改造和提高传统产业，发展新兴产业和高技术产业，推进国民经济信息化。"这表明信息化在我国经济和社会发展全局中的战略地位已经空前提高。在党的"十六大"报告中继续提出："信息化是我国加快实现工业化和现代化的必然选择。坚持以信息化带动工业化，以工业化促进信息化……优先发展信息产业，在经济和社会领域广泛应用信息技术。"

发达国家特别是美国已成功完成了从工业社会向信息社会的过渡，而我国正处在工业化中期向后期过渡的发展阶段，同时又面临着全球信息化的挑战与机遇，所以面临着国民经济信息化和工业化的双重任务。在这种情况下，我们既不能操之过急，也不能停滞不前。我们不能专攻工业化而置信息化于不顾，也不能脱离工业化的现状盲目追求信息化，明智的做法应该是把两者结合起来，用信息化促成工业化，引导新世纪的工业往高增值、高竞争力、高信息含量的方向发展，用工业化支持信息化，为信息产业的发展和信息基础设施的建设提供物资、能源、资金、人才及市场。21世纪初是包括中国在内的世界经济从工业时代的"旧经济"向信息时代的以知识为基础、以信息为主导、以全球为导向的新经济转化时期，我们要抓住机遇，应对挑战，发挥优势，改进不足，脚踏实地，为全面实现我国经济发展战略奠定坚实的基础。实现工业化和信息化是我国第十个"五年计划"中实施经济结构战略性调整的重点。朱镕基在《关于制定国民经济和社会发展第十个五年计划建议的说明》中指出："继续完成工业化是我国现代化进程中的艰巨的历史性任务。大力推进国民经济和社会信息化，是覆盖现代化建设全局的战略举措。发达国家是在实现工业化的基础上进入信息化发展阶段的。新的历史机遇，使我们可以把工业化与信息化结合起来，以信息化带动工业化，发挥后发优势，实现生产力跨越式发展。我们讲抓住机遇，很重要的就是要抓住信息化这个机遇，发展以电子信息技术为代表的高新技术产业，同时用高新技术和先进适用技术改造传统产业，努力提高工业的整体素质和国际竞争力，使信息化与工业化融为一体，互相促进、共同发展。”

近些年来，在西方发达国家的带动下，结合自身的优势和条件，我国信息产业的发展进入一个新的里程碑。信息技术产业发展迅速；通信产业得到跨越性的提高；信息服务业从小到大，势头强劲；网络经济开始向前突破性地进展。信息产业工业总产值，1997 年为 4600 亿元，1998 年为 5340 亿元；1998 年完成销售收入 3100 亿元，实现利税 230 亿元；2002 年，电子信息产业销售收入 1.4 万亿元，是工业领域中最大的产业；通信营业收入规模 4576 亿元，网络规模和用户数都居世界第一位；电子信息产品年出口 925 亿美元，占全国出口贸易的 29%；2003 年电子信息产业完成产值 18984 亿元，比 2002 年同比增长 32.7%。同时，新产品产值为 3990 亿元，比 2002 年增长 17.8%，新产品的产值在总产值中的比例有所下降。2004 年全国电子信息产业完成产品销售收入 26 550 亿元，同比增长 41.7%；工业增加值为 5650 亿元，同比增长 41%，实现利润 1120 亿元，同比增长 49.3%，全行业完成进出口总额 3884 亿美元，同比增长 41.6%，其中出口 2075 亿美元，同比增长 46.0%。2005 年，信息产业增加值占国内生产总值的比重达到 7.2%，对经济增长的贡献度达到 16.6%。2005 年全年累计销售收入达到 38 411 亿元，比上年增长 24.8%；进出口额达 4887 亿美元，占全国外贸总额的 34.4%，在全国外贸出口中继续位列第一；实现利润 1307 亿元，增长 5.2%。2006 年中国信息产业仍保持高速增长，规模以上（年销售收入超过 500 万人民币以上）电子信息产业实现销售收入 47 500 亿元，同比增长 23.6%。中国信息产业规模已经仅次于美国，为世界第二。到 2010 年，中国信息产业将占 GDP 总量的 10%。但是，我国信息产业起步较晚，信息化水平低，与发达国家相比尚有很大差距。现阶段信息产业发展中仍然存在不少的问题：产业内部结构不合理，行业结构失调，软件和信息服务业与硬件制造业比起来比重仍偏低；关键性基础技术与应用技术落后，创新能力不强；缺少 IT 人才，人力资源的开发利用环境不佳；等等。

（二）美国信息产业发展对我国的启示

信息技术广泛地应用于社会各领域，并以此来带动经济的增长是全球关注的重点。今后的十年将是信息技术依附于网络的完善真正进入到广泛应用于经济、社会领域的实质性阶段，也就是说，信息技术带动经济增长将会进入一个新的时期。我国正在进行大规模的信息化建设，电子政务、电子商务、行业信息化、企业信息化、城市信息化、社区信息化等多方面的信息化建设，需要高度重视信息技术的应用。中国要把信息产业列为新的经济增长点，并提出要在未来25年内出现飞跃式发展，使之与全国分阶段实现国民经济和社会信息化的客观形势相适应，逐步缩小与发达国家的差距。借鉴美国信息产业成功发展的经验，并结合我国的实际情况和面临的机遇和挑战，我们从中得到如下启示：

（1）充分发挥政府的宏观导向作用。中国发展信息产业一定要是国家行为。由政府主导国家信息化建设，中国要发挥后发优势，在一个较高的起点上实施信息产业的“跨越式”发展，就必须充分发挥政府的主导性作用。由政府抓好总体规划，制定符合实际的信息产业政策，集中全国的人力物力，有计划、分阶段地迅速推进中国的信息化进程。其中，特别要处理好国家与市场、政府与企业之间的关系，发挥各方面的积极性。为此，①制定前瞻性、具可操作性的产业政策，扶持信息产业的发展。放宽管制，引导资金流入；在以缩小与发达国家差距为目标的基础上，着重发展一些有世界先进水平的项目。另外，政策导向要有弹性和透明度，可组织各种半官方研究咨询机构，为政府制定政策发表意见，同时对信息企业提供指导。在加大R&D投入、提高教育水平两方面也有赖于政府的作用。②引入和培育市场竞争。美国信息产业发展的其中一个成功经验就是使企业在竞争中发展。我国应逐步放宽一些行业的市场准入限制，让企业在有利可图的行业内公平竞争，从而逐步使私人资金流入信息产业。在条件成熟时还可政策性地引入外资，保持市场竞争。③以信息产业发展带动传统产业的改造，从而提高劳动生产率，加快产业结构的调整，兼顾发展中的工业化和信息化，发展信息产业要有高标准和超前意识。

（2）以信息化等高新技术推动经济结构的战略性调整与升级。国际竞争主要是经济实力的竞争，而经济实力的竞争又主要是科技的竞争。因此，在推进国家工业化的同时，要大力发展信息技术等高新技术及其产业，用高新技术改造和提升传统的农业、工业和服务业，促使我国产业结构继续由一、二产业向以高加工度化的工业和服务业为主的二、三产业升级。信息产业是当今发展潜力最大、拉动经济增长最快的新兴产业。虽然自改革开放以来，我国的产业结构发生了重大的变化，但仍然处于低级化水平：产业结构比例失调，第三产业所占比重偏低；产业结构升级缓慢，而且生产组织结构不合理。我们要赶超西方发达国家，就要采取跨越式发展；而要实现跨越式发展，我们就必须依靠信息产业，以信息化带动工业化，实现产业结构升级。加速实现以制造业为核心向以信息产业为核心的转变，加快用高新技术改造传统产业的步伐，促进信息产业化和产业信息化，推动产业结构的优化升级。大力发展信息产业，是我国产业结构调整的战略性选择。以信息产业的发展，带动和促进其他高科技产业的发展，使知识型的产业逐渐成为我国经济发展中的主导产业。

（3）拓宽信息企业的融资渠道，完善风险投资机制。信息产业是高投入、高风险、高收益性产业，发展信息产业需要大量的资金支持。美国政府对风险投资的支持措施有：①税收优惠。国会通过降低长期投资收益税的税率，刺激更多资金进入这个领域。②提供R&D补贴。由于风险投资企业具有很强的创新能力，通常是大企业和政府科研机构的2～4倍，其每100万美元的R&D投入能开发出6倍的产品，因此联邦政府每年将3%的R&D经费投入风险投资。③信息服务。为小企业提供信息收集、情报分析和咨询服务。解决小企业没有能力广泛收集信息的问题。④提供信用担保。由国家财政拨出一笔资金设立信用担保基金并由专门组织管理，对商业银行向中小企业放款提供担保，以此拓宽风险投资的融资渠道。⑤放宽行政管理。对风险企业申请专利、并购等商业行为放松管制，让其自由发展。⑥政府订货。根据国家发展计划有倾向性地集中采购，从而降低投资回收风险和市场营销风险。

就中国而言，当前必须解决好信息产业总量投资不足、投融资结构失衡、投资效率低下等问题。首先是政府要发挥财政投资的先导性作用，鼓励民间投资，加大利用外资的力度；其次要加紧建立健全的信息产业风险投资机制，完善资本市场对信息产业发展的支持作用。中国如能把有限的资金集中来增加对信息产业的投入，无疑能促进这一产业的快速发展。①成立风险企业担保基金，为信息企业向银行贷款提供信用担保，使信息企业更容易获得商业银行的贷款。这是将国家信用发挥放大器的作用。目前中国准备由地方性金融机构对中小企业提供有政府担保的贷款，以刺激中小企业发展，可以考虑对信息企业采取更加宽松的条件或成立专门的风险企业担保基金，解决信息企业发展的资金问题。②与外资合作引入风险投资机制并促进中国风险投资的发展。加大与国外风险投资的合作，使中国条件优良的信息企业能获得国外资金和高科技管理经验，从而培养出信息企业的创业者、管理人员和风险投资专家。这相当于为国内信息企业创造了国际竞争环境。

（4）加快发展信息服务业。逐步建立起比较发达的、结构合理的、现代化的信息服务体系。充分开发信息资源，完善信息资源网，并加快信息市场的培育。

（5）充分调动各方面的积极性，开展全方位对外合作，提高我国信息技术开发起点。在统一规划、统一管理下，除国家投资外，鼓励地方、部门和集体经济力量兴办信息产业。引入竞争机制，加强联合，推动信息产业发展和促进国际合作。

发展信息产业微观上最主要的途径是走产、学、研合作的道路。美国发展高科技产业的一条重要经验就是建立科技园区，从体制上加强大学、科研机构和产业界的合作。美国成功的科技园都是以著名的研究性大学为依托，利用大学的科研与人才优势创建高科技园，发挥高新技术的辐射作用。我国的科技人员分布不合理，主要集中在科研院所，2/3 的研究开发力量分布在企业之外，企业缺乏创新能力，产、学、研三方面互相脱离。因此，我们在建设高新技术开发区和出台科技政策时，应该贯彻产、学、研合作的原则，大力推进高新技术成果的产业化，形成科研院所和创新企业间人才与资金的良性循环。我们可以利用多种途径加强对现有科研人员的培训，不断拓宽其研究领域，改善其知识结构；鼓励科技人员以成果、专利入股，把企业技术创新的风险同经营者和职工的利益挂钩，充分调动和激发科研人员的智慧与创新潜力。

在信息产业领域中积极推进国际合作与交流。国家积极支持引进国外资金和先进技术，特别是与有强大经济技术实力的大公司开展合作，促进我国信息技术发展。欢迎外资投向基础设施建设和信息产业的某些行业，在平等互利的基础上开展信息技术的联合开发、经济信息的国际交换和联网，为推动全球信息化作贡献。

（6）加快和完善信息立法。美国信息产业发展的巨大成功，很大程度上是以明确的政策导向、完善的法律机制为后盾的。中国也在 1993 年就成立了“国家经济信息化联席会议”，也制定了一系列相关的产业政策，如《中华人民共和国国民经济和社会发展十年规划和“八五”计划纲要》、《“八五”期间国家经济信息系统发展纲要》、《信息服务业的十年发展规划》等纲要与规划中都提出了一系列发展信息产业的方针政策。为振兴中国电子信息产品制造业和软件业，国务院出台了鼓励软件产业和集成电路产业发展的若干政策。为规范通信市场、促进行业健康发展，国务院已经颁布了《中华人民共和国电信条例》。然而总体来看，中国至今在信息化方面尚缺乏整体战略指导和总体规划部署，有关信息产业方面的政策和法制也不成熟、不完善。从国家层面上，显然还需要出台一系列支持研发的法律规范、指导意见、具体措施等来推动信息产业向前发展。

要制定出科学合理的信息产业政策，有一个统一履行信息产业管理职能的部门非常必要。美国没有专门的部门从事信息产业管理，但是综合部门中从事信息产业管理的人员占的比重还是比较大的。我国的信息产业部相对来说就比较合理，统一管理的科学性强，宏观调控的覆盖面广。但目前信息产业的管理职能还是比较分散，这给信息产业统筹规划、制定政策法规、支持研发创新、引导市场走向、进行宏观调控和规范市场秩序等都带来很大困难。建议把其他重要部门的相关职能都集中到信息产业主管部门，增强信息产业主管部门统筹规划、综合协调、政策引导、监督服务等综合职能，使其成为领导信息产业快速发展和责权利相统一的国务院职能部门。信息产业的发展必须坚决贯彻全国信息化工作会议确立的“统筹规划，国家主导；统一标准，联合建设；互联互通，资源共享”的方针。政府着重抓总体规划和宏观调控，创造条件和环境，制定政策法规，提供政策指导和服务，明确信息产业的发展方向和投资重点。美国的信息产业政策是分散协调式，而针对我国现阶段的经济现状，信息产业的发展还处在初期，更明智的做法应该是在集中管理下进行宏观调控，制定鼓励产业发展的政策法规，在财政、税收、信贷上给予优惠，制定相关法规保护市场的健康运行，打击不正当竞争，大力发展信息产业，从而带动整个经济向前发展。

美国为了促进高新技术产业的发展，制定了比较完备的法律体系。美国早在20世纪80年代就开始制定科技法案，还制定了较为健全的保护软件和知识产权的法规。这些法案为科技人员从事创新活动提供了法律保障，从而引导产业健康有序地发展。我国目前处于信息产业发展的初级阶段，国家有关部门也制定了一些法规政策，以促进信息产业发展。但目前我国信息产业政策主要侧重于国家和政府对信息产业活动的指导性、原则性方针政策，还缺乏一系列配套的操作性较强的政策，因此政策倾斜的效应还不十分明显。为此，建议政府制定鼓励信息产业发展的政策法规，首先要在财政、税收、信贷上给信息产业优惠的政策，以扶持信息产业初期的发展；其次，加大力度打击不正当竞争，促进信息产业市场健康发展；最后，国家应组织力量制定和完善信息产业的一系列法规，如信息产业法、软件保护法、数据库保护法等，以法律手段来促进信息产业迅速而健康的发展。并且，我国与美国的差距不光是体现在立法而更重要的是体现在执法上，在法律执行方面，手段不硬、力量不足。因此，我们也必须进一步加强执法力度。

（7）加强人才尤其是高素质人才培训和教育。信息产业是高科技产业，需要具有高水平的技术和管理能力的人才。制定专业人才培训规划，加快高等学校对有关专业人才的培养，建立培训基地，造就宏大的高水平的信息产业专业技术队伍。政府重点支持人才的培养和使用，以及全民信息化意识的培养提高。

美国信息经济的核心是技术创新，而技术创新的源泉则是全球范围内高质量和高智能人力资本的积聚及其应用，所以人才是信息产业经济极其重要的载体。信息产业是高新技术产业，对人才的依赖程度大，而我国信息技术专业人才匮乏，而且对现有人力资源可开发与利用的环境十分不理想：一是人才开展科学研究和科研开发所需要的资金、设备、场地等条件不充足，相关政策不到位；二是没有建立产、学、研结合和技术成果转化为生产力的有效机制。

首先，从教育抓起。我国教育经费投入虽然已有很大的提高，但还是严重不足，而且现行的教育制度主要是应试教育，难以培养出创新型人才。所以，政府应该加大教育经费的投入，改革教育体制，大力培养创新型人才。培养信息科学方面的专门人才，尤其在高校中大力发展相关专业，如信息经济、信息管理、信息系统等，而且要建立与之相适应的软硬件环境。而对于现有的科研人员，要加强培训，不断拓宽其研究领域，改善其知识结构。要重视产、学、研的合作，建立合理的相关机制，形成科研院所和创新企业间人才与资金的良性循环，有效地在第一时间把科学技术转化成生产力。

其次，建立有效的人才机制。目前，我国科技人才的流失现象非常严重，对科技人员利用效率也不高。改革开放以来我们培养的人才主要分布在国外和外企，还有一小部分在国内研究所和国企，在国内的部分精英们的成果也被束之高阁，因为没有要求他们将技术推向市场，也不知道怎样将技术推向市场。二十年来，中国的出国留学人员累计共达 40 多万，除去在校学习者 10 万外，学成归国者仅约 33%。我国滞留国外的各类专业人才已达 30 多万。目前，我国从事科技工作的科学家和工程师只有 149 万人。本世纪初，我国高级科研人才将出现退休高峰，高级人才资源面临短缺危机。为了改善这种状况，我们必须建立一整套完善的人才引进、培养、使用、评价和激励机制。加大对有突出贡献人才的奖励力度，鼓励科技人员以成果、专利入股，把企业技术创新的风险同经营者和职工的利益挂钩，充分调动和激发科研人员的智慧与创新潜力。同时，还应创造条件吸引海外留学人员归国工作，使他们更好地发挥自己的聪明才智，为发展信息产业做出应有的贡献。

（8）深化科技体制改革，提高技术创新能力。“创新”强调了科技教育的投资和对知识产生的高投入，如对人力资本的投入和对技术的高强度投入，它是知识经济的重要特点。在信息产业的发展过程中，美国始终把信息技术作为发展的根本战略所在。它在核心技术研发方面始终舍得投入，力图永远占据信息技术的制高点。每年都有上千亿美元的巨资支持本国企业的技术创新和开发，其中有相当部分是用于信息技术和信息安全技术方面的。20 世纪 60 年代以后，美国经济增长有 70%是依靠技术进步取得的。而美国在信息技术发展过程中，注重创新，重视基础科学、高新科技的研究与开发，形成“科学—技术—生产”的创新模式，即通过科学创新技术，然后运用到生产。根据十五大提出的允许和鼓励资本、技术等生产要素参与收益分配的精神，我国信息产业应进一步建立和完善科技进步机制和创新机制，结合实际情况，培养人才、吸引人才，确保“创新”机制的顺利实施。

在 2002 年度《国际竞争力报告》中，我国总体排名第 31 位，其中科技竞争力排名第 25 位。在 2002 年的《全球竞争力报告》中，我国的创新能力排名 43 位。从总体上看，我国的科技发展在全球主要国家中处于中下游的位置。虽然在 2001 年中，我国的科学 R&D 经费支出首次跨上 1000 亿元台阶，R&D 与国内生产总值的比例达到 1.1%的历史最高水平，但与美国、日本相比，无论是相对量和绝对量都处于劣势。因此，要大力发展信息产业，就要加大信息技术研发方面的投资。政府必须有一定的财政预算用于支持信息产业核心技术的研发，特别是对一些关系产业命脉和信息安全、经济安全的核心技术，政府必须舍得投入。另外，为了促进技术创新，政府制定中长期国家技术创新规划，应把提高产业技术创新能力作为科技规划的重点。美国走的是"科学—技术—生产"的创新模式，根据我国的国情和产业的发展现状，更适宜走"生产—技术—科学"的创新模式，即通过购买、引进技术之后，再针对生产过程进行改造，等到技术的创新能力达到一定水平后，我们可以再借鉴美国的创新模式作为主要的模式。

(9) 有计划地发展电子商务和电子政务。在有条件的地区大力发展电子商务系统，提升其国际竞争能力。一方面，要加大地方政府的作用，让其根据本地经济、高科技水平制订发展计划；在沿海开放城市加大信息产业的开放范围，用市场竞争提高信息产业的整体水平，从而带动全国的发展。另一方面，要让有条件的企业发展电子商务系统，以此作为企业向海外扩张和提高企业国际竞争力的工具。作为一个人口多、面积大、信息基础设施和电子商务发展相对落后的发展中国家，在推动电子商务发展过程中，我国政府应该发挥积极的作用。为此，政府应加大扶持力度，积极认真地搞好试点运行，逐步建立国家重点电子商务平台，实现经验共享。积极鼓励科研机构、高等院校和计算机网络公司的研究开发，重点研究开发我国自己的网络技术和电子商务，使其顺利、健康地发展，从而带动我国国民经济的全面快速增长。同时，大力推进各级政府的"政府上网工程"，使之成为信息产业发展的强大推动力。

(10) 创新体制和机制。为了缩小我国与发达国家的距离，使我国信息技术跟上时代的步伐，必须在体制和机制创新方面抓紧制定一套行之有效的措施：①鼓励竞争、放松管制，注重发挥市场竞争的作用，并在此基础上充分发挥政府的引导作用。②建立和完善科技创新人才的激励机制。改革企业分配制度，建立和完善多种、多层次的奖励制度和收入分配制度，将科技人员的创新与其收益联系起来。③发展资本市场，鼓励民间风险投资。

(11) 选择适合自身的发展模式。美国信息产业发展的成功之处在于它们在立足本国国情的基础上，选择了适合本国经济发展实际的发展模式。脱离本国的国情，信息产业的发展必将成为空中楼阁，失去发展的基础。对于中国来说，在发展信息产业、实现信息化的过程中，对自身的信息产业发展现状、发展目标和发展的环境与要素禀赋有一个明确的定位，这是一个比较现实的选择。美国信息产业的发展采取了全方位出击的平衡发展模式，从基础研究到市场开发几乎全部依靠自身的力量。从长远来看，这是一条必然的道路。但是对于处在工业化过程中的中国来说，由于发展信息产业资金相对有限，基础比较薄弱，目前采取这一做法是不可取的，因为基础研究耗资大、费时长。因此，中国一方面应加强国际合作，引进国外先进技术，同时又不要完全依赖技术引进，而是在引进基础上立足于自主开发，根据国民经济发展的需要，优先发展信息产业的关键领域，形成信息主导产业群，通过重点突破，尤其是开发并掌握信息产业的核心技术，如拥有自己的 CPU（central processing unit，中央处理器）技术和 OS（operating system，操作系统）技术，以期在信息技术的某些领域取得领先地位。进而以点带面，最终带动信息产业整体水平的提高。积极开拓国内国外两个市场，加大电子信息产品制造业调整和发展力度；加强宏观调控和政策引导，实现通信业有效益地快速增长；加快软件产业和集成电路产业的发展，不断增强自主创新能力；加大政府监管力度，切实整顿市场经济秩序；以推广应用为重点，积极务实地推进信息化建设。

主要参考文献

2006～2020年信息化发展战略．编写组．2006.2006～2020年信息化发展战略．北京：中国法制出版社

包晓闻，张海堂．1999. 电子商务——21世纪，世界商务发展的潮流．北京：经济科学出版社

陈开金，兰飞燕．1999. 高科技产业与资本市场．北京：北京大学出版社

陈庆云，王明杰．2002. 电子政务行政与社会管理．北京：电子工业出版社

储节旺，周绍森．2004. 国外信息产业人力资源开发经验及对我国的启示．情报理论与实践，(6)

道格拉斯·霍姆斯．2003. 电子政务．詹俊峰，李怀璋，曹济译．北京：机械工业出版社

杜斌，庞加兰．2005. 风险投资业的发展演进与制度变迁．经济师，(2)

冯文龙．2002. 企业信息化面临的问题与对策．成都大学学报

高新民．2002. 信息化如何带动工业化．宏观经济研究，(10)

龚唯平．2001. 工业化范畴论．北京：经济管理出版社

顾德道．2004. 电子政务理论与实践．内部资料

郭会平．2000. 中美电子商务发展现状及前景之浅析．石家庄师范专科学校学报，2 (4)

郭熙保，刘莹．2002. 工业化、信息化与信息产业．经济理论与经济管理，(3)

国家经贸委办公厅电子政务课题组．2002. 电子政务实用读本．北京：中共中央党校出版社

国家信息中心．2006.2004年中国电子信息行业年度报告，(4)

何燕．2005-3-29. 电子政务：想说爱你不容易．科技日报

侯卫真．2004. 信息化与电子政务培训教程．北京：研究出版社

胡君辰，郑吕濂．2000. 人力资源管理．上海：复旦大学出版社

胡晓惠，陈欣，周莺．2002. 电子政务实用技术读本．北京：电子工业出版社

黄守勇．2004. 美国风险投资发展的启示．广东经济，(3)

黄志澄．2003. 我国电子政务的现状与发展．国际技术经济研究，(1)

季金奎等．2002. 中国电子政务领导干部知识读本．中共中央党校出版社

季金奎等．2003. 中国电子政务公务员培训读本．北京：中共中央党校出版社

姜爱林．2002. 两化并进：工业化与信息化协调发展的现实选择．社会科学辑刊，(6)

姜爱林．2002. 论工业化与信息化的关系．上海经济研究，(7)

蒋卫华，刘志成．2001. 知识经济与我国信息产业的发展．西北工业大学学报（社会科学版），(3)

金江军，潘懋．2003. 电子政务导论．北京：北京大学出版社

景玉琴．2004. 信息化带动工业化的制度基础．经济经纬，(4)
景跃军．2004. 美国日本经济增长方式转变比较及启示．人口学刊，(3)
科技部国际合作司，中国科技信息研究所．2002. 国际科技动态翻译材料之八·电子政务领导——实现构想．内部资料
李荻．2000. 美国信息产业发展及对中国的启示．科技进步与对策，(1)
李鼎著．2000. 电子商务基础．北京：首都经济贸易大学出版社
李方旺．2004-04-18. 美国信息技术产业的发展动因及启示，中国经济时报
李桂林．2002. 中美两国信息产业政策比较研究．情报资料工作，(1)
李继文．2001. 工业化与信息化在经济发展史中的内在逻辑．经济学家，(1)
李继文著．2003. 工业化与信息化．北京：中共中央党校出版社
李霁，王钰，高海华．2004. 新编电子政务培训教程．北京：科学出版社
李京文．2001. 工业化、信息化与现代化．中国统计，(11)
李天德．2000. 美国“新经济”与中国西部大开发．世界经济研究，(5)
李湘虹等．1998. 信息化浪潮．北京：京华出版社
李晓东．2000. 信息化与经济发展．北京：中国发展出版社
李孝全．2001. 国家战略与信息产业发展．北京：经济科学出版社
李志明．2002.2001～2002 年电子信息产业经济运行状况与发展趋势．北京：人民出版社
梁滨．2000. 企业信息化的基础理论与评价方法．北京：科学出版社
林梦．2002. 美国信息产业五大成功经验．经济工作导刊，(20)
林生．1999. 计算机通信与网络教程．北京：清华大学出版社
刘春长．1999. 电子商务．北京：中国城市出版社
刘红雨．2001. 试论我国中小企业信息化之障碍及对策．企业信息化，(11)
刘金祥．2004. 全球科技人才竞争态势．企业技术进步，(6)
刘昆雄，李慧玲．2004. 中美国家信息实力比较研究．图书情报工作，(5)
刘佩仓．2002. 中小企业信息化之路．北京：北京大学出版社
刘伟．1996. 工业化进程中的产业结构研究．北京：中国人民大学出版社
娄勤俭．2003. 中国电子信息产业发展模式研究．北京：中国经济出版社
卢怀宝等．2003. 工业化与信息化协调发展研究．中国软科学，(10)
马庆国．2002. 信息化建设：难点、误区与对策．北京：中国社会科学出版社
毛传阳，孙昌宇．2003. 美日韩信息产业发展模式及对中国的启示．武汉理工大学学报（社会科学版），16（1）
宁波市人民政府信息化办公室．2003. 宁波市信息化发展规划．内部资料
欧阳强，李祝平．2004. 信息化带动工业化的有效途径．长沙大学学报，(3)
潘信路．信息产业发展的国际比较．www. nbyzinfo. gov. cn
启明星辰．2000. 电子商务．北京：机械工业出版社
钱毅．2004. 政务数据库系统．北京：中国人民大学出版社
曲维枝．2002. 信息产业与我国经济社会发展．北京：人民出版社
芮鸿程．2004. 信息化对促进经济增长的多维透析．山西财经学院学报，(1)

束军意.2001.发展模式·政府作用·优惠政策——美、日、印信息产业发展比较.北京理工大学学报（社会科学版），(4)
宋玲，王小延.2000.电子商务战略.北京：中国金融出版社
汪玉凯.2002.电子政务基础知识读本.北京：电子工业出版社
汪玉凯.2005-02-02.2005：中国电子政务十大走向.科技日报
王长胜.2003.电子政务蓝皮书·中国电子政务发展报告NO.1.北京：社会科学文献出版社
王玢，吴春旭.2005.美国信息产业的发展战略及对我国的启示.中国科技产业，(4)
王培楠，熊晓云.2005-10-12.2005：广东：如何建成工厂强者.经济日报
王莹，马斌.2002.试析美国信息产业迅速发展的原因及其影响·世界经济与政治，(2)
吴爱民.2003.公务员电子政务教程.北京：中国人事出版社
吴光伟等.1995.信息产业研究.上海：上海科学技术文献出版社
吴江.2003.电子政务理论与实践.北京：党建读物出版社
吴江.2003.电子政务应用指南.北京：党建读物出版社
吴胜.2003.论电子政务在中国的发展现状及对策.合肥工业大学学报（社会科学版），(5)
武汉市电子政务生产力促进中心，武汉大学电子政策研究中心.2003.城市电子政务软件平台技术与系统设计.武汉：武汉大学出版社
解振华.2003.信息化与产业融合.上海：上海三联书店，上海人民出版社
席升阳.2002.企业信息化与利益实现.经济师，(2)
信息产业发展研究课题组.2003.信息产业发展研究.北京：中国经济出版社
徐长生.2001.信息化时代的工业化问题——兼论发展经济学的主题.经济学动态，(2)
严汉平，白永秀.2003.信息化与工业化的融合：新型工业化.山西师大学报（社会科学版），(4)
央视国际.2001-07-23.美国技术产业部门陷入衰退境地
杨锡怀.1999.企业战略管理.北京：高等教育出版社
袁勤俭.2003.中国信息产业发展战略.北京：科学技术文献出版社
张其佐.2002.1991～2000年的美国新经济.天府新论，(3)
张维迎.刘鹤.2003.中国地级市电子政务研究报告.北京：经济科学出版社
张燕飞，严红.1998.信息产业概论.武汉：武汉大学出版社
章祥荪，杜链.2003.电子政务及其战略规划.北京：科学出版社
赵国俊.2003.电子政务.北京：电子工业出版社
赵国俊.2004.电子政务教程.北京：中国人民大学出版社
赵廷超，张浩.2002.电子政务干部培训读本.北京：中共中央党校出版社
中共深圳市委深圳市人民政府关于大力推进国民经济和社会信息化的决定
中国经济时报·美国信息产业五大成功经验，http：//www.sina.com.cn 2000/05/31 14：41
中国科学院电子政务研究室.2002-01-21.电子政务工程初探.http：//www.e-works.net.cn/ewkarticles/category16/article3964.htm
中华人民共和国信息产业部.2002.2002～2003年电子信息产业经济运行状况与发展趋势.北京：人民出版社

周宏仁，顾平安．2003．公务人员电子政务教程．北京：北京广播学院出版社
周宏仁，唐铁汉．2002．电子政务的理论与实践．北京：国家行政学院出版社
周叔莲，王伟光．2001．本院工业经济系99级．论工业化与信息化的关系．中国社会科学院研究生院学报，(2)
周振华．2002．新型工业化道路：工业化与信息化的互动与融合．上海经济研究，(12)

附录 缩写对照表

ADSL：Asymmetrical Digital Subscriber Loop，非对称数字用户环线
AOL：America On Line，美国在线
APEC：Asia Pacific Economic Co-operation，亚太经济合作组织
ATM：Automatic Teller Machine，自动取款出纳机
BPR：Business Processing Reengineering，企业业务流程重组
B2B：Business to Business，企业对企业交易
B2C：Business to Customer，企业与消费者间的交易
B2G：Business to Government，企业与政府机构
CA：Certificat authorities，数字证书
CAD：Computer Aided Design，计算机辅助设计
CAE：Computer Aided Education，计算机辅助教育
CAM：Computer Aided Manufacturing，计算机辅助制造
CAPP：Computer Aided Process Planning，计算机辅助工艺计划
CIMS：Computer Integrated Manufactured System，计算机集成制造系统
CIO：Chief Informational Officer，信息主管
cngXML：中国通用可扩展标识性语言，中国国情的电子政务语言规范
CRM：Customer Relationship Management，客户关系管理
CPU：Central Processing Unit，中央处理器
C2C：Customer to Customer，个人用户对个人用户
C2G：Customer to Government，个人用户对政府机构
DCS：Digital Communication System，数字通信系统
DDN：Defense Data Service，数字数据服务
DWDM：Dense Wavelength Division Multiplexing，密集波分复用技术
EDI：Electronic Data Interchange，电子数据交换
ERP：Enterprise Resource Planning，企业资源计划
FDI：Foreign Direct Investment，外商直接投资
GDP：Gross Domestic Product，国内生产总值
GNP：Gross National Production，国民生产总值
GPS：Global Position System，卫星定位系统
GSM：the global system for mobile communications，全球移动通信系统
IBM：International Business Machine，国际商用机器公司

“中国软科学研究丛书”第一批书目

区域技术标准创新——北京地区实证研究	46.00
中外合资企业合作冲突防范管理	40.00
可持续发展中的科技创新——滨海新区实证研究	42.00
中国汽车产业自主创新战略	50.00
区域金融可持续发展论——基于制度的视角	45.00
中国科技力量布局分析与优化	50.00
促进老龄产业发展的机制和政策	45.00
政府科技投入与企业 R&D——实证研究与政策选择	55.00
沿海开放城市信息化带动工业化战略	58.00